U0933881

珍藏本
纪念版

汉译世界学术名著丛书

论农业

〔古罗马〕M.T. 瓦罗 著

王家绶 译

2017年 · 北京

M. T. Varro

ON FARMING

Translated by

Lloyd Storr-Best

G. Bell and Sons, Ltd.

London 1912

根据伦敦贝尔父子公司 1912 年版英译本译出

汉译世界学术名著丛书
（120 年纪念版·珍藏本）
出 版 说 明

2017 年 2 月 11 日，商务印书馆迎来 120 岁的生日。120 年前，商务印书馆前贤怀揣文化救国的理想，抱持“昌明教育，开启民智”的使命，立足本土，放眼寰宇，以出版为津梁，沟通中西，为中国、为世界提供最富智慧的思想文化成果。无论世事白云苍狗，潮流左右激荡，甚至战火硝烟弥漫，始终践行学术报国之志，无改初心。

迻译世界各国学术名著，即其一端。早在 20 世纪初年便出版《原富》《天演论》等影响至今的代表性著作，1950 年代后更致力于外国哲学和社会科学经典的译介，及至 1980 年代，辑为“汉译世界学术名著丛书”，汇涓为流，蔚为大观。丛书自 1981 年开始出版，历时三十余年，迄今已推出七百种，是我国现代出版史上规模最大、最为重要的学术翻译工程。

丛书所选之书，立场观点不囿于一派，学科领域不限于一门，皆为文明开启以来，各时代、各国家、各民族的思想与文化精粹，代表着人类已经到达过的精神境界。丛书系统译介世界学术经典，引领时代思想，为本土原创学术的发展提供丰富的文化滋养，为推动中国现代学术和现代化进程做出了突出的贡献。

为纪念商务印书馆成立120周年，我们整体推出“汉译世界学术名著丛书”120年纪念版的珍藏本，寄望既利于文化积累，又便于研读查考，同时向长期支持丛书出版的译者、编者和读者致以敬意。

两甲子后的今天，商务印书馆又站在了一个新的历史时间节点上。我们不仅要铭记先辈的身影和足迹，更须让我们的步伐充满新的时代精神。这是商务人代代相传的事业，更是与国家和民族的命运始终紧密相连的事业。我们责无旁贷，必须做好我们这代人的传承与创造，让我们的努力和成果不仅凝聚成民族文化的记忆，还能成为后来人可以接续的事业。唯此，才能不负前贤，无愧来者。

商务印书馆编辑部

2017年10月

译者前言

瓦罗的《论农业》是西方著名的古典农业文献之一。这部著作忠实地记录了公元前一世纪意大利经济生活和经济活动中的一个重要的侧面，提供了不少比较真实和饶有趣味的史实，有助于了解当时人类社会(西方处于奴隶社会阶段)的生产实践状况，当然也可用以和我国同时期的生产实践状况作一番比较，因此，无论对西方古代史的研究，还是一般经济史、农业史的研究，这部书都有一定的参考价值。

本书是讲农业技艺方面的一部集大成的著作，在两千年前只是一部实用的科技读物。今天译它的意义主要在文献史料方面，它比我国最早的一部巨著、北魏贾思勰的《齐民要术》篇还早将近四百年，约当西汉时期。

关于本书的作者的资料不多，我们只知道他是列阿提人，生于公元前116年，曾在罗马向埃·斯蒂罗等人学习。他在政治上是庞培派，反对过恺撒，后来得到恺撒的宽恕，此后就一直从事著述，公元前27年以高龄去世。其他情况略见于英译本引言中的简要叙述，这里不重复了。

本书根据劳埃德·斯托尔—贝斯特的英译本(伦敦1912年版)译出，择要采用了这个译本的注释，将一些烦琐的语义考证或内容过于浅近的注释删除了。

这部译稿的初稿完成于 1961 年。1963 年俄译本问世，我又对照译本，对英译本个别含混之处作了研究。1964 年我再次从头校阅一遍，又补充了一些俄译本的注释，1965 年脱稿。以后便是十年动乱，译稿也跟着沉睡了十年。1976 年以后，我再次校阅了译稿，现在把它献给读者。

译者水平有限，虽然主观上力求做得完美些，但力不从心，错误、疏漏之处必定难免，恳切希望读者加以指正。

译 者

1979 年国庆前夕

目　次

第一卷　农业

第二卷　家畜

第三卷　小家畜

英译者序

瓦罗《论农业》（*Rerum Rusticarum*）的这个英译本是以凯尔（Keil）的袖珍本为蓝本的，凯尔的本子是目前我们所能有的最好的本子，也是学者最容易得到的本子。在许多章节中，我大胆提出了一些有别于这位伟大学者的看法，这些地方我都在注释中指明并作了充分论证。为了说明我对原文所提出的许多改动，我要指出，凯尔本人承认他不过是恢复了公认是残缺不全的原本文字，作了一些确切无疑的改正，并且为进一步的校订扫清了道路。

在翻译拉丁文时，我把握的首要的一点是确切，就是说，要用英语表达出瓦罗实际上用拉丁语讲的话，而不是设想，假如他用英语写的话，他应当或是可能怎么说。把原文铺陈润色成为优美的译文，这在原作者并无此种优美风格的情况下，其实是不妥当的。作者的价值主要在其作品内容可贵，但其文字却十分难以理解。

对其他译本，我根本没有借鉴。我所熟悉的，如尼撒尔的法译本、帕迦尼的意大利文译本和克拉克的英译本（1800），这些都说不上好，而且是由一些对瓦罗的特殊的古旧用语显然是陌生的译者译出的。

注释是以独立地考察瓦罗所采用过的原始资料和那些引用过瓦罗的作者的著作为出发点而编写的，虽然，读者还可看到，我是完全不受约束地采用了新老注释家的意见的。我谨向允许我引用其著作的著者，致以谢忱。

显然是过多的说明材料均予删弃，因为大家知道，这部书不仅提供给学者来论定，而且面向普通读者乃至实际的农民。为便于那些“对拉丁文知之不多而对希腊文了解得更有限”的读者阅读，译者又从加图、科路美拉的著作、《农业全书》等等中译出饶有普遍趣味的章节以飨读者。……

这里谨向蒙特·卡西诺修道院院长阁下致以谢忱，感谢他慨然允诺我利用巴底亚图书馆丰富藏书的雅意；向帕德雷·贝内德托·德尔·格雷科先生致以谢意，感谢他指引瓦罗的别庄和他在卡西诺的鸟舍的遗址，并对许多地志上的难点予以富有价值的解说；向阿伯丁大学图书馆致以谢意，因它允许我利用它的藏书，这些书是我很难或竟完全不能从别处得到的；最后，仅向慷慨、热心的出版者贝尔父子公司致以谢忱。

英译者引言

说来奇怪，在瓦罗大量的遗作中——他在给《海布多玛底》(Hebdomades)作的序言中告诉我们，他已八十四岁了，写过四百九十卷书——这部《论农业》是留给我们唯一的一部算是比较完整的著述。《拉丁语论》(De Lingua Latina)有二十五卷，目前只剩下六卷，破损得很厉害，而他的所有其他著述——诗歌、讽刺诗、文学评论、文法、语言学、科学、历史、教育、哲学、法律、神学、地理学、考古研究——除一些断简残篇为迪昂尼西乌斯、普林尼、盖利乌斯、马克罗比乌斯及基督教护教论者所保存外，其余全部佚失。其作品质量不高，这一点无需感到奇怪，但整个古代对其不可比拟的价值，意见是一致的；在科学和文学的许多领域里，无论生前还是他死后数百年间，他都是最高权威。教他文法、考古学和神学的大师埃利乌斯·斯蒂罗和尼基迪乌斯·费古路斯，在他活着时的硕大身躯旁都变成了侏儒，而当他逝世之后，他的声誉世代相传、与日俱增，“所有学者众口一词誉之为人类中最有学识的人”。在黑暗时代（中世纪）他的伟大的形象在阴暗中显现，而在文艺复兴的曙光中佩特拉克（1304—1374，意大利诗人）歌颂他为罗马的第三大人物，把他与西塞罗和维吉尔并列：

Varrone il terzo gran lume Romano.

确实难以理解何以他只有如此少的一部分作品得以逃脱死神维娜斯之手？这位大神只放过了一部比较小的作品，而且是当瓦罗已成为一位老人，“打点好行囊准备离开这个世界时”写成的作品。一部伟大的著作，也许是他最伟大的著作，在所有其他作品中现代人无疑将首先愿意选出来保存的——人和神的古代史(*The Antiquities Human and Divine*)，四十一卷——流传几近一千四百年，然后在一家当铺里消失，此后再也没有见到。佩特拉克在他的一封“致赫赫有名的死者的信”(那是写给瓦罗的)中说，他曾一度有过这些书，而这些书的遗失曾使他陷于永恒的渴望和悔恨的折磨中。他曾把这些书借给了他的一位老师，这位老师在贫困的压力下典当了这些书，而在这些书能够被找到并且赎回之前他就与世长辞了。此后就再也没有听到这些书的下落。我们的这部《论农业》也几乎经受了相似的遭遇，虽说十六世纪流传着《论农业》的几种抄本和印本，它们的字迹严重残缺损坏，往往难以理解——这些都来自一部非常古老的手抄本，这个手抄本当时保存在佛罗伦萨的圣·马可图书馆里，而在十七世纪失传。幸亏安哲罗·波利蒂安(1482)和佩特鲁斯·维克托利乌斯(1541)保存有原本的文字，这样伟大的德国学者凯尔才能于近年使我们得以见到这样一个相当好的、有价值的版本，看来人们有可能通过推测性的校订而对之大大加以改进。

这样，由于《论农业》成为所有拉丁作家中最勤奋、最渊博、最著名(除去两个例外)的人物所写的，实际上是完整地传到我们今日的硕果仅存的著述，所以就值得我们详细地考证一下它创作的情况。公元前 46 年，瓦罗当时已七十岁，从政治舞台隐退，而在同恺撒和解以后，恺撒待以上宾，分配给他适宜的工作，于是瓦罗以全部精力投身于著述。此后他又活了近二十年，其间发表了伟大的理论著述之一《拉丁语论》（约在公元前45年，这部书是献给西塞罗的）以及许多小部头著作，如《海布多玛底》（公元前32年）、《教养之书》、《罗马人民史》等等，这些书的目的在于实用，同时打算普及科学知识或是激发未来一代人的爱国热情。这部《论农业》则属于第二类。这是一部实用手册，特别为他的刚刚购置一处庄园的夫人丰达妮娅写的，一般说来这部书也着眼于给后人看，可能企图说服国人回到那“神圣的农村”，过那种“不仅是最古老，也是最完美的”生活（iii，1，4）。虽说这个目的是奥古斯都时代早期多数伟大作家有过的想法，可是看来没有证据支持这样一个常见的论点，即瓦罗的作品系受命于屋大维而作，也根本不可能有这样的事，即屋大维在公元前36年，正当瓦罗写《论农业》时，竟会充分考虑到用和平的技艺使他用武力夺取过来的一个国家恢复生机。

《论农业》这部书是在瓦罗八十岁时写的，并且好像和他的前几部著作是在同一个地方写的（Cic. Phil.，ii，40），就是在他卡西诺姆的农庄上，也就是他第三卷里提到的那个“博物馆”中，紧挨着他详细描述过的著名的鸟舍（iii，5，9，等）。庄园的遗址至今仍可见到，沿拉庇多河有四分之一多英里。卡西诺姆的居民指着一片面向拉庇多河中的一个小岛的灰色的破碎的砖石建筑物说，这就是他的工作室和去世的地方，因据瓦列里乌斯·马克西姆斯（viii，7）所说，M. 瓦罗在这张卧榻上去世时，结束了他崇高的生涯。

这部作品当时的目的在于实用，不过也很注意其文字方面，因为像加图那样对农业这个主题的作品，只把往往是互不联系的零散事实随便凑到一起而还希望找到读者的时代早已过去了。因此瓦罗采用已为西塞罗在其修辞学和哲学论著中广泛采用的那种方式，并且通过真人之间的假想对话展开了辩论，也像西塞罗那样，注意避免时代错误和不可能发生的事情。每一卷中的对话都衬托着一个适合的背景，一个单独的引言、献词和它自身的小小的情节。时间和地点都是经过细心选择，在多数情况下对话者的姓名都暗示着讨论的主题。作为一部艺术作品，必须承认，它并非十分成功，语言有时零乱不整，时而出现短促而又佶屈聱牙的句子，时而出现冗长又常是不合语法的句子；会话变成演说，根本欣赏不到西塞罗的那种优雅自如或是科路美拉那种优美的明快。可是却有这样多干巴巴然而尖刻的幽默，刚毅坚强的爱国热忱，强烈的感情，而且随处有真正的诗，至少含有诗意(例如卷三中对蜜蜂生活的描述)，城市和农村田园生活的一幅幅小小的画图是如此的生机盎然，不由得使人感到没有一部写得更好的作品也可以了。此外，瓦罗的文体有其本身的某种风趣、生动，人们读了就会喜欢它，对它进一步钻研，始而使人感到惊奇，终于爱上了它，即使说文字粗糙、晦涩也并无影响，他的文字风格跟他的伟大的朋友和对手的平易流畅截然不同。

作为一部科学论著，《论农业》公认有显著的优点。为了写作这部书，瓦罗运用了渊博的学识，实践经验以及从旅行许多国家获得的有关这一主题知识的第一手材料，并把这三方面汇集的资料加以鉴别、提炼、整理，尤其令人惊异不止的是采用方法的完整，就这一点而论，即使在今日也难以把这些材料组织得如此精密和清晰。瓦罗把他的那些复杂而又难于驾驭的主题区分得自自然然，分类有条不紊、十分科学，剪裁合乎逻辑而且通篇首尾一贯、一气呵成。现代的农民能否从瓦罗的著述中获得任何益处，这是农业专家的问题，但是毫无疑义，这些操作方法是通过最富于实践的民族的千百年来逐步地精心制定的，而且十分成功地得到了运用，直到意大利的农业受到外国的竞争（还有其他因素）的影响而被摧毁为止，这一点必须认清。这些方法瓦罗是费了很大力气来描述的，因此，我们通过他得到一幅在公元前一世纪时罗马庄园的非常清晰的图景。同时还有许多是值得注意的有趣的事实，如高卢地方使用泥灰作肥料，使用植物炭代替盐，使用储粮的地窖，花色鹅的不完全的驯化，野生状态的牛、马、山羊、绵羊和鸡的分布，当时在意大利发现的本地产牲畜的形态与今日在那里生长的牲畜的形态之间的差别，凡此种种，以及许多其他的论述，看来都应受到自然科学家比以前更多的重视。

顺便说一下，在这几卷有关农业的书中还生动地描述了罗马极少数人所拥有的大量财富和令人难以置信的穷奢极欲，选举中的骚乱和腐化，频繁的暗杀，粮食价格，栽培向市场出售蔬菜的菜圃，农庄的平均收益，宁愿临时雇工而不使用奴隶——所有这些以及其他许多新奇的事情在这几卷关于农业的著述中都有绘声绘色的描述和说明。

第一卷，关于农业本身，开始是全书的一篇引言，接着叙述处理这一主题的方法。全书是献给他的妻子丰达妮娅的。这里我们可以观察到瓦罗对舞台背景的精心设计。第一卷讲土地的耕作，背景是在提勒斯（土地）神殿，而时间则是播种节。丰达妮娅这个名字暗示田庄，别的名字如营造官丰迪里乌斯以及对话者之一、瓦罗的岳父丰达尼乌斯也是这个意思。阿格里乌斯、阿格拉西乌斯(与土地有关联)和斯托罗(吸枝)则是其他对话者的名字。

第二卷谈论牛、马、猪、绵羊等等,因此这一卷就献给图尔拉尼乌斯·尼格尔(在翁布里亚,其名是牛的意思),对话者则有瓦克奇乌斯(母牛),他谈话的主题就是牛;阿提库斯,他论述的是绵羊(阿提克绵羊是一个良种);斯克罗法(母猪),议论的是猪。地点大概是伊皮鲁斯,因为那里饲养良种的牛,时间则是牧人节,是伟大的牧人节日,又是罗马城的诞生日(罗马是由牧人奠基的)。

第三卷谈的是罗马人称谓的家禽饲养,在庄园附近饲养诸如鸫鸟、画眉、母鸡、孔雀、珍珠鸡、兔、蜗牛、睡鼠、鱼和蜜蜂,因此这一卷献给了克温图斯·皮尼乌斯(其姓作羽翅解),麦路拉(画眉),他谈论的是鸫鸟和画眉;阿皮乌斯(拼写与"蜜蜂"这词相似),他谈论的是蜜蜂。本卷出现的其他名字有费塞利乌斯·帕沃(孔雀),米努西乌斯·皮卡(柽鸟)和佩特罗尼乌斯·帕塞尔(麻雀)。读者会相信,这种粗犷的文体,乡土风味很重的质朴的语汇——像用了一些如 *tabani*,缩小词如 *satulli* 等之类的词,都是为了和主题和谐一致而细心选择的,并且作者打算如实地表现出罗马乡绅的日常谈吐。由于存在这一前提,因之我们也不幸看到了他保留下来的所有作品中的粗糙、混乱和不成样子,也许只有像梅尼皮埃那样的早期作品算是例外。道理恐怕是瓦罗过分崇拜古器物上面的"可敬慕的铜锈",同时也由于过多地考虑、摘抄恩尼乌斯以前作家的文章从而毁坏了自己的文体,因为这些作家根本不关心用散文体写的作品的形式,于是在《论农业》里还保存着大量当时的乡土词汇和常用谚语,其文体之生硬和枯燥由瓦罗从一个在拉丁文中

还没有过散文体的时代而流传下来。这种文体的粗犷常常引起古人的注意。昆提里安指出过这一点，奥古斯丁在《天主之城》(*De Civ. Dei*,vi,2)里论述瓦罗时写道，“虽说他没有语言文字的美，可是他博学多闻，文章里智慧的箴言比比皆是，以致在我们称之为世俗的，而异教徒称之为自由的整个知识领域中，他在讲求实际的学者眼里被认为知识渊博，就像西塞罗在文体爱好者眼里显得韵味无穷一样。”可以肯定瓦罗作品的艰涩难读——圣·奥古斯丁(xix,1)不得不常常重述他的文字——足以说明为什么他只有这么少量的著作流传下来，而那些用了瓦罗作品中的事例，重新写过，更加优美地表现了它们的文章，人们自然就喜爱读了。由于指明了这一点，我们就无需再征引以下的故事。故事大概是马基雅弗利或是卡但编造的，即格列高利大帝为了掩盖奥古斯丁剽窃瓦罗的作品，竟然下令把瓦罗的作品焚毁。

从西塞罗的信(Ad Att.,iv,16 等处)中可以看出，在他那些以会话形式写成的著述里，他很注意避免时代错误，避免引进任何根本是莫须有的事情来使读者吃惊。那些参与对话者都是实有其人、知名人士，而且每一句话都跟他那早为大家所熟悉的个性一致。我们根本找不到虚构的人物和对历史的歪曲。我们可以充分肯定，更为精确更少虚构的瓦罗也是同样地注意这些的，而且在《论农业》中我们见到的这一班人，无一不曾是活生生的真人，都曾是他的熟人或朋友，他就是用这些人的真实性格塑造了他们。确实，西塞罗的书信使我们对其中不少人已很熟悉了；比如阿提库斯和阿格里乌斯、阿皮乌斯、C. 丰达尼乌斯、考西尼乌斯、阿克西乌斯——这些人对瓦罗的本文常常成为一个带启示性的注脚。举例说，阿克西乌斯这位元老被瓦罗幽默地描绘成一个一心一意想捞钱的人；在西塞罗笔下，他是一个贪得无厌的放高利贷者；在第二卷第二章，瓦罗这样写阿提库斯，“他那时（公元前 58 年）叫庞波尼乌斯，而如今（公元前 36 年）称为凯奇里乌斯”；现存有一封西塞罗庆祝阿提库斯被过继并承受遗产的贺信（Ad Att.，iii，20）；在第三卷第二章，阿皮乌斯提醒阿克西乌斯，就在几天前，他在列阿提的阿克西乌斯的家里作客，而他的这次拜访是跟因特拉姆纳人同列阿提人之间的争论有关；而西塞罗（Ad Att.，iv，15）却详细地说清了全部情况，当时他是列阿提人的诉讼代理人，他跟阿克西乌斯在一起（*vixi cum Axio*），因此，西塞罗和阿克西乌斯同在一家作客。这封信附带地把这一卷为假想对话所规定的日子确定了下来，同时也把其中描述的营造官选举的日子肯定了，那就是公元前 54 年 7 月。在这次选举中瓦罗和阿克西乌斯（iii，2）被说成在市会堂借个阴凉躲避烈日；西塞罗（Ad Q. F.，iii，1）则说他记不得有没有比 54 年的这个夏天更热的了。在这一卷再往后一点，瓦罗提到了一个关于乌米迪乌斯和菲利普斯的“鱼的故事”，这个故事活龙活现地说明了菲利普斯的性格跟西塞罗笔下所刻画的一模一样，而关于看财奴乌米迪乌斯，就跟荷拉提乌斯提到的一个样。后者或他的子女，瓦罗本人可能认识，因为乌米迪乌斯在卡西诺姆住，而那里有瓦罗的庄园。有一位乌米迪娅为卡西诺姆人盖了一座剧场，至今还在，这件事为一篇如今保存在蒙特·卡西诺的巴迪亚的铭文所证实。

这些例子说明瓦罗在确定对话背景时所显示出来的纤细无遗的精确性。他大概先确定每一卷中会话的年份，然后根据他的笔记来安排这一年的事件和人物，选用那些其情况和姓名同农业这一主题谐调的人——因为对这些事情瓦罗甚至比对双关语更喜欢。读者无需对其发现人物姓氏如此成功地切合本题一事感到不胜惊奇，因为很大一部分罗马人的名字是同农庄上的动植物有关联的。

本书第一卷中会话的地点、时间，如我所说，瓦罗已交待得很清楚，可是从行文中还找不到证据确定在哪一年。但是从对科尔基拉的暗示，舰队也在那里，如果像多数注释家所认为的，这里谈的是公元前49—48年的大规模内战的话，那么，我们可以得出结论，它一定是在这一时期以后。我则认为，这个时期是瓦罗在庞培麾下对海盗作战的日子。第二卷会话的时间是清楚地确定了的，瓦罗说那正是当他统率狄罗斯和西西里之间的舰队进行反海盗之战（公元前67—66年）的时刻。假定的时间是牧人节（4月20日），但是地点还不肯定。现在我认为地点是在伊皮鲁斯的某地，因为瓦罗（见引言）说过他的这部分对话材料是得自在伊皮鲁斯拥有大牧场的人们，而那儿正是以牛著称。

第三卷的会话如上所述，发生在玛尔斯广场的市会堂，正当公元前54年，营造官选举之时。

瓦罗所参考的资料是不胜枚举的。在第一卷和引言中他作为参考资料推荐给他妻子的就有五十位希腊作者！第一卷中他经常引用的权威作品是加图的著作、撒谢尔纳的预言书和提奥弗拉斯图斯的著作，第二卷是色诺芬、亚里士多德、马戈以及他同时代的特来米里乌斯·斯克罗法的著作；第三卷经常引用的是亚里士多德的著作。瓦罗自己的著述此后不久就成为有关这一主题的第一流的权威，而且成为以后论述农业的作者——维吉尔、科路美拉、普林尼、帕拉迪乌斯——的主要根据，同时作品的很大一部分为《农业全书》的编者以及迟至十三世纪的佩特路斯·克来森提乌斯所重述或翻译。

第一卷

农　业

第一章 引言

我亲爱的丰达妮娅[1]，如果我有闲暇，我是会把这篇论文写得更漂亮些的，可是既然没有闲暇，我就只能像个时间紧迫的人那样去做了。人们说，一个人就像个气泡一样；如果真是这样，这个说法对老人必然更加如此了。我已经八十岁了，这就提醒我，必须打好行装，随时准备离开这个世界。

既然你买了一处地产，又想利用它经营获利，同时你又要我关心这件事，因此，我将尽我所能，试试看吧。这样做是希望我的意见不仅在我生前，而且在我死后，也仍能对你有用处。西比拉的预言[2]不仅帮助过她同时代的人，而且帮助了她甚至从来没有想到过的一代又一代的人们；千百年之后，每当出现什么朕兆，而我们需要知道应当如何对付才好的时候，就正式向她的预言书求教。

---

① 丰达妮娅是本书作者瓦罗的妻子。本书第二卷引言中再次提到她。她的父亲盖乌斯·丰达尼乌斯，本卷对话者之一——和瓦罗一样，也出身平民家族——是公元前72年的保民官和司路官。西塞罗给他的弟弟的信里所提到的那位朋友可能就是这个丰达尼乌斯。

② 西比拉是小亚细亚的一个自称代神发言的女巫，传说她经常在各个城市、国家之间巡游。人们认为她的主要居住地是小亚细亚伊奥尼亚湾沿岸地带的城市埃律特莱。她的预言从那里传入库麦，再从库麦传入罗马。她的形象逐渐有了怪异的特征，她的年龄是以千年来计算的。人们以她的名义编了许多预言书，这样，一个西比拉就变成了许多西比拉。（俄译本注）

所以不能说，甚至在我有生之年，我也一点帮助不了同我亲近的人们。

因而，我就想写三卷书作为你的指导。任何时候，在任何情况下，你如果需要详尽了解农业经营方法，都可以拿它来参考。人们说，由于诸神愿意帮助那些对他们表示适当敬意的人们，所以在开头的时候，我不是像恩尼乌斯和荷马那样，召请列位缪斯女神，而是召请组成上天元老院的那十二位大神。我指的不是站在广场上男女各半的贴金的十二位漂亮的城市神①，而是专门指导农业的十二位大神。

按照顺序，我首先召请朱庇特神和提勒斯神，这两位神用天空和大地养育了农业的各种果实，而这也就说明为什么朱庇特被称为“父亲约维”，而提勒斯被称为母亲大地(因为据说他们是万物的父母)。其次是日神和月神，因为播种和储藏谷物都要按照它们的时节。第三是色列斯和利倍尔，你看他们赐予的果实是人们为维持生存所特别需要的，因为正是由于他们的力量，食物和饮料才得以从农庄上产生出来。第四是罗比古斯②和佛洛拉③，因为正是由于他们的恩惠，各类谷物和树木才能免遭虫害，而且能够随季节繁

① 他们的名字见于恩尼乌斯的两句六音步诗：“优诺、维司塔、密涅尔瓦、色列斯、狄维娜、维娜斯、马尔斯、麦库留斯、约维、涅普图努斯、沃尔卡努斯、阿波罗。”立着他们雕像的殿堂，位于罗马广场的西北角，卡庇托林山的山脚下。这一殿堂是1834年才发现的。公元367年罗马市长官阿戈利乌斯·普拉埃特克斯达图斯按照他们古时的样子恢复了这些神像，至今在那儿仍能读到的铭文就是这么记载着的。

② 罗比古斯(男神)和罗比古(女神)是虫害神或霉神，人们向他们奉献牺牲是为了不使他们挨近谷物。

③ 佛洛拉是古意大利的女神，是繁茂生长的植物的保护神。

荣生长。由于这个缘故，国家为罗比古斯制定了罗比伽利亚节[①]，为佛洛拉制定了佛洛拉里亚赛会[②]。同样地我还要敬奉密涅尔瓦和维娜斯，因为前者守护橄榄园，而后者守护果园。为了向维娜斯致敬，国家制定了“农村维娜里亚节”[③]，最后我要向林帕和好运神[④]祈求，因为没有水，一切农活儿都将会难以取得成果而又无法施展工作，如果没有好运，如果不顺遂的话，那么农活儿将会是一种妄想和白费气力。

所有这些神我都召请过了，下面我就要把最近我和其他人有关农业实践的谈话重新记录在这里。你会在这些谈话中找到你所需要的实际知识；但是这里没有谈到的东西，你将来可能需要它们的指导，所以我就把那些希腊著作家和拉丁著作家的名字列举出来，这样你就可以从他们的著作里得到你所需要的东西了。

就农业的不同部门，用希腊语写作专门论著的作家，人数总在五十以上。不管就任何一点你想得到一些材料的时候，你都可以

① 罗比伽利亚节是因罗比古斯而得名的节日。人们在种植谷物的田地附近向这个神奉献牺牲，是为了不使谷物发霉（参见瓦罗：《拉丁语论》，vi，16）。这一节日的时间是4月25日，也就是在谷物抽穗之前的时候。（参见普林尼：《博物志》，xviii，14）红色的小狗被用来作为向这个神奉献的牺牲。

② 这个赛会是从4月28日到5月2日。

③ “农村维娜里亚节”是在8月19日。这时人们向维娜斯神殿举行祭礼——而在这一天里，果园被置于这位女神的保护之下，经营果园和菜园的人休假一天（瓦罗：《拉丁语论》，vi，16）。

④ 好运神谓之好运，特别指农业方面的好运。普林尼在《博物志》（xxxiv，8）里指出，在罗马有这个神的神像，他右手拿着一个盘子，左手拿着一苗谷穗和一株罂粟。

参考他们的作品。他们是：西西里人希罗和阿塔路斯·菲罗米特尔[①]；在哲学家当中有自然哲学家德谟克利特、苏格拉底的门徒色诺芬；在逍遥学派的人们当中有亚里士多德和提奥弗拉斯图斯；有毕达哥拉斯学派的阿齐塔斯，还有雅典人安菲洛库斯，塔索斯人阿那克西波里斯、列姆诺斯人阿波罗多洛斯、马路斯人阿里斯托芬、库麦人安提戈诺斯、希俄斯人阿加托克利斯、培尔伽姆人阿波罗尼乌斯、雅典人阿利斯坦德鲁斯、米利都人巴奇乌斯、索罗斯人比昂、雅典人凯列斯提欧斯和凯列阿斯、普列涅人狄奥多洛斯、科洛彭人狄昂、尼凯亚人狄奥帕尼斯、罗得岛人埃披盖涅斯、塔索斯人优阿贡、两个优普罗尼乌斯——一个是雅典人，一个是安菲波里斯人——，马洛涅亚人赫戈西阿斯、两个美南德——一个是普列涅人、一个是赫拉克利亚人；此外还有马洛涅亚人尼凯西乌斯和罗得岛人佩提昂。

在其他那些我不知道其诞生地点的人们当中，有安德罗提昂、埃斯克里昂、阿里斯托美涅斯、阿提那戈拉斯、克拉提斯、达迪斯、狄欧尼修斯、优皮同、优波里翁、优布洛斯、吕西马库斯、摩纳西阿斯、美尼斯特拉图斯、普伦提帕涅斯、佩尔西斯、提欧披洛斯。所有上述的作家都是用散文写的。有些人则用诗体论述同样的题材，像阿斯克拉人赫西奥德和以弗所人美尼克拉特斯就是。

比所有这些作家更加有名的是迦太基人马戈。这位用布匿语写作的作家，把先前分散在不同的专论中的材料，搜集在二十八卷

① 阿塔路斯·菲罗米特尔公元前138—前133年在位，是培尔伽姆的国王，他曾经亲手在自己的园子里耕种主要是有毒的植物。（俄译本注）

著作里。乌提卡人卡西乌斯·狄欧尼西乌斯曾把这二十八卷译成希腊语二十卷，并把它献给行政长官塞克斯提里乌斯，而在这二十卷书里，他介绍了许多取自我上面提到的那些希腊著作中的材料，同时把马戈的著作压缩了八卷。比提尼亚人狄欧根尼又把这二十卷精简为实用的六卷，并把它献给国王戴欧塔洛斯。我打算比他还要简略，我是想用三卷书来论述这个题目——第一卷讲农业本身，第二卷讲家畜，第三卷讲家禽的育肥，因为凡是我认为不属于农业范围的事物，我都不把它们包括到这一论著之内。因此首先我就想说明应当删除的是什么，然后再根据其自然的分类论述主题，我的论述有三个来源，一是从我自己的农庄里来的个人体验，一是我所读过的书，一是我从专家那里听到的东西。

第二章 农业的目的和范围

在播种节[1]的时候，我正在提勒斯的神庙里，我是应神庙的住持(Aeditumus)的邀请到那里去的。我们的祖先教给我们这样称呼他，可是我们那些自作聪明的哥儿们却纠正我们，要我们称他为*Aedituus*。在那里我碰到了我的岳父盖乌斯·丰达尼乌斯，一位苏格拉底学派的罗马骑士C.阿格里乌斯和包税人P.阿格拉西乌斯。他们正在看画在墙上的一幅意大利地图。我对他们说，你们在这里干什么？“播种节”肯定不会把你们这些有闲的老爷们吸引到这里来，就像它通常吸引我们的父祖们那样！

阿格里乌斯说，我想我们到这里来，其理由和你到这里来是一样的，是由于受到了住持的邀请，如果我说对了的话——你点头已经表示我没有说错——那么你就务必和我们一道等他回来，因为负责领导这座神庙的营造官派人把他召去，他还没有回来，不过他留下话说要我们等他。因此，当他还在道上的时刻，我们只有像一句老话所说的那样：“罗马人坐着不动就胜利了。”[2]

---

① 播种节是在下种之后举行的一个农村节日，时间要由司祭宣布。一般是在1月。在节日里人们向色列斯和提勒斯奉献牺牲，此外还举行祈求丰收的祷告。

② “罗马人坐着不动就胜利了”是对汉尼拔作战的法比乌斯·孔克塔托尔的话。(参见李维，xii，39)

阿格里乌斯说，这意见很好，俗话说，一次旅程当中最长的一段是快到大门口的那一段，他说着就立刻移向靠近门口的凳子那里去就座，而我们也跟过去了。

当我们坐下的时候，阿格拉西乌斯说，你们这些走过很多地方的人，可曾见过有比意大利耕作得更好的土地没有？阿格里乌斯说，我的意见是，任何地方的土地都不如意大利垦殖得这样多，使地尽其用。首先，埃拉托色尼斯[①]曾把世界分为南北两半（这是最自然的划分）；由于北部毫无疑问比南部更有益于健康，而更加有益于健康的地方也就是更加有利于生产的地方，因此我们必然会得出这样的结论，处于北半部的意大利本来就是比亚细亚更加适合于耕作。因为，首先，意大利是在欧罗巴；其次，欧罗巴的这一部分又比它的腹地温暖；腹地，则几乎常年都是冬天。这并没有什么奇怪，因为在北极圈和北极——天轴——之间的地区，连续六个月看不到太阳。人们还说，因此，在大海里甚至无法航行，因为大海都结冰了。

丰达尼乌斯说，你们以为在那里可以生长出什么东西来，或是种出什么东西来么？要知道帕库维乌斯[②]的话是对的，他说过，“如果永远是白天或是夜晚，则大地上的一切果实就要由于灼热或是寒冷而毁灭了！”在我看来，甚至在世界上昼夜合理交替循环的

① 埃拉托色尼斯，自然地理学的奠基人（约公元前275—公元前195）。公元前247年左右曾被托勒密三世召至亚历山大里亚担任图书馆长。他是一个学识渊博的学者，尤精通地理学。他的三卷的《地理学》在当时是一部名著。但他的著作只有若干断片保存下来。他和当时把世界分为亚细亚、欧罗巴、阿非利加的人的意见不同，他主张“根据自然条件”把世界分成南北两半：亚细亚和欧罗巴，把阿非利加视为欧洲的一部分。

② 罗马悲剧作家，生于公元前220年。

这一地区，夏季白天如果不睡一觉的话，都感到日子无法过下去。因此，在世界上半年白天或半年黑夜的那个地区，播种、生长或收割又怎么可能呢？

意大利的情况和这就完全不同。在这里，每种有用的作物不仅生长，而且生长得极好。哪里的斯佩耳特小麦能跟坎帕尼亚的斯佩耳特小麦相比呢？什么小麦能跟阿普利亚的小麦相比呢？什么葡萄酒能跟法列尔尼亚的葡萄酒相比呢？什么橄榄油能跟维纳弗里亚的橄榄油相比呢？意大利的果木不是多得像个巨大的果园么？难道荷马称为 ἀμπελόεσσαν 的普利吉亚葡萄比我国的葡萄还多么？难道同一位诗人称为 πολύπυρον 的阿戈斯比意大利更肥沃么？在其他什么地方能像意大利的某些地区那样，一优盖鲁姆（*iugerum*）[①]的土地能生产十五库列乌斯（*culleus*）[②]的葡萄酒？M. 加图在他的《古代史》（Origines）中不是这样写着么？“高卢的土地[③]中，皮肯提亚地区以北和阿里米努姆以南的、称为罗马的那一部分是分配给移民居

---

① 等于二万八千八百罗马平方尺或大约二万八千平方英尺，即三分之二英亩左右。

② 一库列乌斯等于二十安波拉（*amphorae*），一安波拉等于六加仑七品脱。一优盖鲁姆生产十五库列乌斯的葡萄酒，相当一英亩生产三千加仑（一万八千瓶）的葡萄酒。

③ 指阿克西斯河（意大利古时北部边界）和鲁比肯河（后来的北部边界）之间的土地。这块土地过去属于高卢人中的西诺尼人，公元前285年此地为库里乌斯·丹塔吐斯所征服，公元前283年，在这里设置了罗马移民地高卢塞纳。公元前268年，在这里设置了阿里米努姆拉丁移民地。公元前232年，根据G. 弗拉米尼乌斯所提出的目的在于减轻罗马城的过多的人口和贫困的弗拉米尼乌斯法，这片土地被分配给罗马移民。在这之前，这片土地一直是公有地。

住的。在这一地区，每一优盖鲁姆有时竟能生产十库列乌斯的葡萄酒。”法温提亚附近的地区也可以看到同样是很高的产量；在那里，把葡萄叫 *trecenariae*，因为一优盖鲁姆据说可以生产三百安波拉的葡萄酒。这时他望了我一眼说，无论怎样，你的工匠队长利波·马尔奇乌斯[①]常常肯定说，他在法温提亚的土地种植的葡萄就生产这样多的酒。

意大利居民在农业方面最重视的好像有两点：他们付出的劳力和费用能不能得到相应的报偿？土地的地点是否有益于健康？如果对这两点的回答都是否定的，而一个人仍然想经营农业的话，那么这个人就一定是脑子有毛病，最好是把他交给他的法定监护人看管起来。一个神经正常的人，如果看到收不回成本，或是看到虽然可以收回谷物，但谷物会毁于病害的时候，他是不肯费力气和花钱去经营农业的。

但是在这里，有一些比我更有资格论述这些事情的人；因为这时我看到 C. 利奇尼乌斯·斯托罗和 Cn. 特来米里乌斯·斯克罗法来了。斯托罗的祖先曾提出过限制每个人占有土地数量的法律（一位斯托罗曾创立一项著名的法律，禁止一个罗马公民拥有五百优盖鲁姆以上的土地），而斯托罗本人则通过出色的农业经营，使自己无愧于取得斯托罗这个姓氏的权利。你们看，在他的土地上就连一根“吸枝”都找不到，因为他在巡视自己的树木的时候，就把这些从树根那里长出地面的枝条统统给掘掉了——而这种枝条便

① 工匠队长最初指罗马军队中工匠队的头目。但在共和末期这一头衔已同工匠没有任何关系，而实际上成了统帅（代行行政长官或代行执政官）所选定的副官。利波·马尔奇乌斯大约是公元前 66 年在瓦罗手下任这一职务的。（俄译本注）

叫做“斯托罗”。出身于同一氏族的C. 利奇尼乌斯[①]，在国王们被逐后的第三百六十五年担任保民官的时候，是第一个率领着人民从民会议场到广场——他们的七优盖鲁姆的土地[②]——听取宣布法律的人。

我看到走近的另一个人是你的一位同僚，被任命分配坎帕尼亚的土地的二十名委员之一，Cn. 特来米里乌斯·斯克罗法。他是个各方面都很有教养的人，同时他又被认为是罗马在农业方面的最大权威。我说，难道对他作这样的估价不对吗？由于他经营得好，他的田庄在许多人看起来比别人的宫殿式的建筑还要好看，因为人们到他这里来参观田庄的房舍，看到的不是路库路斯[③]家那样的画廊，而是满藏着果实的仓房。我说，在圣街[④]的最头上的地方，有我们朋友的果园的一幅画，在那里果子是卖金子的。

这时候，我正谈到的这两个人到我们这里来了。斯托罗说，我们到这里来吃晚饭还不算太晚吧？因为我没有看到约我们吃晚饭的L. 丰迪里乌斯。阿格里乌斯说，不要慌，跑马场中四驾马车的

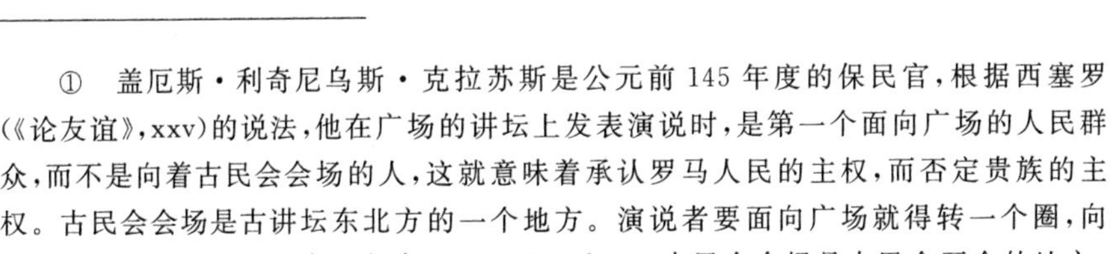

① 盖厄斯·利奇尼乌斯·克拉苏斯是公元前145年度的保民官，根据西塞罗（《论友谊》，xxv）的说法，他在广场的讲坛上发表演说时，是第一个面向广场的人民群众，而不是向着古民会会场的人，这就意味着承认罗马人民的主权，而否定贵族的主权。古民会会场是古讲坛东北方的一个地方。演说者要面向广场就得转一个圈，向南。而在它的北面则是古元老院（Curia Hostilia）。古民会会场是古民会开会的地方，在王政时期和共和国早期，这里是统治中心和贵族的集会中心。

② 广场是分配给罗马人民的土地。

③ 著名的富豪，在征讨东方的战役中是庞培之前的统帅，死于公元前56年。（俄译本注）

④ 圣街是通向广场的一条街，在它的上首（在那里修建了提图斯拱门）有最好的果品店。

比赛里表示最后一圈的蛋[①]还没有取走呢；我们甚至连那通常用来开始晚餐时的庄严仪式的鸡蛋[②]还没有看到哩。因此，在我们都能够看到晚餐上的鸡蛋以前，而住持又正在往回赶路的时刻，请给我们说一说，务农的主要目的是什么？是为了实用，还是为了消遣，或者是二者都为？因为人们告诉我说，现在你已经和你的老前辈斯托罗一样，成了一位农业专家了。

斯克罗法说，咱们必须先确定，和农业有关的是只有土地的播种呢，还是要牵连带到土地上来的诸如牛羊等等这样一些东西；因为我发现，用腓尼基文、希腊文和拉丁文写作的有关农业问题的作者们，都扯得太远了。

斯托罗回答说，我的意见是，我们不一定在每个细节上都非模仿他们不可，某些作者的做法就比较好，因为他们把自己的撰述限制在较小的范围内，而且把所有和主题无干的事情剔除。这样，大多数人认为作为农业的一个部门的一般牲畜饲养，看来就毋宁说是牧人的事情，而不是农夫的事情。而在两种情况下，头目的名称便不相同，管农业的人叫做管家(*vilicus*)，管牲畜的人叫做牧头。管家的任务是耕作土地，他的称呼是从 *villa*(农庄)一词来的。

丰达尼乌斯说，诚然，饲养牲畜是一回事，耕作土地是另一回事。可是二者之间又有关系，这就好像右手笛虽然和左手笛不同，

---

① 罗马的跑马场中央地方，一道隆起的矮墙，上设有一个计算圈数的器具，这种器具通常是一个由柱子支撑的有孔木板，孔里放置蛋状木球(一般是七个)。每跑完一圈就取走一个。观众看到剩下的木球，就知道还要跑几圈。

② 罗马人的晚餐的第一道菜通常是鸡蛋。所以拉丁语的成语 *ab ovo usque ad mala*(从鸡蛋到苹果)就有从始至终的意思。

但在某种意义上却还是同歌有关系，因为毕竟这歌还是同一个，所不同者不过是一个演奏，一个伴奏而已。我说，不错，你还可以说，牧人的生活起主导作用，农夫倒是居第二位的，这是有学识的狄凯亚科斯①的说法，他在给我们描绘原始的希腊生活时，说在先前曾经有过这样一个时期，那时人们过着游牧的生活，一点不懂得耕地、播种或是剪枝，而且就时间而论，他们也是在稍后才从事农业的。因此农业对牧畜的生活来说是居第二位的。在这方面它的地位较低，就好像左手笛对右手笛的调子的关系那样。

于是阿格里乌斯说，你和你的笛声不仅使农民失掉了他的牲畜，并且还使奴隶失掉了他的私产——这就是他的主人允许他放牧的牛，而且你又废除了为定居者规定的法律，因为这些法律规定：在栽种小树的土地上不准定居者牧放母山羊的羊羔——甚至天文学都曾把它们移到天上离公牛不太远的一个地方去。

丰达尼乌斯对他说，阿格里乌斯啊，我担心你所引用的话已经离开了本题，因为法律的条文还载明："某种牲畜"，而这样写的理由是，某些动物，例如你所说的母山羊，是耕作的冤家对头，并且对植物是有害的，因为山羊一咬它们，就把所有新长出来的幼苗和不少葡萄和橄榄都给毁掉了。而由于这样的理由，尽管动机不同，却规定应当在一个神的祭坛上使用山羊之类为牺牲，但在另一个神的祭坛上却不准用这样的牺牲。在每种情况下，都表示相同的嫌恶情绪，一个神想看到山羊死在那里，另一个神却根本不愿意看到

① 希腊哲学家，亚里士多德的弟子。这里所引的可能是他的最重要的著作《希腊的生活》。（俄译本注）

它。因此对于葡萄的发现者父神利培尔，要用公山羊作牺牲，因为它们要由于自己的罪孽而受到死刑；但是对于密涅尔瓦，他们却不用任何山羊之类的动物作牺牲，原来橄榄树被它咬伤后据说就不再结实，因为山羊的唾液对植物是有害的。在雅典，我们也听说，由于这种原因，不许山羊进入卫城，一年中只有必须用它们作牺牲的时候是例外。这样规定，他们说是为了使刚刚在那里生长出来的橄榄树不致让母山羊碰上。

我说，只有这样的一些动物才能列入农业的范围，那就是，这种动物要能通过它本身的劳动而使土壤更加肥沃，比如，那被驾到轭里的牲畜就可以耕地。阿格拉西乌斯说，假如你讲的话不错，那么你怎能把牲畜和土地分开呢？因为对土地极其有用的粪，不就是由畜群供给的吗？阿格里乌斯回答说，这样的话，我们就必须说，如果我们决定为此目的而保持一群奴隶的话，那么这群奴隶也是属于农业的了。不是的，错误是由于这样一个事实而产生的，这就是：牲畜可以养活在土地上，并且可以增加这些土地的收入；可是你不能把这个事实当作一个论据〔以便把它们和农业联系起来〕；要知道，如果你这样做，其他那些和土地毫无关系的东西也就非得扯到农业里面来不可了——比如一个农夫在农庄上有几名织工，另外还有织布时用的房舍，以及别的工匠的房舍等等。

斯克罗法说，好吧，那么让我们把牲畜的饲养以及以此为理由而可以对之提出异议的所有其他的东西同农业分开吧。我说，难道我可以同意撒谢尔纳父子的著作的意见，认为陶业本身比银业和其他矿业（毫无疑问在某些地方可以看到它们）同农业有更密切的关系吗？但是无论如何，陶器绝不会比石矿或砂矿同农业的关系更密切，我们不必因为那样一个理由而不去制造它们，我们可以在条件方便的地点通过制造它们获取利益。再举个例，如果有一块地，靠近大道，而它的地点对旅行者很方便，因此就应当盖几间旅店；这几间旅店尽管有利可图，却仍然和农业无关。因为一个所有主从他的土地直接或间接取得的一切收益，不能一律归之于农业，只有那些在播种之后，从土地里生长出来以供人们消费的东西，才可以归之于农业。

于是斯托罗接着他的话说，这样你对于著名作家就抱着猜忌的态度了。你对于他的陶业的批评只不过是吹毛求疵罢了，但另一方面，他写得很好的许多章节，你却闭口不谈，因为你担心一谈这些地方就不得不赞扬他，尽管这些地方和农业本来是有密切的关系的。斯克罗法笑了，因为他知道这些书，并且不把它们放在眼里。阿格拉西乌斯认为他自己是唯一知道这些书的人，便请斯克罗法把这些章节叙述一下。斯克罗法于是开始了，这一段用这样的话来描述如何杀死臭虫，“把一条野黄瓜泡在水里，把水倒在你要防臭虫的地方，这样，臭虫就不敢挨近了。或者把牛胆和醋混合起来，然后把它涂在你的床上。”丰达尼乌斯看着斯克罗法说：他的说法是对的，虽然这段话出现在论述农业的文字里面。斯克罗法说，我敢说，这就和那脱毛的方子一样可靠——他要你把一只黄蛤蟆投到水里，然后把水煮到还剩三分之一的样子，再用剩下的这点水涂抹你的身体。我说，你最好引用和丰达尼乌斯的健康更有关系的那部书，因为我们朋友的脚时常作疼，而且疼得他皱起了眉头。丰达尼乌斯说，就这样办吧，因为我倒是更愿意听听关系到我的脚的事情，而不是应如何播种甜菜根的事情。

斯托罗笑着说，我就来引用他所写的话："我曾听见塔尔昆纳[1]说，当一个人的脚开始作疼的时候，一记起你来，他就可以治好。我记得你的，那么把我的脚治好吧。'哦，大地，请你留下痛苦并且让健康留在我的脚里吧。'"他要人把这句话唱三九二十七遍，挨一下土地，向下吐唾沫，并且空着肚子唱。我说，你会在撒谢尔纳父子的书里看到其他许多奇奇怪怪的事情，不过它们和农业都毫无关系，因而，我们就不去谈它们了。他说，仿佛在别的作家的作品里，你就不能找到这类的例子似的。怎么，在老加图发表的关于农业的著作里，难道没有许多这类的例子吗？比如说，如何做一块点心或是一个供果，或是如何腌制火腿。阿格里乌斯说，你没有提到那个有名的方子，"如果你想在宴会上开怀痛饮和放开肚子吃东西，你就应当在事先吃五六叶用醋泡过的生菜！"

① 维克托里乌斯认为塔尔昆纳可能是一个司朗读的奴隶的名字。这样，这句话的译法就应当是："我曾听见塔尔昆纳读道……"

但传说塔尔昆纳是伊特拉斯坎的宗教中心塔尔魁尼的建立者。一个奴隶未必会使用这样的名字。

第三章　农业是一种技艺

阿格拉西乌斯说，既然我们已经确定哪类东西不属于农业的范围，那么你们各位能不能告诉我们，应用于农业的知识是不是一种技艺？另外，它的出发点是什么？它的目的又是什么？

斯托罗看了斯克罗法一眼之后就说，这个问题应当由你来给我们谈谈，因为论年纪、论地位、论这方面的学问，你比我们都要高。于是斯克罗法就高兴地开始说：

首先，它不仅仅是一种技艺，而且是一种既必需又重要的技艺；它教给我们在各种不同的土地上，要种怎样一些庄稼和使用怎样一些方法，什么样的土地能不断地提供最高的产量。

第四章　四个要素

按照恩尼乌斯的说法，农业的要素也就是构成宇宙的要素：水、土、空气和阳光。原来在播下种子之前，人们必须对这些事物有所了解。因为它们是一切产物的根源。农民必须以此为起点，向着两个目标前进，这两个目标是效用和乐趣。效用是为了寻求利益，乐趣是为了获得愉快。有用的东西比令人愉快的东西占着更加重要的地位。可是如下的情况的确也是真实的：在耕作时，为了使土地变得更加漂亮而付出的劳力，不仅照例增加从土地所取得的收益——比方说，如果按正规方式种葡萄园和橄榄园的话——而且使它更易于出售和增加农庄的价值。对同样有利可图的东西，人们总是喜欢购买，而且情愿出较高的价钱来购买那更漂亮的、而不是那虽说有利但是难看的东西。最适于健康的土地是最有用的土地，因为土地的收益得到了保证；而另一方面，是因为在瘟疫流行的土壤上，不论它是何等肥沃，疾病和死亡都会使居民无法收获劳动的果实。因为，事实上，当你不得不总是担心奥尔库斯[①]的光临的时候，不仅来自土地的收益是靠不住的，就是经营土

① 在罗马宗教中它是冥国之神。现在我们还不能确定它是意大利民间传说中的神，抑或只是从希腊冥国之神 Horkos 这个名字转译过来的。

地的人们的生命也同样是靠不住的。因此在不适于健康的条件下，农业就只不过是拿农夫的生命财产作赌注。可是这种危险却能够通过知识的力量来减轻。原来，虽然健康的条件有赖于土壤和气候，非我们所能控制而属于大自然，但是用细心照顾的办法，我们仍可以大大地减轻比较重的灾害。说句实话，假如一个农庄由于从土壤或水里发出的臭气而不适于健康，或者由于它的地势而土地太热，或者有一股不好的风刮起来，那么这些灾害通常是可以通过主人的知识和人为的努力而得到补救的；因为农庄建筑物的地点，它们的大小、柱廊、门窗的式样都极为重要。伟大的医师希波克拉特[①]在严重的疾病猖獗流行的时候，不是运用他的知识拯救了不只是一个地方，而是许多城镇的人么？但是我为什么要召请希波克拉特前来作证呢？在这里，我们的朋友瓦罗，当陆海军在科尔基拉，而每一家都为疾病和死亡所笼罩的时刻，他不是曾经通过开新窗引进北风，挡住了瘴气么？他不是还改变了房屋的门，并采取诸如此类的其他预防措施，而把他的同伴和家人平安地带回来了么？

① 希波克拉特一般被称为“医学之父”，他是希腊医生，公元前460年左右生于科斯(Cos)，据说他的著作有七十二种。

第五章　农业科学的分科

我已经叙述了农业的各项原理和目的，下面我们来确定一下，农业的实践应当分成多少部门。

阿格里乌斯说，当我阅读提奥弗拉斯图斯的巨著的时候，我觉得属于农业的部门是无穷无尽的。提奥弗拉斯图斯的著作叫做《植物之研究》，它的续篇叫做《论植物生长之原因》。斯托罗说，在你提到的那些书里，尽管我并不是说，它们没有包含一点实用的或是大家感觉兴趣的东西，但是我总觉得它们更适于所谓哲学家阅读，而对实际的农夫却不见得有什么用处。因此，我们不必去麻烦提奥弗拉斯图斯，而是请你谈一谈农业的分科吧。

斯克罗法说，农业科学有四个主要的部门；这几个部门包括以下四方面的知识：首先是关于农庄的知识，土壤的性质及其成分；第二是关于农庄上所需要的物品，和为耕作而应当准备的物品的知识；第三是关于耕作过程中必须做些什么的知识；最后则是一年当中什么时候适于干哪些活儿的知识。在这四种主要的分科中间，每一个分科至少又可分成两部分。第一个主要分科包括三件必然与第一是土壤本身，第二是农庄建筑和各种附属房舍有关的事情；第二分科包括耕作时所必需的动产，它也是双重的，因为它关系到可以耕地的人以及其他耕具;第三分科分成两类,一类详述必要的耕作方法,另一类则详述耕作地点的选择;第四个主要分科涉及和太阳一年的轨道有关的季节,以及和月亮每月的运行有关的季节。下面我便先谈一下四个主要的分科,然后再更详细地谈一谈八个分得更细的部门。

第六章　土地

首先，谈到农庄的土地时，我们必须考虑到这样四点：土地的构造，土地的种类，它的范围，以及怎样才能把它适当地圈护起来。

土地的构造有两种，一种是大自然所赐，另一种则是通过人的耕作而形成的。比如说，在前一种情况下，土地可以(一)天然是坏的或是好的，而(二)在后一种情况下，它可以是种得好的或坏的。关于这两件事，我首先想谈一谈土地的自然构造。有三种性质单纯的土地——平坦的土地、丘陵地、山地，而从这三种土地又产生出第四种混合形式的土地。在这种情况下，土地上有上述的两种或三种土地同时存在，这样的例子是可以找到很多的。在谈到这三种土地的基本高度时，毫无疑问，一种耕作方法对于最低的土地，较之对于最高的土地是更加适宜的，因为最低的地比最高的地要热；对于丘陵地，情况也是一样的，因为它比任何一种都有更加温和的气候。而完全属于三类中的某一类的土地的这些差别，则随着土地范围的扩大而变得愈加显著。

因此，凡是有广阔平原的地方，天气就更要热一些——比如在阿普利亚，空气就比较闷和热；凡是有山区的地方，比如在维苏威山上，空气就比较清爽，因而也就比较有益于健康。在低处的农夫夏天比较受罪，在高处的农夫则冬天比较受罪。春天，在高处播种的同样的谷物，在平原上就播种得比较早，并且可以较快地在那里收藏起来。此外，播种和收割在高处比在低处要费更多的时间。有一些植物，比如枞树和松树，由于寒冷，在山地生长得更加无拘无束、更加茁壮；在低地，由于气候比较温暖，白杨和柳树就长得茂盛；有些植物在高地长得比较好，比如杨梅树和橡树，另有一些则在低地上才长得好，例如扁桃树和大的马利斯卡无花果树。在不甚高的丘陵地上的谷物，和平原上的谷物习性较近，但和山区的谷物习性却较远；可是高的丘陵地上的谷物，情况则恰恰相反。

这三种土地（用不同高度表示出来的土地）要求不同的耕种方法。人们认为谷物比较适于种在平原上，葡萄园宜于设在丘陵上，而树木则宜于栽在山上。一般说来，在平原上耕作的人是冬天比较顺手，因为那时牧场上有草，树木的剪修也比较容易。另一方面，夏天对山区却比较方便有利，因为这时在山区有许多在平原上会被晒焦的青饲料，而且空气凉爽，适于种植树木。全部均匀地向着一个方向倾斜的平原上的土地比之绝对平坦的土地要好，因为一块平原如果没有排水的地方，就易于成为一片沼泽，而地面越是凹凸不平，情况也就越坏，因为洼下去的那些地方会积满了水。按土地的高度所作的这三种以及诸如此类的区分，都以不同的方式对耕作发生影响。

第七章　地点

斯托罗说，谈到天然的地形，我认为加图说中了要害，他在书里说，最好的土地是山脚下朝南的土地。这时斯克罗法插进来说，关于人为的地形，我要提出的是这样一点——产量的多少和悦目的外形有直接的关系，比如支撑葡萄的树，如果按照梅花五[①]的形式种植，就可以有较好的收成，这是由于它们的对称线和每棵树之间的合理的间隔。不这样，我们的先人，就从播种得不好的一块特定的土地上，生产了质量和数量都不高的酒和谷物；因为排列得适当的植物，占地较少，而在吸收日光、月光和空气流通方面，相互间都较少干扰。有几桩事实可以使我们推测到这一点。比方说，胡桃之类的果实，由于它们的外壳质地密致，所以在完整的时候，可以包装成一配克的话，那么一旦它们被弄碎，要再想把它们包装成一配克半也是不大容易的。再者，按照规律栽种的树木，从四面八方均匀地接受日光和月光，结果就可以结出更多的葡萄和橄榄，而且成熟得也较早，这双重结果又必然会导致另外的两个后果，即更多的葡萄汁和橄榄油，因而也就取得更多的利润。

现在再来谈上面提到的第二点：农庄土壤的性质。当我们说

① 像扑克牌上五点梅花那样的排列方式。

一块地好或是坏的时候，通常我们指的就是这一点。可以在土地上播种和培植的作物的数目和性质，这是重要的，要知道，同样的土壤并不是同等地适合于一切种类的作物，而是一种土壤适合于葡萄，另一种土壤适合于谷物等等，不同的土壤适合于不同的作物。因此，在克里特那里，戈尔提尼亚地方附近，我们听说有一种冬天不落叶子的梧桐树；提奥弗拉斯图斯指出说，在塞浦路斯也有一种；而在现已称为图里伊的叙巴里斯，在城市望得见的地方有一株橡树也有同样的特点。埃列芳提纳附近的一些地方和意大利比起来都有显著不同之处，原来那里的无花果和葡萄树都根本不掉叶子。由于同样的原因，许多树每年结两次果子；比如在斯米尔纳海岸一带地方的葡萄树和康森提亚地区的苹果树就是这样。同样事实的另一个例子是：在未曾开垦过的土地上，果实的质量都比较高。由于同样的理由，有些植物只能生长在水多的地方，甚至生长在水里。不过这里仍然有个区别，因为有些植物只能生长在湖里，如列阿提地区的芦苇；另一些植物又只能生长在河里，如伊皮鲁斯的赤杨；再一些植物又只能生长在海里，如提奥弗拉斯图斯所说的棕榈和海葱。当我在山北高卢，也就是莱茵河附近的内地统率着军队的时候，我到过几处地方，在那里，葡萄、橄榄和果木都不长，人们用从地里挖出来的一种泥灰[①]当作肥料；那里的人们制盐既不是从地里挖出来，也不是从海里取得，而是通过烧某些树木取得

① 泥灰是石灰和黏土的天然混合物。至今在法国仍作为肥料使用。关于古典作家对于这种泥灰的特性和使用的叙述。（参阅普林尼：《博物志》，xvii，7）

盐炭[①]以代替盐。

斯托罗说，加图按照价值的大小来排列不同种类的土地，并把它们分成九等。第一等是你可以用来生产大量好酒的葡萄园的土地；第二等是灌溉良好的果园地；第三等是可以种植柳树的土地；第四等是适于作橄榄园用的土地；第五等是牧场；第六等是种植谷物的土地；第七等是种植木材用林的土地；第八等是种植小树的土地；第九等是种植生产橡子的橡树林的土地。

斯克罗法说，我知道加图是这样写的，但并不是每个人都同意他的分法，因为有些人——我就是其中之一——把良好的牧场放在第一位。我们的祖先就为了这个缘故，把 *prata*（草原）称为 *parata*（现成的）。担任过营造官的恺撒·沃皮斯库斯在一次诉讼里，在检察官面前进行辩护时，就把罗西亚的平原称为意大利的抚育者，因为，你如果在头天晚上把一根竿子丢在那儿，第二天早上草长起来你就会看不到它了。

① 参阅普林尼（《博物志》，xxxi，83）："……最好的是橡树，它的纯灰有盐的味道。"塔西伦说，盖尔曼杜里人用如下的方法制取盐：他们先堆集起一个巨大的篝火堆，然后把河水浇到上面，两种敌对的元素，即水和火的融合形成了盐。实际情况是含盐的河水在燃烧的树木上蒸发之后而得到盐。（俄译本注）

第八章　论葡萄的修剪

人们往往以得不偿失作为反对经营葡萄园的一个理由。那要看种植哪种葡萄，因为葡萄的品种是很多的。有些品种直接长在地上而不用支架，西班牙那里就是这样；另一些则在修剪之后要支起来，即所谓“架葡萄”，意大利的葡萄大多数属于这一类。关于后面提到的这一类，人们常用的有两个词，这就是，*pedamenta*（架木）和 *iuga*（树墙）；支葡萄蔓的直立的柱子叫架木，而交叉排列的支架则叫树墙。因此也就有了“架葡萄”这个名词。这样的树墙大致可分成四类——竿子的、芦苇的、绳子的和柳条的。在法列尔努姆地区是用竿子，在阿尔皮努姆地区是用芦苇，在布伦第西乌姆附近的地区是用绳子，在美狄奥拉努姆（即米兰）地区是用柳条。修剪葡萄的方法有两种：一种是使葡萄蔓和树木成直角，卡努西乌姆地区就是这样；另一种则是倾斜的，葡萄蔓是天孔式的[①]。后一架

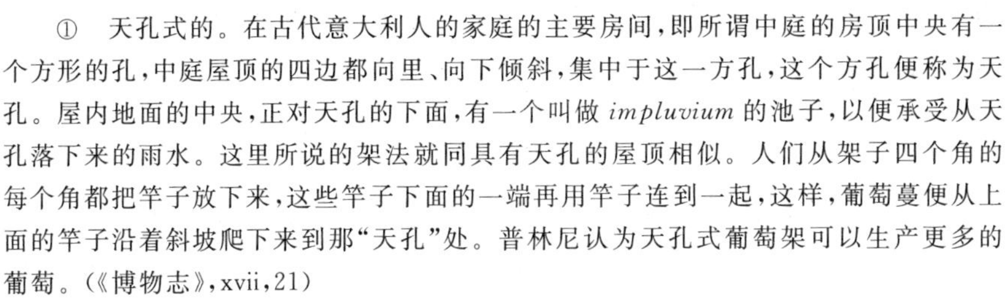

① 天孔式的。在古代意大利人的家庭的主要房间，即所谓中庭的房顶中央有一个方形的孔，中庭屋顶的四边都向里、向下倾斜，集中于这一方孔，这个方孔便称为天孔。屋内地面的中央，正对天孔的下面，有一个叫做 *impluvium* 的池子，以便承受从天孔落下来的雨水。这里所说的架法就同具有天孔的屋顶相似。人们从架子四个角的每个角都把竿子放下来，这些竿子下面的一端再用竿子连到一起，这样，葡萄蔓便从上面的竿子沿着斜坡爬下来到那“天孔”处。普林尼认为天孔式葡萄架可以生产更多的葡萄。（《博物志》，xvii，21）

法在意大利是很普通的。如果这种支架所用的材料在自己的地里长，费用就不太大；如果能从附近的地方大量取得，那也花费不了多少。上面所说的四种支架，第一种需要柳树园，第二种需要芦苇塘，第三种需要灯芯草或诸如此类的植物，第四种需要供葡萄蔓缠连起来的矮树。米兰人在这方面用的是一种他们称为 *opuli*（枫树）的树；在卡努西乌姆，他们用的是无花果树，这种树的树枝都用芦苇加固起来。支柱也有四种：第一种是粗的，葡萄园中所用的最好的支柱是橡木或杜松木作的，称为 *ridica*；第二种是削成木桩的树枝，这种支柱越硬越好。这样使用的年限也长久。当土地把下端沤烂而不能使用时，就把这木桩掉个头，把下面的一端换到上面来。如果没有这两种，就从苇塘取得第三种支柱。从苇塘把苇子拿来，用一条条的树皮把苇子系到一处，然后再把这些放到陶管里面，陶管的底是打穿了的，这样过多的水分就可以从陶管流出去了。这样一束束的芦苇称为 *cuspides*。第四种是用同类的树做成的天然支柱，在这种情况下，葡萄园里的蔓条是从一株树搭到另一株树上去。有些人就把这些横着搭过来的蔓叫做 *rumpi*。葡萄架应当有一人高，支柱之间的距离应当使架着轭的两头牛能够并排从中间耕过去。

最省钱的葡萄园是没有支柱，却仍是能给酒瓮提供葡萄酒的葡萄园。这样的葡萄园有两种——一种是让葡萄在地上长着，就像亚细亚的许多地方那样。不过在那里，人们收获的葡萄常常要给狐狸分去一部分。此外，如果地里有老鼠的话，收获量就会更少，除非你像潘达特里亚岛上的居民那样，在葡萄园的到处都设下捕鼠的陷阱。还有这样一种葡萄树，就是只把快结葡萄的新枝架离地面；这样，当葡萄结出来的时候，就在它下面安放二英尺左右高的叉状小架子（否则收获前就不知道该怎样把一串串葡萄悬在细枝上了），然后，用绳子或是带子把葡萄吊起来。这种绳子或带子古人一般就叫做 *cestus*。

园主一看到收割葡萄的人回来，他立刻就把这种叉形的小架子拿回家去，搁一冬天，以便来年再用，而无需再花钱了。在意大利，列阿提人就使用这个办法。这些方法上的区别大都是由于土壤的不同，原来在土壤天然是潮湿的地区，就必须让葡萄长得高，因为葡萄在它生长过程，并不像后来它在酒杯中时那么需要水，而是需要日光。我以为，这一点也就说明，为什么葡萄的新枝首先就要从葡萄蔓攀到树上去。

第九章　农地

前面我已说过，知道土地的性质，了解它适于种什么，不适于种什么，这一点至关重要。“土地”一词可以用在三种意义上面：普通的、本义的或是混合的。作为普通的名词使用时，我们指的是地球上的土地，意大利的土地或其他任何国家的土地，在这样使用的“土地”一词里，包括石头、沙子和诸如此类的其他东西。作为“本义”名词使用的土地一词，是指绝对不需附加任何其他词或条件的土地；而最后，所谓混合意义的土地，是指我们把农业上使用的土地说成是黏土的、多石的等等，因为在这一意义下，有可以用普通名词来表示的那样多种类的土地，这是因为在整体当中包含有各种不同的物质。原来，实际上，在这一意义下的土地，既然它有着不同的力量和潜力，这就说明它是由许多物质组成的，其中我可以列举的有石头、大理石、碎石、沙子、粗沙、黏土、红土、尘土、白垩土、灰、烧土（土地被太阳烤得如此厉害，以致它竟把谷物的根都烧毁）。一般称为“土地”的东西，当它和上述不同物质里的任何一种混到一起时，便根据土地中占主要成分的土壤类型，而称为“白垩土的”、“沙砾的”土地等等。土地的这些类型不同，于是我们也就依照不同的类型把土地分成不同的等级，这些等级又可分成更细的类别，即每一等级至少又可分成三个细类。例如，有一种土地石头很多，一种土地石头不太多，还有一种就几乎完全没有石头。而同样的三种比较的等级，还可用于含有上述其他任何物质的土壤（大理石、碎石、沙子等等）。再者，三个细类中的每一类还可再分成三类，例如每一种都还可分为干燥的、比较干燥的或是潮湿的。而后面所说的这种区分，对于土地上面生长的谷物具有极大的意义。因此，有经验的农夫在比较潮湿的土地上宁可种斯佩耳特小麦，也不种普通小麦，而在干燥的土地上又宁愿种普通小麦，而不种斯佩耳特小麦。在不干不湿的土地上则播种二者当中的随便哪一种。再说，所有这些类别仍然可以进一步细分下去。就拿沙性的土壤作例子吧，沙子是红的还是白的这一点很要紧，因为发白的沙子不适于耕种，相反，发红的沙子却是十分有利于耕种的。我认为不管土地是贫瘠的，是肥沃的，还是介乎二者之间，这三种区别都是重要的，因为肥沃的土地（对农业而言）使许多东西都能丰产，贫瘠的土地则做不到这一点。比如说，在贫瘠的土地上，例如普皮尼亚的土地，人们在任何地方都看不到高大的树木、果实累累的葡萄、茁壮的谷物，在任何地方都看不到马里斯卡的大无花里树；你会发现这里大部分的树木和草地都被晒焦，并且蒙上一层青苔。但另一方面，在肥沃的土地上，如埃特路利亚的土地，你却可以看到每年都播种的、丰产的大田，高大的树木，而任何地方都看不见苔藓。再者，在质量中等的土地上，例如提布尔地区的土地，它越是接近于肥沃而不是贫瘠，它就越是有利于一切谷物，我的意思是说，比之接近于贫瘠的土地会有更好的收成。

这时斯托罗说，这样看来，比提尼亚的狄奥帕尼斯的说法也并不是很错误的，因为他写道，关于哪种土地能、哪种土地不能使人

得到收益的问题，人们从土地本身或是从土地上生长出来的东西都可以看到标志；就土地本身而言，看它是白的还是黑的，在挖掘时是否容易碎开，它在土质上是否既不像灰，又不很重。从土壤自行生长的作物方面看，它们是否长得好并且比起它们同类的果实来是否可算丰产。但现在应该轮到第三个题目了，请给我们谈一谈土地的测量这个问题吧。

第十章　土地的测量

他说,不同的国家采用不同的单位来测量它们的土地。例如,在远西班牙,人们用优古姆(iugum),在坎帕尼亚用维尔苏斯(versus),而在我们罗马和拉丁的土地上,则用优盖鲁姆。用轭套上两头牛,在一天里能够耕完的土地称为一个优古姆;维尔苏斯是长宽各一百英尺,即一万平方英尺的一块地;一优盖鲁姆等于二平方阿克图斯(actus),而一平方阿克图斯则等于一百二十英尺见方的一块地。这一面积单位在拉丁语中称为阿克努阿(acnua)[①]。一优盖鲁姆往下最小的单位叫做斯克利普鲁姆(scripulum),即一百平方英尺。如果拿这个优盖鲁姆作为单位,当测量土地的人员在用优盖鲁姆计算完毕而谈到剩余下来的小块土地时,他们往往把它说成一盎司、二盎司什么的,因为优盖鲁姆包括二百八十八斯克利普鲁姆,而在布匿战争以前,我们古时称重时的一阿斯(as)也等于二百八十八斯克利普鲁姆。[②] 据说罗穆路斯起初曾分配给每一个

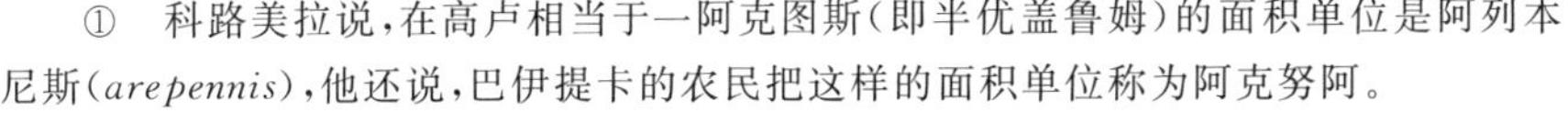

① 科路美拉说,在高卢相当于一阿克图斯(即半优盖鲁姆)的面积单位是阿列本尼斯(*arepennis*),他还说,巴伊提卡的农民把这样的面积单位称为阿克努阿。

② 重量单位的阿斯分为十二盎司或二百八十八斯克利普鲁姆。一优盖鲁姆也分为二百八十八斯克利普鲁姆。因此,优盖鲁姆的一部分可以用阿斯的一部分的名称来表示。

人两优盖鲁姆的土地作为世袭的产业，这二优盖鲁姆的土地就被称为世袭地。后来一百份这样的世袭地（合二百优盖鲁姆的土地）称为一肯图利亚（centuria）。一肯图利亚（合一百三十三英亩）是一个完全的正方形，每边长两千四百英尺。四肯图利亚再拼成一个正方形，这样，每边就有二肯图利亚，而在国家把这样多的土地分配给个人的时候，则称为一撒尔图斯（saltus）。

第十一章 农庄上的建筑物

许多人由于不注意农庄的规模大小而遭到了失败。有些人把农庄的建筑物修造得小于、而另一些人又把农庄的建筑物修造得大于农庄面积的需要，而两种错误都会造成损失，并且不利于农庄的生产。理由是：建筑物越大，建筑的费用也就越大，维修的费用也随之增加，而如果建筑物对农庄的需要来说太小，则农产品也就照例会遭到损坏。比如说，凡是有葡萄园的地方，就必须有宽大的酒窖，凡是种谷物的地方，就必须有巨大的粮仓，这一点是显而易见的事情。农庄的房舍应当修建在有水的地方，水应当在它的范围以内，即使做不到这一点，那水源也是越近越好。首先应当有一个天然的泉水，其次是一个永远不会干涸的水源。在根本没有活水的地方，屋里应当置备水槽，外面露天地应当有个水池，屋里的水，人用；外面露天的水，牲畜用。

第十二章　农舍的位置

你必须留意把农舍设置在树木葱郁的山的山脚处，这里是最好的处所，因为这里有辽阔的牧场，而且你还要注意到使它面迎这一地区的最有益于健康的风。对着昼夜平分的东方的农舍地势最好，因为它夏天有阴凉，冬天得阳光。如果你不得不把你的农舍建筑在河流附近，你就必须注意不要把它建筑得面对着河，因为这样一来，冬天它就会特别冷，而夏天也不适于健康。还要注意那里有没有沼泽地，这除了上述的一些理由之外，还因为有一些眼睛看不见的小虫子在那里孳生，它们随风飘过来，就从嘴和鼻子钻进人体内，从而引起很难治好的疾病。丰达尼乌斯说：如果这样一所房子落到我的手里，那我怎么来避免疫气呢？阿格里乌斯说，唉，连我都能回答这个问题。你一定要以尽可能高的价钱把它卖掉，如果卖不掉，那干脆你搬开好了。

斯克罗法接下去说，你一定不要使你的房子向着通常有不利于健康的风刮来的方向，你也不可把它盖在四面环山的盆地里，房屋的位置宁高勿低。这样的地方因为通风，即便有什么有害的东西被带到那里，也是很容易给风吹掉的。而且，由于那里整天都可以得到阳光，因此对健康也就更有好处，因为无论是在那里孳生的或是被带到那里去的任何小虫子不是被吹跑，就是很快地干死。

突如其来的暴雨和泛滥的河水，对于那些把住所安置在低地或是洼地上的居民是危险的。还有另一种危险；那就是会有盗群出其不意地出现，因为这些强盗可以比较容易地袭击他们。从这样的两个原因来看，也是高的地方更加安全些。

第十三章　农庄的院落和房屋

农庄里的马厩和牛棚必须修建得在冬天能够比较温暖。葡萄酒和橄榄油之类的产品，必须保存在地面上的仓房里（你还必须准备一个安置盛油和盛酒的容器的地方）；干燥的农产品，比如豆子和干草，则必须保存在地势高的仓房里，你还必须准备一处安置奴隶的地方，以便使他们在被劳动、寒冷或是暑热折磨得精疲力尽的时候，能够在那里缓一缓、活动活动，或是舒舒服服地睡一觉来消除疲劳。监工的房间要挨近门口，他应当知道夜里有谁进来，有谁出去，他拿着什么东西，特别是在没有看门人的时候。你要特别注意使农庄附设一间厨房，因为在严冬的黑暗的早晨，太阳出来之前，有一些事情要在那里做，饭也要在那里准备，在那里吃。而且，在农庄的院子里，还要盖一些相当大的、带顶棚的建筑物，用来安放车辆和怕雨淋的用具；因为这些东西，如果只是圈起来露天存放，虽然可以防止被贼偷盗，却经不起风吹雨打。

在一座大农庄上，最好是有两个院子：一个院子的中间要有一处汇存雨水的地方；或者，在有活水的时候，在院子四周的柱基里侧，如果愿意的话，做个半水池之类的东西[①]。因为牲畜在夏天从

---

① 至于那个池子被称为半水池的原因，可能因为池子只有一面或两面是用石头砌成的。但正式的池子通常四面都是用石头砌成的。

耕地回来，还有鹅、母猪和公猪吃了东西回来，都可以在这里饮水和洗澡。在外面的院子里，应当有一个池子浸泡野豌豆和其他要在水里泡过之后才更适于食用的东西。外面的院子，如果常常在它上面撒些干草和谷糠，并且让牲畜的蹄子践踏，那么就可以通过从那里运出去的东西而对农庄有用。在农庄建筑物的附近应当有两个肥堆，或是一个肥堆分成两部分；一部分应当是新鲜的肥料，另一部分则只有在放陈了的时候才拿去上地，因为沤烂的肥料比新鲜的肥料力量大。肥堆的四边和上面如果用树枝和叶子遮盖起来，使不受日晒，它的质量就可以更高一些，因为不能让太阳事先把土地所需要的好东西给吸跑了。因此，有经验的农夫，他们为了提高肥效，如果能够设法让水流进去，他们是会这么做的。这样，汁液就可以很好地保存起来。有些人把奴隶的便所也设在肥堆里。

还得盖一处地方，以便在它的遮盖下，把农庄的全部收获物放进去，这样的地方有些人称为 *nubilarium*。这个地方应当修建在场院的附近，场院就是打谷子的场地；这个建筑物的大小应当和农庄的大小相配合；这个地方和打谷场连着的那一面是敞开的，这样，你可以很容易地把要打的粮食扔到场上来，而在天阴时又可以迅速地把它扔回去。在最得风的那一面应当开一些窗户。

丰达尼乌斯说，在谈到建筑物的时候，如果在修建问题上，你想学习古时农民的节俭，而不是当今农民的浪费，那么农庄肯定是比较有利可图的。因为前者修建（在农庄上的）房屋和农产品相称，而后者则是自行其是漫无节制地做下去。结果正如我们所设想的那样，古人的农庄比他们在城郊的别墅值钱，而时至今日它们一般却不是那样值钱。在古昔，一个农庄如果有一个好的厨房，宽敞的马厩，大小和农庄成适当比例，同时有一个直通大桶的砌成的小沟沟的收藏葡萄酒和橄榄油的库房，那么这个农庄会人人称赞；因为往往在储藏新酒时，酒瓮（例如在西班牙）和酒桶（例如在意大利）会由于新葡萄酒的发酵而破裂。而且他们还注意到使这一类农庄置备起经营时所需要的所有其他各式各样的东西。但是今天，却完全是另一情况，一个人对他农庄上的房屋主要是关心它的规模和装饰，他想让自己农庄上的房屋能够跟梅特路斯或路库路斯农庄上的房屋比美，而修建这种建筑物过去曾给国家造成了极大的恶果。今天人们最关心的是使他们夏天用的一套餐室朝着东方的阴凉，而冬天的一套朝西，而不是像古人那样，注意到收藏葡萄酒或橄榄油的库房的窗户的方位，因为装葡萄产品的木桶需要较冷的空气，而藏橄榄油的库房却需要较热的空气。再者，如果那里有一座小山，就要设法使你的农舍修盖在它的附近，除非由于某种原因你做不到这一点。

第十四章　篱笆和围墙

现在再谈谈用来保护农庄或部分农庄的篱笆，这种保护物有四种——一种是天然的篱笆，第二种是木条的，第三种用于军事的目的，第四种是石砌的。这四种的每一种又分成几类。第一种，即天然的篱笆，是一种种植的树所形成的活篱笆，在这种情况下，人们通常种的是矮林或是荆棘。这种植物有根，所以无需害怕调皮的过往行人点着的火把。第二种的篱笆是林木的木条，不是活树。这是把密排着的木条和矮林木纵横交错扎起来而形成的；若不这样，那么也可用宽木条，木条上面穿一些孔，从每条直立的木条的孔里再穿上两三根木棍；或是把一排树干插到土里。第三种，军用篱笆[①]，是一道沟，再加上一道土垒，这道沟只适于一旦下雨时能承受全部流下来的雨水，或是有这么个斜坡，可以使雨水排出农庄。土垒只要是在它内侧一直跟着一道沟，或是很高，不容易跨过去，这就是好的土垒。这种篱笆通常是修得和大路平行，或是沿着河溪的流向。在科鲁斯吐麦力乌姆附近的撒拉力阿大道[②]那里，

---

① 罗马士兵在行军途中，夜间设营时，照例要在营地四周挖沟和修筑土垒。所以这种类型的围墙就叫做军用篱笆或围墙。（俄译本注）

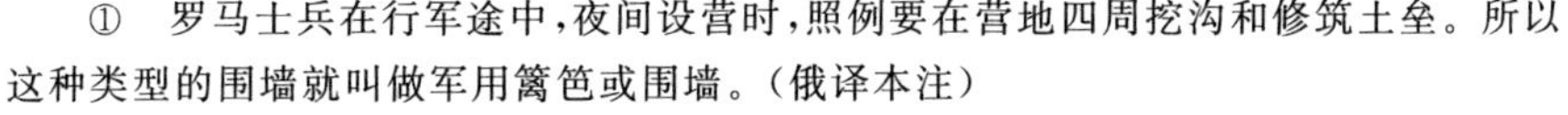

② 撒拉力阿大道（Via Salaria）是古代撒比尼到梯伯河口去取盐时通过的道路（salarius 意为“盐的”）。这条道路通过列阿提。（俄译本注）

你可以在一些地方看到堤坝和壕沟结合起来，以预防河水危害田庄。也有人修造不带壕沟的土堤；有些人，如列阿提附近乡间的居民，则把这种土堤叫做围墙。第四种，泥瓦匠做的篱笆，是最末的一种——我指的是围墙篱笆。围墙篱笆也可粗略地分为四类：石头做的，像图斯库鲁姆附近的乡间的那样；窑砖的，像高卢地区的那样；晒干的土砖的，像在撒比尼地区的那样；土和石子混合灌浆的，像西班牙以及塔伦图姆[①]附近地区的那样。

① 混合灌浆是先把两块夹板相互平行地立起来，再用混凝土把中间的空隙灌满。关于西班牙的这种围墙，普林尼写道："……难道在阿非利加和西班牙，人们不修造土墙？人们所以说这种墙是'铸成的'，是因为它们不是盖起来的，而毋宁说是从平行放置的两块板中间的泥土铸出来的。这样的墙可以经久不坏"(《博物志》，xxxv，14)。在英国的那些可以找到白垩土和燧石石子的地方，人们仍然使用这样的筑墙办法。(俄译本注)

第十五章　以树为界

我要附带地说一下，一块未经圈起来的农庄的边界，如果沿着它的四周栽上树木作为标志，则较为稳妥，否则，你的奴隶就要跟他们的邻居们争吵，而你的地界只能通过诉讼来决定了。有的人围绕着农庄栽上松树——我的妻子在撒比尼乡下住的时候就栽松树；有的人种植柏树，我在维苏威附近就是这么做的；还有人种榆树，科鲁斯吐麦力乌姆地区很多人就这样做；如果也像那里一样，是一片平原而又有可能种树的话，那么种任何树都不如种榆树好，种这种树是特别有利的，因为它常常可以用来作为支架，可以架葡萄，而使你多收获许多筐的葡萄，它供应牛羊以它们非常爱吃的叶子，它的枝子还可以拿来编篱笆、烧炉灶。

斯克罗法说，是的，正像我说过的，这四点是一个农夫必须首先考虑的，即，农庄的地势，它的土壤的性质，土地的大小和地界的保持。

第十六章　一座农庄的四邻

关于这个问题还剩下第二部分，这一部分必须谈一谈农庄外边的事情。紧挨一座农庄的周围环境，由于农庄与之关系非常密切，因此这种环境对农庄主人极为重要。

这里有四点要考虑：邻近的地方是否不安全？是否有使我们能够方便地卖掉自己的产品或是买进自己所需要的一些东西的这样一个地方？第三，是否有运送产品的旱路或者水路，而在有的时候，是否方便？第四，毗邻的农庄有没有什么东西看来对我们自己的农庄有益或者有害？

这些问题当中的头一个，即附近一带是否安全是重要的，因为有不少非常好的土地，只是因为挨着一伙强盗，使耕作结果无利可获；比如撒丁尼亚靠近欧里斯的某些土地及西班牙卢西塔尼亚附近的某些土地，就是这样。有些农庄在邻近有一个方便的市集，可以出售农产品，又能够就地从那里买到农庄需用的物品，这样的农庄因此应当说是有利可图的。因为很多人在农庄缺少谷物、酒或其他物品的情况下，不得不派人从别的地方去购置；而另一方面，有不少的人又必须往外运出他们的一部分农产品。因此，在靠近城市的地方，大规模地经营花园，比如，紫罗兰园和玫瑰园，或是种城市欢迎的其他东西，是有利可图的。但对于一个偏僻的农庄，由于没有可以利用的销售市场，种植这类东西就不能获利了。同样地，如果附近有市镇或是村庄，甚或有储藏丰富的其他农庄和富人的乡村别墅——从这些地方你能够为自己的农庄买到价钱便宜的需用品，同时也可以把自己多余的物资，比如说，撑木、支柱或是芦苇卖给他们——那么，对农庄来说，就比从远地购买这些物资要更为有利，有时甚至也比你自己的农庄生产这些东西还要上算。因此，举例来说，农庄的主人宁愿雇用邻近的医生、漂布匠、木工等等，成年累月地跟他们打交道，而不肯在自己的农庄里添置这类人，因为这样的手艺人死一个，都往往会使农庄蒙受损失。

拥有大片庄园的富人，则要从自己农庄的人当中训练这种手艺人。如果离市镇或村庄太远的话，他们就罗致自己所需要的铁匠以及所有其他有技能的工匠，使这些工匠留在农庄里，这样，他们的大群奴隶就不致在干活儿的日子里停下来而闲散终日，从而不能通过他们的劳动使土地获得更多的收益。因此撒谢尔纳的著作里载有这样的规定：除监工、管家和监工所指定的某个人外，任何其他人不准离开农庄；如任何人敢于擅离农庄，必予惩处；如某人逃跑，则对监工必严加处分。然而更好的却应是这样的规定：任何人未经监工的允许不得擅离，而监工不得到主人的许可，不准走远到当日不能返回的地方，而且也只有在农庄有此需要的时候他才能去。

如果农庄附近有好的马车路或是可以通航的河道，则产品的运输将使农庄更为有利可图。我们知道，许多物品可以通过陆路或水路运进或是运出农庄。

再者，农庄的产品要受到你邻近土地的播种方式的影响。比如说，如果他在双方交界的地方种了一片橡树林，那么你在这片树林的边上栽橄榄树就不对了，因为这些橄榄树和橡树本性恰恰相反，以致它们不仅不能结出很多果实，甚至拼命地要躲开橡树，弄得枝叶都朝里弯，朝着农庄这边长，正像葡萄树种在卷心菜旁边的情形一样。跟橡树的情形相仿佛，你的农庄附近如果有栽得很密的、大株的胡桃树，则其边沿完全不能生长其他作物。

第十七章　农庄的设备——奴隶

前面我已经谈到了和农庄的土壤有关的、农业的四个条件，还谈到了和它的外部环境有关的另四个条件。下面我就要谈谈农具了。

有些人把农具分成两类，即（一）干活儿的人和（二）人干活儿时必不可少的工具；还有一些人把它们分成三类，即（一）能讲话的农具，（二）只能发声的农具和（三）无声的农具。奴隶属第一类，牛属第二类，车子属第三类。在整个农业里面，人是需要的。这或是奴隶，或是自由民，或是二者都有。使用自由民的情况有两种：一种情况是农庄主人自己耕地，由他家里的人协助，自己有地的大多数农民都这样做，另一种情况是，一些比较重要的农活儿，如收获葡萄或收割干草，要有大批雇工来做的时候，人们便雇用自由民；干这种活儿的还有我们本国人称为债务人[①]的那些人。这种人在亚洲、埃及和伊利里库姆至今还有很多。关于作为一个阶级的这

---

① 瓦罗本人在《拉丁语论》里（vii，5）对这个债务人一词是这样加以说明的："一个在能够还清自己所负债务之前，像奴隶那样干活儿的自由民叫 *nexus*，也叫 *obaeratus*。" *obaeratus* 不是奴隶，但是可以被债权人监禁起来或被债权人强迫做工，农庄主人也可以从债权人那里雇用他。在农庄主人看来，这样的人是雇工。公元前 326 年的佩提里乌斯法废除了雇佣奴隶制。

些人，我要说的话是这样：在不适于健康的地区，使用雇工比使用奴隶对我们更有利；而在有益于健康的地区，对于农庄上比较重要的活儿，诸如收获葡萄或谷物，情况也是这样。关于这些奴隶的条件，卡西乌斯写过这样的话：你用的奴隶要能够干重活儿，年纪要在二十二岁以上，还要能很快地学会干农庄上的活儿。看他们是怎样干别的活儿，或是问那些新参加农活儿的人们，他们在先前的主人那里习惯于做什么，这样你就可以在这一点上形成自己的看法。奴隶不应当胆怯，但是也不应当过于翘尾巴。监督他们的人应当懂得读和写，并且应当受一点儿教育；他们应当品行好，比上述的奴隶年纪要大——因为后者乐于服从他们甚于服从比自己更年轻的人。此外，一个监督人所必需的资格，是在农活儿方面有实际的熟练技巧：因为他的任务不光是发号施令，而且还要示范，这样在他干活儿时，他手下的人们可以模仿他，并且可以看到，他的领导地位并不是偶然的，而是农业知识比别人高明的结果。不能容许一个监督人用鞭子，而不是用言语来执行自己的命令，如果用言语他可以同样很好地达到自己的目的的话。而且，最好是不要有太多的属于同一部落的奴隶，因为这是家中发生争端的一个主要原因。

你应当用犒赏来刺激监督人执行自己任务的热情，而且要注意使他们有自己的一些东西，有女奴隶和他们同居，替他们生儿育女，这样就可以使他们做事时比较踏实，也更留恋农庄。伊皮鲁斯的奴隶就是一个很恰当的例子，因为家室的羁绊使得他们的名声比较好，而且价钱也比别人高。你应当通过偶然表示的器重，争取监督人的好感。你还应当和最能干的奴隶商量即将要干的农活儿，因为这样做，他们的自卑感便会减少，而觉得他们的主人对他们还是比较看重的。如果有时对他们比平时慷慨些，如果给他们较好的食物和衣服，如果偶然地放他们的工或是允许他们自己的一头牲畜放到农庄上去吃草，或是给他们诸如此类的其他特权，他们的劳动热情就会提高——这样，任何一个被分配了过重的活儿或是受了过分严厉的惩罚的人，就可以因此得到宽慰，而他们对主人的善意和好感也就可以恢复过来。

第十八章　农庄上人员的数量

至于农庄上的人手，加图考虑到两个因素：土地的数量和作物的种类。他以橄榄园和葡萄园为例，叙述了我认为可以说是两个典型的情况。在一种情况下，他提供了管理有二百四十优盖鲁姆（合一百六十英亩——英译者）大小的一个橄榄园的方案。他说在这样大的一个橄榄园上，你应当有下述十三个奴隶：一个监工，他的妻子，五个工匠，三个牧人，一个赶驴的，一个养猪的和一个牧羊人。他所谈的第二种情况是要管理一百优盖鲁姆（约六十七英亩——英译者）的葡萄园，他认为要对付这样大的一个葡萄园，就需要这样十五个奴隶：一个监工、他的妻子、十个工匠、一个牧人、一个赶驴的、一个养猪的。撒谢尔纳在他的著作里说，八优盖鲁姆的土地有一个人就足够了。这个人应当把这块地在四十五天里翻完，虽然每一优盖鲁姆四天就可以翻完了。剩下的十三天时间他可以用来应付生病，天气不好，技术不高明和劲头不足等情况。这两位作者谁也没有把他自己的定额向我们解释得很清楚，因为，如果说加图的意思是要我们——他必然是这样的——按农庄范围的大小增加或减少劳动力，他本来是可以这样讲的，而且他应该把监工跟他的妻子从奴隶的劳动队伍中除去；请想，如果你正在经营的橄榄园小于二百四十优盖鲁姆，你诚然也不能叫监工的少于一个，或者，如果你的农庄大一倍甚至更多，你也不能因此而设置两三个监工。事实上，也只是工匠或牧人的数目必须按照农庄的规模增加；而且，也只有在土地性质均匀一致的情况下，这个规律才行之有效。假如说，实际的情况不是这样，甚至土地的某些部分无法耕种，凹凸不平，有坚硬的土丘，那么你就无需多养牛，因之也就可以减少牧人了。我还忽略了这样一个事实，即加图所规定的定额二百四十优盖鲁姆，既不是一个公认的测量单位，也不是一个方便的单位（一个方便的单位本来应当是肯图利亚，即二百优盖鲁姆），虽然从二百四十优盖鲁姆减去四十优盖鲁姆正好是一肯图利亚，而这四十优盖鲁姆又是这二百四十优盖鲁姆的六分之一，可是我不明白，我怎么可能按照加图的办法，也减去十三个奴隶的六分之一，另一方面，我也不清楚，在除去监工和他的妻子之后，我又如何能从剩下的十一个奴隶中去掉六分之一。

其次，关于一个一百优盖鲁姆的葡萄园需要十五个奴隶的说法：设想某人有一肯图利亚的土地——一半葡萄园，一半橄榄园——那就是说，他要有两个监工，各带着他们的妻子，这是荒诞不经的。因此我们必须通过别的什么办法寻求一条通则来确定需用的奴隶数字。在这个问题上，撒谢尔纳比加图要高明，也说得比较清楚，因为他说，一个劳力能在四天完成一优盖鲁姆的活儿。此外，如果说一个劳力在撒谢尔纳所说的高卢农庄里顶得下来，但这却根本不能想当然地推论出利古里亚的山地也是这种情形。

因此我得出的结论是：要解决你的农庄上全部奴隶的人数以及农庄上其余设备的问题，最好的办法是仔细考虑这样三方面：相邻各农庄的规模及性质，耕种每一农庄的土地所需人手的数目和你认为从你的人员里应该增加或是减少的劳力数字，从而在经营你自己的农庄时导致较好的或较差的后果。

因为在农业上，大自然容许我们用两套办法，即试验和模仿的办法。最早的农夫是根据经验决定多数的问题，但他们的后人却大都是用模仿来决定问题了。我们也必须采用两套办法——有时效法别人，有时改变一下，自己做些试验——做这些试验并非是毫无目的的，而是根据某一合理的方案。比如说，如果我们把葡萄园再刨得比别人稍微深一点或浅一点，看采取这一措施之后效果如何？那些首先把土地锄两三遍的人们就是这样做的，那些把无花果接枝的时间从春季挪到夏季的人们也是这样做的。

第十九章　关于生产工具(半哑的)

关于农庄设备的其余部分,即我谈过的所谓半哑的部分,撒谢尔纳写道,二百优盖鲁姆的一块耕地两对耕牛就足够了,可是加图却说,每二百四十优盖鲁姆橄榄园需三头耕牛;由是观之,如果撒谢尔纳说的对,一百优盖鲁姆的土地便需要一对耕牛;如果加图说的对,每八十优盖鲁姆需要一头耕牛。但我的看法是,这些数字不是对每种土地都合适,可是其中任何一个数字却适合某些土地。因为不同的土壤耕起来有的容易一些,有的难一些。有的土地非得力气大的耕牛才能犁松,犁柄经常折断,犁头扔在地里。因此,对于特殊的农庄,当我们还缺少经验时,我们必须按照这三点考虑来办事:先前农庄主的经营情况,我们的邻庄的经营情况以及我们自己的宝贵经验。

至于加图所说的,增加三头驴运肥,一头驴推磨(如果是一个一百优盖鲁姆的葡萄园,就要一套牛,一套驴,另有一头驴推磨),则在这个半哑工具的一类里,我们只应当把那些有助于生产的羊和猪,还有少数通常作为奴隶的私有财产的牲畜(这部分东西是为了使奴隶可以更容易维持他们的生活,并使他们安心地干活)包括进去。谈到这一类的家畜,不单是那些拥有牧场的人确实喜欢养羊而不大喜欢喂猪,就是那些并非由于牧场,而是为了积肥的人也都愿意养羊。

在任何情况下,狗,你是必须养的,没有狗,农庄就不安全了。

第二十章　牛和牵引牲畜

因此，在所有的四足兽当中，我们首先要考虑到的是你买来耕地的牛，并且谈一谈哪种牛适于耕地。买的时候，它们必须是未经调训的，年龄应在三至四岁之间；它们必须强壮，而且一对儿一对儿地搭配得好，不然的话，在劳动中间，比较强壮的就会把比较体弱的拖垮；它们要有宽大的角，选择时最好要黑色的，广额，扁平的鼻子，宽胸，肥满的臀部。

那些在平原地带长大的牛，一定不要买来在山区或是土质坚硬的乡村使用，反之也同样要避免[①]。当你买了未经驯服的小母牛时，如果你把它们的颈部放进叉木，紧紧扣住，然后喂食，几天之后它们就变得温顺并且易于驯服了。这之后，你可以接着这样做下去，但不要性急，可以把一头新干活儿的牛搭配上一头已懂得怎么干活儿的牛——因为牲畜通过模仿很容易学会听使唤。你必须让它先在平原上练习，开始不拖犁，以后带一架轻犁，最初耕作的土地必须是沙性的或者是松软的土壤。拉车的牛也是同样地加以训练，开始让它们拉空车——可能的话，赶着它们通过一个村落或

---

① 参阅科路美拉(vi,2,12)："任何当地的牛都要比外来的牛好得多。它不会因饲料、水和气候的改变而生病。当地的水土不会对它不利，像对于从平川转到陡峭的山上来或是从山地转到平原上去的牛那样。"

者小市镇(那儿的经常不断的嘎吱嘎吱的声音和各种各样的事物很快地就使它们适应这些东西),并且训练它们以后干有用的活儿。再者,如果你把一头拉车的牛拴在右边,你不能总是把它放在那个位置,因为假如它先是在左边拉,下次又在右边拉,这样轮换着,那么这种变换对它就是个休息,因为它不管在两边中的哪一边,拉得时间过长,都会拖得疲累不堪。在土质疏松的地方,比如在坎帕尼亚——那儿的人都不用大型耕牛,而是用母牛或者驴来耕地——那么你就能够更容易地让它们拉一架轻便的犁,推个磨,或者在需要时在庄园里拉个车什么的。为了拉车,有的人用驴驹子,有的人用母牛或是骡子——选择哪一种要看是否有方便的牧场,因为养一头驴要比养一头母牛来得省一些,虽说养头母牛本身更为有利。

在这个问题上,农庄主人不得不考虑他的土地的表面性质。如果是丘陵起伏而且土质坚硬,他就必须弄到力气较大的牵引牲畜,当然,如果能干一样的活儿,他必然喜欢弄到本身更合算的牲畜。

第二十一章　狗和四脚家畜

养几条品种优良、敏捷灵活的狗比养许多平平常常的狗还好。这些狗必须训练在晚上会守夜，白天关在窝里睡大觉。对于那些还没有受过驾车训练的四脚兽或是牛怎么办？如果农庄的部分土地是牧场，而农庄主自己并无牛羊等牲畜，那他就得出租这块牧场，让旁人的牲畜在他的农庄上放牧和设栏居住。

第二十二章　生产工具（不会说话的）

关于其他不会说话的生产工具——筐、桶等等，有以下几条规定：凡是农庄里能生长的以及家里人做得出来的就都无需购买。属于这一类的，主要是柳条编的和乡村可以供应的木料做的东西。像什么篮筐、篓子、打谷橇、木桩、耙以及用大麻、亚麻、苇子、棕榈叶、粗的灯芯草做的东西，如捆车的绳子、带子和席子。

不能从农庄弄到的东西，在购买的时候，它们的价钱不应使你很吃亏，但是要做到这一点你就要更多考虑实用，而不要多考虑美观；特别是你要留意就近找个市场，而那儿的货物还要物美价廉。关于这些不同工具的选择和购置数量，完全要根据农庄的大小而定，如果农庄的规模大，无疑需要得就多一些。斯托罗说，因此加图首先拿某种规模的农庄为例，然后便就着这样一个农庄写道：经营一片二百四十优盖鲁姆的橄榄园的人，必须置备他详加列举的五整套榨油器械。这就是：铜锅、水壶、三鼻壶[①]等等，这全是铜做的；其次，木和铁制的工具，像什么三辆大车，六把带犁头的犁，四

① 这是一种有三个鼻儿或把手的盛水容器。优维纳尔提到一种有四个鼻儿的杯子，但这里的鼻儿应指把手。

只盛肥料的篓子等等。他也提到需要的铁制工具的种类和数量，比如八把铁耙，八把锄头，四把铁锹等等。

他还为一个葡萄园应备置的工具制定了另一个方案，他说，如果这个葡萄园的面积有一百优盖鲁姆，则必须备有三套压酒机连同全套附属设备，带盖的、能装八百库列乌斯的一些大桶，二十只盛葡萄的木盆，二十只盛谷物和同类其他东西的木盆。其他作者确实也推荐过这些东西，但是数量没有这样多。可是，我认为加图规定了这样大数目的库列乌斯，是要使农庄主人不一定每年非得卖掉他的葡萄酒不可。因为陈年老酒比新酒照例要多卖钱，而同样的酒此时就较彼时为贵。他还非常详细地谈到了不同种类的工具，这些工具的性质和数量，提到了刀子、铲子、耙子等等，这里面某些类还包括若干细目。比如说，刀子：同一作者就告诉我们修剪葡萄蔓用的刀子就需要四十把，割绳子的小刀需要五把等等，三把用来修剪树枝，十把用来割除荆棘。关于这一点就谈这么多了。

斯克罗法说，农庄主必须有一份儿整个农庄的工具及家具的财产细目——一份儿放在农庄，另一份儿放在城里；而监工必须把登记在财产细目册子上的所有物品放在农庄的房舍中一定的位置上。那些不能加锁保管的东西，必须尽量放在一个引人注目的地方——特别是那些只是偶然一用的东西，例如在收葡萄时用的筐子等等。因为每天看得到的东西，被贼偷走的机会就要少一些。

第二十三章　农作物

阿格里西乌斯继续说道：现在我们已经讨论过了四部分的前两部分，即（一）有关农庄本身的部分，和（二）有关经营农庄时所用的工具的部分，我现在等着听第三部分。

斯克罗法回答说，可以，既然我所谓农庄的生产是指播种、生长在土地上的有用的作物而言，因此还有两件事要考虑——播种什么东西最好，和往哪些地里种最适宜。因为这片地适合种草，那片地就适合种谷物，另外那块地就适合种植制酒或榨油的作物。对那些充作饲料的作物也是同样情况，饲料里面包括罗勒（参阅本卷第三十一章）、混合谷粒（还青着的时候就割下来的）、野豌豆、紫花苜蓿、苜蓿（蜗形苜蓿）和羽扇豆。要知道，不是每种作物都需要在肥沃的土地上播种才适宜，也不是贫瘠的土地上就不能种任何东西；在比较贫瘠的土地上种一些不甚需要很多养分的作物比较合适：像苜蓿和所有豆科植物（雏豆除外）就是这样——这种雏豆也算豆科作物，它们是从地上摘采的，而不是收割的。这类植物所以被称为豆科正因为它们是“被摘采的”的缘故。在肥沃的土地上种那些需要施厚肥的东西较为合适，比如，卷心菜，或是小麦、黑麦，或是亚麻。有些作物播种的用意不在于眼前的利益，而在于来年的收成，因为这种作物割下后留在地里，可以改良土壤。因此，

羽扇豆在长出许多豆荚以前——有时结荚期不太迟，因而摘下豆子来是有利的，那么就在长出豆秆来以前——通常就当作肥料翻耕在贫瘠的地里了。

当我们种植的时候，既不应忽略种植那些通过它们给人们的喜悦而带来利益的作物，如像我们所说的"果园"和"花园"，同时也不应忽略种植那些既不能供人食用、又不能引起人们的审美心和爱美心，但是为了农庄的丰产而又必不可少的东西。所以你必须选一块适于作柳树、芦苇以及其他性喜潮湿的植物的苗圃的土地。另外，找一块地种谷类作物，特别是豆类及其他也是喜欢干地的作物。同样你必须在有阴凉的地方种些如野天门冬之类的植物，因为通过栽培而形成的变种（由野生植物变成的）都喜爱阴凉，而在日头晒着的地方你必须种紫罗兰或弄起花园来，因为它们的生长都有赖于阳光。对其他作物也是这样。你务必在一块地方栽种灌木林，为的是有柳条编篮子、簸箕、篱栅一类的东西；而在另一块地方你可以栽一片树林以便捉鸟；在另一块地上，你应当种大麻、亚麻、灯芯草、芦苇草——以便做牛穿的鞋子和搓线，打细绳和粗绳。有些地方，确实适于同时种几样东西。因此，在新开的果树园，当人们按照适当的间隔下了种，把树苗成行地栽上，而在头几年，根子还没有扎深的时候，有的人种园花，有的人栽别的东西；可是当树已长壮的时候，他们就不这样做了，他们担心这样做会伤了树根。

斯托罗说，在这方面，加图所写的关于农作物的意见看来还是不错的——土质细密而又肥沃的土地，如果没有栽树木，便应当播种谷物；如果是同样的，但是阴湿的土地，则最好播种芜菁、萝卜、小米和稗子。

第二十四章　橄榄和植树

他还说在土质细密而又炎热的土地上，应该种植准备腌制的橄榄①、“梭形大橄榄”、撒伦提尼橄榄、奥尔齐斯橄榄、“波西亚橄榄”②、谢尔吉乌斯橄榄、考尔米尼乌姆橄榄、“蜡橄榄”——在所有这些品种中，你应该挑选那些在当地最负盛名的那一种。因为一座橄榄园必须是迎着西风而且阳光又充足的地方才合适。在比较寒冷又贫瘠的土地上应当种里西尼亚橄榄。如果你把它种到土质细密而又温暖的土地里，则这种橄榄榨出的油便没有价值，而树木反因果实累累而死亡，同时会长上很多红色的苔藓。所谓 *hostus*，意思是指每榨一次橄榄时流出的油量，而每榨一次所用的橄榄量各地有所不同。有的地方是一百六十莫地乌斯(*modius*)③，有的低到一百二十莫地乌斯；这个数字要看榨油时所用容器的尺寸和数目来决定。至于加图所说的要围着农场栽种榆树和白杨，以便把树叶供给牛羊，把木材供给农庄(但这种东西并不是在所有的农庄里都需要，而在以树叶为主要栽培目的的地方也不需要这样

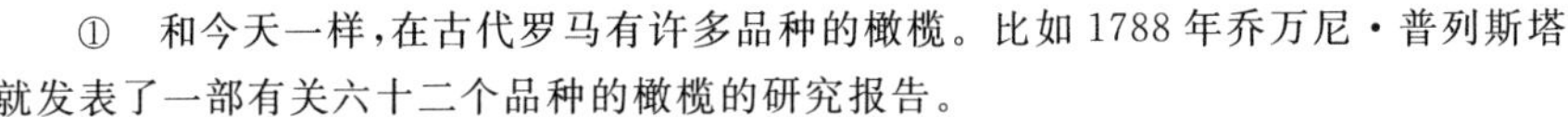

① 和今天一样，在古代罗马有许多品种的橄榄。比如 1788 年乔万尼·普列斯塔就发表了一部有关六十二个品种的橄榄的研究报告。

② 一种苦味的橄榄。

③ 一莫地乌斯等于一配克，即两加仑。

做),它们栽在北边才对农庄有利,因为这样它们就不致挡住阳光了。

斯克罗法根据这同一部书又说,如果土地潮湿,你应该在那儿栽上白杨树苗并种一片苇子地。先用大铁锹把地翻起来,然后把芦苇的幼芽按三英尺的间距栽上〔间种野天门冬,这样可以得到园艺上的新品种〕。天门冬和芦苇需要极为相似的处理。在芦苇苗床的四周应当栽上柳树,这样才能有柳条去把葡萄蔓捆扎起来。

第二十五章　葡萄树

至于如何选择栽种葡萄树的地方，你必须注意以下的规则。对于小号的阿米尼亚品种、双尤盖尼乌斯葡萄和小黄葡萄这些品种，你必须使用土质最好而且阳光最充分的地。土质细密或寒冷的土地就要种大号的阿米尼亚、穆尔根提努斯葡萄、阿皮西亚葡萄或是路卡尼亚葡萄。其他品种，特别是普通的玫瑰葡萄则适于各种土质。

第二十六章　葡萄园

每个葡萄园一定要十分注意从北面保护葡萄架，如果在一排排的葡萄中间间种一排排活的丝柏，当作葡萄的支架，则不要让丝柏长得高过一般的葡萄架，同时葡萄也不能栽得挨近丝柏，因为葡萄和丝柏彼此相克。

阿格里乌斯对丰达尼乌斯说，我担心在我们的朋友讲到第四部分之前，神庙的住持就要到这里来了。我正在等着收葡萄呢。斯克罗法说，用不着担心，你就把篮子和罐子准备好吧！

第二十七章　时令和季节

如今我们有两种计算时间的办法：由太阳旋转一周而造成的年，和由旋转的月球所规定的月份。我先来谈一谈太阳。首先，它一年的行程大略地可以分成四部分，每部分大约包括三个月，如果分得更精确些，则可分为八个部分，每部分包括一个半月。如果分成四部分，这四部分就是：春、夏、秋、冬。

春季播种时，没有耕过的土地必须先翻一遍，使地里在播种前长出的杂草全部连根除掉，同时必须让土壤经过日晒，以便使它能更好地吸收降落的雨水，而且，这样晒松的土块也更适于耕作。土地至少要翻耕两次，三次当然更好。夏季，谷物要收获了；到秋季，赶上干燥的天气，就要准备收割葡萄了，这个季节是处理你的林木的大好时期——树木要紧挨着地面砍伐下来，可是根部必须在下过头几场雨之后立刻刨一刨，防止有新的嫩枝长出来。冬季，只要在雨后树皮未受冰霜侵袭的时候，把树木修剪一下就可以了。

第二十八章　一年的划分

春季的头一天，正是太阳位于宝瓶宫的时候；夏季的头一天，太阳在金牛宫；秋季的头一天，太阳在狮子宫；而冬季的头一天，太阳在天蝎宫。这样，由于四季的头一天是太阳依次进入这些宫的每一个宫之后的第二十三日，结果春季就有九十一天，夏季九十四天，秋季九十一天，冬季八十九天。这些周期折算成我们现在的民历[①]，这样春季便从2月7日开始，夏季从5月9日开始，秋季从8月11日开始，冬季从11月10日开始。要是划分得更细一点儿，有些日子必须要考虑进去，而这些季节便被分成八个部分（分季）：（一）从西风始吹到春分，四十五天；（二）从春分到维尔吉里埃座（Vergiliae[②]）七星升起，四十四天；（三）从维尔吉里埃座七星升起到夏至，四十八天；（四）从夏至到天狼星升起，二十七天；（五）从天狼星升起到秋分，六十七天；（六）从秋分到维尔吉里埃座七星隐没，三十二天；（七）从维尔吉里埃座七星隐没这一天到冬至，五十七天；（八）从冬至到西风再度吹起，四十五天。

---

① 瓦罗这里指恺撒在公元前45年，即瓦罗写作此书之前八年所施行的优里乌斯历。这部历法后来经过教皇格利哥里十三世的修订就成了我们今天通行的公历。

② 即昴星团。

第二十九章　第一分季(八个分季的第一季)

在头一段时间里——从西风始吹到春分之间——应做下列各事:各类苗床应当播种完毕;架葡萄的小树应修剪好;草地施上肥;清理葡萄的树根;露出地面的根刨掉;除去牧场上的杂草;栽上柳树的苗床;下种地应当锄好。所谓下种地是指那些已经翻过并播了种的土地;翻耕地指那些已然翻过,但尚未播种的土地;休耕地则指曾经播种过,但是要隔年再翻耕和播种的土地。*proscindere*(破土)这个词用来表示初耕,*offringere*(碎土)表示再耕——因为经过初耕,大坷垃一般都被翻了上来;当耕第二遍地的时候,人们便管这叫"敲碎它"(打坷垃——译者)。在第三次耕地时,当种子已经撒下,于是人们说让牛来"犁畦",这是用好多绑在犁头上的小木板,把播种在田塍(畦背)上的谷粒盖上土,同时划出许多沟沟来排泄雨水。有些人没有这么大面积的土地——如在阿普利亚的农庄以及类似的农庄那样——那么,他们通常使用锄头敲碎留在田塍上的大坷垃。用犁在地上拉出来的沟槽,便叫做畦。两道畦中间——高出的土地——叫田塍(*porca* 即畦背,或叫垄背),这个词的来源是因为谷地的这一部分"提供"(*porricit*)谷物的缘故。同样,在通过内脏向神灵祭祀请示的时候,人们也用"提供"(*porricere*)这个词。

第三十章　第二分季(八个分季的第二季)

在第二分季里——春分到维尔吉里埃座七星升起之间的这段时间——要做以下的事情:下种地要锄草——即把各种杂草清除掉;牛犁头一遍;柳树要修剪;牧场要圈起来。前一段时期里应该做、可是还没有彻底做完的这些事情,必须在各种植物开始吐蕾开花之前做完;因为,如果落叶的植物在移栽前已开始开花,那么,从那时起,它们就不适于移栽了。橄榄树必须栽上,并且全部修剪一遍。

第三十一章　第三分季(八个分季的第三季)

在第三分季里——从维尔吉里埃座七星升起到夏至之间——要做以下各事:围着小葡萄树刨一刨或翻一翻土,然后锄一锄,即把土敲碎,以除掉所有的坷垃(土块)。人们用 *occare*(锄)一词,是因为在锄地时,人们要敲碎(*occidunt*)大坷垃。葡萄树必须"掐苗",但这须由一个熟手来做,因为这是一道比一般剪枝更为重要的工序。这道工序的对象是支架上的葡萄树,而不是树上架着的葡萄树。"掐苗"的意思是掐去嫩枝上生出的所有的小苗,只留两个,偶尔三个最茁壮的,怕的是,如果把所有的都留在上面,葡萄枝就不能供应充足的树液了。因此,在葡萄树的苗圃里,当葡萄树第一次从地里钻出来时,经常是全部把它砍掉,为的是再长出来的时候,它可以有个较茁壮的茎,有更大的力量生出嫩苗。因为一株瘦小的茎,因其虚弱而不能结实,而且也不能长出葡萄的幼苗来。这种幼苗当在比较小的时候,我们管它叫做 *flagellus*(芽枝),当它稍大一些并且已开始结葡萄时,便管它叫做 *palma*(幼枝)。前一个词 *flagellus*,是 *flatus*("刮风")一词变动一个字母后形成的,这样 *flabellum* 就变成了 *flagellum*。后一个词 *palma*,因为它是要结(*parere*)葡萄的枝子,它似乎由 *parere*,即"生长"这个词而先

发 *parilema* 的音，后来又经过一般的字母改变而开始被人们叫做 *palma* 了。另一方面，它还长着卷须，这是拳曲如毛发的葡萄细枝。葡萄便用这些卷须缠住它所攀附的东西以爬到一个地方去，而由于 *capere* 这个词，这种卷须便被称为 *capreolus*。

所有的饲草必须割了，先是三叶草，其次是混合饲草，然后是野豌豆，最后是干草。三叶草（*ocinum*）这词源出希腊语的 ὠκέως 一词，这个希腊词的意思是"迅速地"。同样的语源也适用于花园中的 *ocimum*（罗勒）。后来 *ocimum* 才叫 *ocinum*，因为它能迅速地给牛通便，拿它喂牛也是为了这个目的。它是在生荚以前，趁着还青的时候就从一种豆类作物上割下来的。另一方面，也可以把大麦、野豌豆和豆类作物混在一起播种，这些东西叫做 *ferrago*，因为在它们还青的时候，就用刀子（*ferro*）从地里割下来当作饲料的。也有人把它们叫做 *farrago*，这是因为它们最初是在种斯佩耳特小麦（*far*）的地里播种的。马和其他驮畜喂了这种东西既能利便又能在春季长膘。野豌豆（*vicia*）一词源出 *vincire*（缠绕），这种植物也像葡萄那样有卷须，而当它为了附着在一株羽扇豆的蔓，或其他植物的蔓而向上爬的时候，它便借着这些卷须把这个植物缠绕起来。

如果你有牧场要灌溉的话，则在你收完干草之后应当马上就动手。在干燥的季节，接枝的果木晚上必须浇水。这些果子所以可被称作水果（*poma*），即由于它们需要饮水（*potus*）。

第三十二章　第四分季(八个分季的第四季)

在第四分季里,即夏至和天狼星升起之间,大多数的人收获了,因为他们说谷物在叶鞘里是十五天,开花十五天,又十五天变干,然后就成熟了。此时你必须结束耕犁,因为在犁过地后,土地越热,效果就越好。在第一次犁地开土以后,还得犁第二遍,这样才可以打碎土块,因为在犁第一遍时,只不过是把大土块翻到地面上来而已。

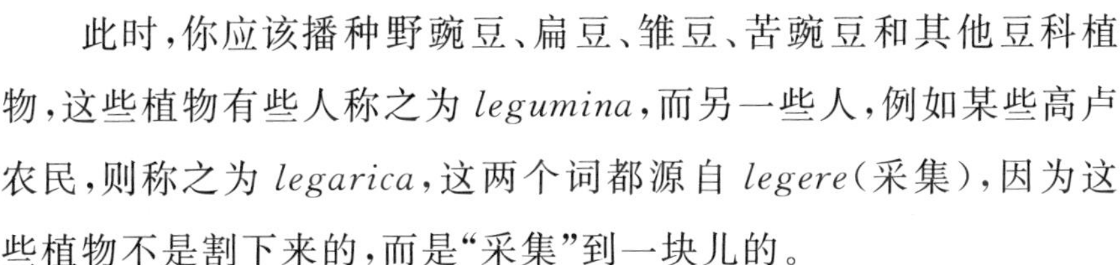

此时,你应该播种野豌豆、扁豆、雏豆、苦豌豆和其他豆科植物,这些植物有些人称之为 *legumina*,而另一些人,例如某些高卢农民,则称之为 *legarica*,这两个词都源自 *legere*(采集),因为这些植物不是割下来的,而是"采集"到一块儿的。

你必须把你的老葡萄园再锄一遍,新葡萄园里如果此时还留下没有敲碎的坷垃,那么还要锄第三遍。

第三十三章　第五分季(八个分季的第五季)

在第五分季里，即天狼星升起到秋分之间，稻草必须割下并且堆成垛；把土地犁完第二遍；树木要清除掉多余的叶子；浇了水的牧场要收割第二遍的草。

第三十四章　第六分季(八个分季的第六季)

在第六分季,我们的作者叙述说,播种应当在秋分开始,可以一直持续九十一天;但在冬至以后,除非为需要所迫就不能再播种了。要知道,在冬至以前播种的植物七天之内就出苗,但在冬至以后播种,就是四十天之内也未必会长出来,节气不同其后果就有如此的不同。他们认为,你不应在秋分以前开始播种,因为,如果赶上个坏天气,种子一般是会霉烂的。豆类最好是在维尔吉里埃座七星隐没的时刻播种[①];在秋分到维尔吉里埃座七星隐没这段时期里,你的葡萄必须采摘,因葡萄收获期到了。在这之后必须开始修剪葡萄树,必须开始繁殖并且种植果树。在某些地区,严霜降临较早,因此以上这些事情最好挪到春季去做。

---

① 维尔吉里埃座在10月28日沉落。在古代意大利,大豆的种植时期是在秋天。

第三十五章　第七分季(八个分季的第七季)

在第七分季里,即维尔吉里埃座七星隐没到冬至之间,人们告诉我们要做以下各事:

种植百合和番红花。

要想栽一片玫瑰地,就拣一棵已然扎了根的玫瑰,从根部起把茎切成长度有巴掌那样宽的插枝,然后用土把它们掩埋起来,等它们也生了活根的时候便进行移植。在农庄里培植紫罗兰的苗圃并不合适,因为要栽种它们就得使土地隆起,这样就必须造成若干小丘,但这些小丘将受到人工灌溉和暴雨的冲刷,从而使土壤变得贫瘠。

从西风始吹直到大角星升起这段时期,你正好可以移植野百里香,这种植物系由其爬行蔓延而得名。

新的沟渠必须挖出来,旧的要加以疏浚,葡萄树和支撑它们的树要剪修。只是大多数这类的活儿不要在冬至前后十五天以内做——虽然某些植物,比如榆树,却正好可以在这段时间里种植。

第三十六章　第八分季(八个分季的最末一季)

在第八分季里,即在冬至到西风始吹之间,必须做以下各事:

播种谷物的大田里的积水必须排除。如果此时赶上干旱的时期而土地又很容易碎裂,那么土地便必须锄过。

修剪葡萄树和用作它们的支架的树。

当地里无事可做的时候,则所有能在家里干的活儿都要在这些昏黑的冬日的黎明里做完。最好把我说过的那些规则写出来,挂在农舍的醒目的地方,为的是让大家,特别是监工,知道它们。

第三十七章　月亮和一年的六部划分

对于月亮的天数也必须留意，这些天数可以认为是划分成两组；一组是月亮从新月到满月，另一组是满月亏残又变成新月，直到把两个月分开的这一天，此时月亮谓之方终方始。因此，在雅典，人们管这一天叫做 ἕνη καὶ νέα（旧与新），其他人则称它为 τριακάς。农庄上的某些活儿，在月盈时做较之月亏时做要好一些，反之，另一些事情，比如割谷和伐木，情形刚好相反。阿格拉西乌斯说，告诉你吧，我不仅在剪羊毛时，即使在剪自己头发的时候（这是依照我父亲的做法）也执行这样的规定，要知道，如果当月亮正在变圆时剪头发就有变成秃子的危险。阿格里乌斯说，月亮有四个周期，其意义何在，这样的划分法对农业又有什么影响？特来米里乌斯（斯克罗法之名）回答说，你在乡下就从来没有听说过"在月亮开始圆起来之前的第八天上"或是"在月亮开始亏残之前的第八天上"这类的说法么？你从来就没有听说过哪些事必须在月从亏到圆时做，哪些事在满月前第八天以后做较之在满月前第八天以前做更好？或是哪些应当在月正亏时做的事，如果在月光最微弱的时刻做就更好？

我已然谈过了农业中所遵守的四部划分。

斯托罗说，另有一种就某种方式来说，同太阳和月亮都有关系的时间划分，这种划分是分成六部分；要知道，只有到这种划分的第五季的时候，几乎所有的果实才能充分成熟，然后这些果实就在农舍里同罐子之类容器打交道，而在进入第六季的时候，它们便拿出来供消费了。

下面就是这六个季度：（一）开头的准备工作，（二）播种，（三）田间管理，（四）采摘，（五）储藏，（六）取出使用。某些作物需要的准备工序是：开沟，再刨一遍地，作畦，比如你想弄一片栽培地或是一座果木园就是这样的做法；对于其他作物，比如当这块地打算种粮食的时候，你就必须犁地或是翻地；又比如，对于某些作物来说，土壤必须用大锹翻得深一点或浅一点，因为有些根——像柏树根——伸展的范围小，而别的根，像荼悬木的根，就伸展得远些。提奥弗拉斯图斯的确描述过一棵长在雅典亚里士多德学园里的荼悬木，这棵树当时还不过是一棵小树，就已然把树根伸出了三十三腕尺①远。

在某些情况下，牛拉犁破土后，还必须在播种前犁第二遍。

在牧场方面，如果必须做一些什么准备工作的话，这便是把草地圈起来，不让牛羊进去（这件事一般是在梨树开始开花时做），并且在它们需要浇水时适时地加以浇灌。

---

① 大约等于十五公尺。

第三十八章　施肥

现在我们必须考虑一下，农庄的哪些部分需要施肥，怎样施，以及哪种肥料最好；因为肥料有好几种。卡西乌斯写道，最好的肥料是鸟类的，但沼泽地带的鸟或水禽的粪除外。在鸟类当中他最推崇鸽子粪，因为鸽子粪性质最热，能促使土壤发酵。按照他的说法，鸽子粪要像种子一样撒在地上，而不是像牛粪那样堆起来。我则认为最好的肥是从养着鸫鸟和画眉的鸟房那儿取来的粪，因为这种肥不仅有益于土壤，而且供给一种无论牛羊和猪吃下去都会长膘的食物。因此我们就看到，付给鸟房的租金，在鸟房主人保留这些粪肥为农庄之用时，较之在租约中把肥料作价要便宜些。卡西乌斯写道，仅次于鸽子粪的是人粪，第三位是山羊、绵羊和驴的粪；马粪是所有粪当中最次的，可是它适于谷类作物。对牧场来说，马粪或许是所有肥料当中最好的了，因为只要上了喂大麦的所有驮载牲畜的粪肥，草原就能丰产。粪堆必须堆在靠近农舍的地方，这样就使运送肥料所耗的劳力尽可能地减少。人们还说，如果在粪堆中间插进一根橡木，就不会有毒蛇钻到里面去繁殖。

第三十九章　繁殖的方法

关于第二个季度——播种——下列的问题产生了：一年当中哪个季节自然地适应于某一特定种子的播种？因为既然在一个农庄里，它的每一部分的情况都有其重要性，那么季节问题也是如此，因为只要是季节对，则每一种植物都能顺利地生长。我们不是看到某些植物在春季开花，某些植物却在夏季开花，还有一些植物在秋季而不在冬季开花么？因之一些植物的播种、接枝，或是收割就比另一些植物要早点或迟点。我们还注意到，虽然在春季接枝大都比在秋季接好些，可是无花果树的接枝却要在临近夏至的时候，而樱桃树的接枝要在隆冬了。既然植物有四种繁殖方式——一种天然的种植，三种人工的，这三种是：把带活根的植物，从一块地移植到另一块地；从一棵树上割下幼枝种在地上(插枝)；自一棵树截下一段来嫁接到另一棵树上[①]，因而我们必须仔细考虑这些操

---

① 这一部分可能是参考了提奥弗斯图斯的提法(参见 H. P. ii，1)，提奥弗拉斯图斯提出了八种繁殖的方式。试比较提奥弗拉斯图斯和瓦罗的说法：

提奥弗拉斯图斯	瓦罗
(一)自发的	(一)通过种子
(二)通过种子	(二)通过秧苗
(三)通过根	(瓦罗谈到了果园、苗圃的栽培物)
(应当认为，提奥弗拉斯图斯指的是球根和块茎的栽培)	(三)通过插木

(接下页注释)

作中的每一项所需要的时间、地点的条件。

(接上页注释)

(四)通过插木
(五)通过树枝
(六)通过幼芽
(七)通过树基本身
(八)通过切成小块的树木

提奥弗拉斯图斯特别提到了接枝的问题(ii,1,4)。“它们(树木)通过接枝和芽接好像就结合在一起了;这是繁殖它们的另一种方法”。(俄译本注)

第四十章　播种、栽培和接枝

作为再生之源的原始的种子可分为两类。它或是看得见的，或是看不见的；看不见的是说种子在空气里（自然哲学家阿那克萨戈拉斯便认为有这样的东西），或者，如提奥弗拉斯图斯所写的，流到陆地上的水带来了这种种子。

看得见的种子，由于同农民有关系，所以需要我们密切加以注意。某些种子，确实再生能力十分强，可就是太小，以致看起来都很困难；例如，柏树的种子——长在这种树上的坚果，一种小圆球，就不是真的种子，真种子在这果子里边。大自然赐予这些原始的种子；而另一些种子则是由农民通过试验而发现的。最初的种子是不假农民之手，在种植之前即已生长出来的种子；第二批种子则取之于前者，这类种子在播种它们以前不会生长出来。关于原始的种子，我们必须注意使它们不要因为日子久了而失效，注意不使它们同其他种子相混，注意不要错拿仅仅是看来同它们差不多但实际上是别的种子。他们说，对于某些作物，时间的影响是很大的，以致能改变其性质；因为老的卷心菜的种子长出了油菜；反之，油菜种子长出了卷心菜。

用第二种方法繁殖的意思是说，你必须注意到不要种得太早或太迟。按照提奥弗拉斯图斯的说法，合适的季节是春秋两季和天狼星升起的时辰，虽然这种说法并不适用于每一种土壤和每一种植物。在干燥、贫瘠、黏土质的土壤里，由于水分少，所以应当选择春季；而在肥沃的好的土地上，则秋季是最好的时刻，因为春季过于潮湿了。有的人规定大约三十天为做好每一项播种的时间。

第三类的幼芽是借助于从树上切下来的嫩枝，把它栽到地上的；这种幼芽如果种在土里，在某些情况下，需要注意到应当在适当的时候把它从母树上切下来——这就是说，在花或蕾出现以前——还应注意到不管你移植哪个嫩枝，总是要从树干撕裂下来，而不可从中折断，因为嫩枝的最下面的那部分越宽越结实，也越容易生出根来，这些撕裂下来的幼枝在树液未干以前必须赶快种下。但如果是橄榄树的插枝，则要注意使嫩枝应从一个幼枝上撕裂下来，两头都削齐；这样的嫩枝有人叫做 *clavolae*（小棒），有人叫它 *taleae*（木棒），它们都要切成一英尺长。

关于第四种，也就是从一树移接到另一树的繁殖方法，则无论对于被切下一部分的树，还是对于被接枝上去的树，都必须加以注意，同时还必须注意接枝的时间和方式；要知道，橡树上不能接梨树，事实就是如此，可是苹果树上却可以。这是一桩被很多非常相信占卜师[①]的人所曾细心留意过的事情，因为这些占卜师说，打一

① 占卜师是以解释表示所谓神的忿怒的各种奇异现象为职责的司祭。他们应当说明用什么办法才能慰解神的忿怒。按照他们的说法，只有那被某种东西所亵渎和玷污了的这样一些地点和东西才受到雷电的轰击。必须对这一污物的性质作出说明并加以消灭。占卜师首先是把"散到各处的电火"，也就是被雷击中之物的碎片和雷电本身（用他们的话来说，雷电已变成石头）搜集到一处，予以埋葬，同时诵念一些可怕的祷文和咒语之类的话，并把一只或几只羊献为牺牲；他们按照牺牲的内脏占卜，需要做的一切是否都已做完，神是否已息怒。"雷电的坟墓"四周设上栅栏，这块地方被视为神圣不可侵犯的。

如果雷电打到人身上，占卜师立刻把他就地埋葬。被雷电击中的树木仍留在原地；但是人们不敢去触它们。如果被雷电击中的果木又活了，人们仍然不能去摘上面的果子来敬神；被雷电击中的葡萄树所酿制的酒也不能向诸神行灌奠之礼（参见普林尼，xiv，119）。（俄译本注）

次雷，要射出多少道电光，就有多少植物能够嫁接到一棵树上。如果你把一棵梨树的嫩枝嫁接到一棵野梨树上，不管这棵野梨树多么优良，结出果实的滋味总不如你把它嫁接到一株不是野生的梨树上面那么好。

不管在什么树上接枝，假设它跟接上的嫩枝同属一类——比如说，都是苹果树——（如果你满打算结好果子）你就必须这么接枝，就是说，嫩枝必须比它嫁接上去的那棵树品种好。最近又发现另一种以树嫁接树的方法[①]，当这两棵树并排长着的时候，就可以用这个方法。

你从打算移接的这棵树上取下一根小树枝来，带到另一棵你准备接上去的树这里，而在这另一棵树上的一根已经削掉头并且劈裂的枝子上，你插进要移接的那根小枝子，使小枝子与已经为它准备好的地方相接触，但嫩枝的插入的部分事先要把两侧用小刀削光。你必须使嵌入的嫩枝的露在外面的树皮要跟承受它的树枝的树皮完全接合，同时你必须留意叫嵌入的嫩枝的顶端直立朝天。第二年当它已然长得很牢靠了，你再把它从它被接上去的那棵树上砍下来。

① 科路美拉说(v,xi,13)："任何嫩枝都可嫁接到任何树上去"，但现代园艺家认为这一点是不可能的。

第四十一章　接枝和插枝

关于接枝的适当时间，我们必须特别注意那些先前习惯于在春天接枝，可是如今也在夏至接枝的植物——比如，无花果树，因为它的纤维松散和由此而引起的对温暖的需要。所以在寒冷的地区不可能有无花果树的园子。

雨对刚刚接上的树枝是有害的，因为雨很快地就会沤烂幼小娇嫩的芽枝，因此人们认为天狼星升起的时候是无花果树接枝最好的时刻。再者，性质不大柔软的一类植物，人们马上用一种容器似的东西包在接枝处的上首，以便使雨水可以从这里慢慢地滴下来，以防止幼枝在跟树长到一处以前枯死。嫩枝的皮必须完好无损，为了便于插入而削尖嫩枝时，必须注意勿使内部的树髓露出来。为了不使雨水或是过热从外部伤害了它，最好用泥封住接枝的地方，再用一条树皮把它捆上。同时人们在接枝前三天便切下一根葡萄的枝，为的是使嫩枝在嫁接前，散发出含有的过多湿气，或者他们在承接嫩枝的树上，在接枝处稍下的地方切个口子，使多余的潮气可以从那儿散发出去。另一方面，如果是无花果树、石榴树，或其他这类的果树，由于性质比较干燥，那么你就得马上接枝。在某些情况下，移植的幼枝必须等它发芽——如无花果树接枝的情况就是这样。

在这四种繁殖方法中，对生长迟缓的果树最好用插枝的方法，开辟无花果园时就是这样。原来无花果树的真正的种子是在我们吃的无花果里面——它们是小小的颗粒，而由于小，所以连个不像样子的弱芽也几乎长不出来。一般说，凡是细小干燥的东西都长得慢，而组织蓬松的东西则比较多产——雌性同雄性相比就是如此；这一规律也适用于植物。因此无花果树、石榴树和葡萄树，由于性质柔软属雌性而生长得快——棕榈、柏树和橄榄树则生长缓慢；因为，就生长而论，潮湿的东西总比干燥的东西长得快。因此，从无花果园割下树秧种到苗圃里，要比在地上种无花果种子好。除非确实我们不得不按后一方法做，比如说，不论在任何时候一个人打算横渡重洋送出或是托人取回种子，在这样的情况下，便要用一根线穿上那些熟了的无花果——就是我们吃的那些——而干了之后就包装好，运到需要它们的地方去，这样，当它们的种子种植在苗圃里之后，就可以繁育其品种了。

希俄斯、卡尔奇斯、吕地亚和阿非利加的无花果，以及所有其他种类的无花果就是用这种方法远涉重洋运到了意大利。由于同样的理由，因为橄榄树的种子是一个硬核，从它里面长出一棵茎来比从别的植物长出来要慢，所以我们宁愿在苗圃中栽种我们前面谈过的嫩枝（*taleae*，原意是棒子）。

第四十二章　播种紫花苜蓿

你必须格外留心不要在太干或太湿的地上播种，而要在干湿适度的地上播种。我们的作者们说，在这类土地上播种，每优盖鲁姆一点五配克紫花苜蓿的种子就足够了。播种时种子必须撒开，就像人们播种草子或是谷物的种子时那样。

第四十三章　树状的紫花苜蓿

树状的紫花苜蓿和卷心菜籽一样，要在犁得很好的土地上播种。在这之后再移栽，株距一点五英尺；或者从比较坚实的这种植物上取下小枝，依同法排列栽种。

第四十四章　一般庄稼

豆类每优盖鲁姆播种四配克，小麦是五配克，大麦是六配克，斯佩耳特小麦是十配克，但是在某些地区可能要多一点或少一点——土壤肥沃就多一点，贫瘠就少一点。因此在你所处的地区习惯上要播种多少种子，这要靠你自己的实际经验来决定，因为在一个地区，土壤的种类关系十分重大，以致同样的种子在某些地区生产十倍，但在其他一些地区却是十五倍，比如在埃特路利亚的若干地方情况就是这样。在意大利也是如此，叙巴里斯附近的村庄，人们说经常的生产是一百倍，在叙利亚靠近加答拉地方，以及在非洲的布扎奇乌姆[①]一配克的种子的收获也是一百倍。此外，你是播种在处女地上，还是每年都种的地上，还是偶尔休耕的地上，这一点也颇关重要。

阿格里乌斯提醒他说，在奥林提亚，据说土地每年都播种，但他们的做法是使土地每隔两年有一次较好的收成。利奇尼乌斯说：土地应该每隔一年休耕一次，或者播种少一点，即是让土地歇一歇劲儿，不要用得太狠。

---

① 阿非利加北部沿海的一块周边有二百五十英里的地区，位于特里同河和小叙尔提斯之间。利比亚—腓尼基人居住在这里。它的主要城市是阿德路麦图姆、列普提斯、茹斯皮纳和塔普苏斯。普林尼(《博物志》，v，4)特别提到了这块地方的肥沃。

阿格里乌斯说，如今我们要讨论第三季，即植物的栽培和养活。斯托罗回答说，在农庄土地上生长着的一切植物，在开花期都可受孕，而且一旦受粉，到了一定的日期，便生出果子或抽出穗子等等来了。种子原来是什么样子，现在又变成那个样子。因此，如果你掐掉一朵花或是没有熟的梨，或这类东西，那么，这一年里，在同一个地方就什么都再也长不出来了，因为一年之内同一东西不能受两回孕。正像妇女有固定的时间分娩，地上长的树木和果实也是这个样子。

第四十五章　植物的生长

大麦一般七天之内出苗，小麦稍晚一点，豆科植物大概在四至五天以内，蚕豆例外，因为它出苗的时间要晚得多；小米、芝麻及其他类似的谷物也差不多在同样的日子里出苗，除非地区或天气的特殊条件所造成的某种不利情况阻止它出苗。

在苗圃中栽培的、性质柔弱的植物，如果天气凉了，在冬天就应当用树叶或稻草盖上。如果下雨，就要注意不要使这片地上有积水；因为寒霜对娇嫩的根是有害的。

植物在同一时间里，地面以下和以上的部分，生长并不是一样快的。要知道，在秋季或冬季，地下的根较之地面上的部分生长得快，因为它们受到地底下的温暖的保护，这种热力可以促其发育成长，而地面上的部分却由于较冷气候的抑制作用而生长迟缓。树林里的一些地方，从未有人到那些地方的附近去播种，这些地方便说明了这个情况；因为根比从它生出来的东西先生长，可是只有在得到阳光的温暖的地方，根才能长到那里。根的生长依赖于两个因素：(一)自然赋予一种树木的根较之他种树木的根以更大的蔓延力这样一个事实，和(二)一种土壤较之另一种更容易渗透。

第四十六章　植物的习性

关于这类事，大自然在植物当中表现了许多差异，这些差异是非常显著的，比如，只看某些树（如橄榄树、白杨树、柳树）的叶子的转向，人们就可以判断出这是一年当中的什么时候。当这些树的叶子转变了方向，我们便说夏至过去了。同样引人注目的是一种叫做向日葵的花所发生的情况，这种花所以叫向日葵，是因为早晨它的花盘朝着升起的旭日，于是就总是朝着日头，一直转到太阳落下去的方向。

第四十七章　作物的管理

在苗圃里，从嫩枝开始培育的植物，它们的芽多少有点娇嫩（如橄榄树和无花果），因此它们每一株的顶端，必须用两小块固定在地上的木板，一左一右地保护起来，杂草务必除尽。这些操作要趁秧苗还青的时候做，因为如果它们干了，便会变得非常僵硬，不能随你的手去摆弄，很容易折断。另一方面，为了收获干草而种的草，就任其生长，不要拔掉，甚至连踩也不要踩。因而，牛羊和各种驮畜，甚至人，都禁止走进牧场。因为人的脚对草来说是个祸害，它会在草地上开始踩出一条人行的小路来。

第四十八章　谷粒

在农作物当中，茎用来长谷粒的是穗。而大麦和小麦的完整的穗，有密切关联的三个部分——谷粒、谷皮和须（或芒），还有刚吐穗的时候就有的茎衣。穗的最里面的固体部分叫谷粒，它的小小的外层就是谷皮（麦皮是麸子，稻皮就是糠——译者），仿佛从谷皮长出来的细长的针状物叫做须（谷皮和须好像是谷粒的一顶尖帽子）。“须”和“谷粒”二词几乎对每个人都熟悉，*gluma*（谷皮）这个词只有很少人才熟悉它，就我所知，只有恩尼乌斯在他翻译的优赫麦路斯的著作中，才用过这个词。*gluma* 这个词似乎源出于 *glubere*（剥），因为谷粒就是从它的包层里剥出来的。因此，人们也用同样的名称称呼我们吃的那种无花果的外皮。“须”（*arista*）之所以如此称呼是由于它是最先变干（*arescere*）的，*granum*（谷粒）源出于 *gerere*（结实），因为人们播种谷物不是为了让穗生谷皮或是须，而是为了生谷粒，正像栽种葡萄树是为了结葡萄，而不是为了长叶子。乡下人沿袭古老的传统，把 *spica*（穗）叫 *speca*，*spica* 这一词似乎是来自 *spes*（希望），因为他们播种就是盼望它长出来。一棵没有须的穗，叫做“无角的”，因为须仿佛是穗的角。当穗子正在形成，还不大看得出的时候，它们隐藏在里面，被一层绿色

的外衣包住，这层绿色的外衣叫做茎衣（也叫叶鞘），就像剑鞘一样。成熟的穗的最上端的谷粒叫做 *frit*，它比一般谷粒要小一点，穗的最下端，跟茎的最上端相连接的谷粒（也比一般谷粒小），叫做 *urru*。

第四十九章　干草的收获

斯托罗说完了之后，以为没有更多的问题要问了，关于植物的营养这个题目也不需要谈什么更多的了，于是他说他想进而谈一下成熟作物的收藏问题。他说，首先是关于预定用来生产干草的牧场的问题。当青草停止生长，而太阳的热力开始把它烤干时，就要用镰刀齐地把它割下来，然后用木叉加以翻动，直到彻底干燥为止。干透以后，要把它打成捆，用车运回农舍。牧场上剩下的干草都要耙起来，再把这样堆起来的干草，加到其余的干草上去。这件事做完，你还得到地里再去巡视一遍，如果看到有被割草的人漏割的少数地方，那么你就用镰刀把它割下来，让地面上留下一簇簇的小草。我以为 *sicilire*（割第二遍）一词即是从 *secari*（割）这个词引申出来的。

第五十章　收割

收获(*messis*)一词，本来是用于我们计量(*metimur*)[①]的那种作物，特别是谷类——这个词是从 *metiri* 一词引申出来的。谷类作物的收获有三种方法：第一种，像在翁布里亚那样，那里的人们齐地割下谷草，并把打成捆的谷草一捆捆原封不动地放在地上。等一捆捆的谷草已然大量地摆在那里，他们从头再走一遍，一捆捆地从谷草上割下穗子来。穗子被扔进一个篮子里运到打禾场，谷草则留在地里，等着取走堆成垛。第二种收割方法，像在皮肯努姆那儿用的，人们使一段弯曲的木头[②]，头上安一个小铁锯。人们用这个拢住一把穗子，把它们割下来，而让谷草仍立在地里，回头再齐地割下来。第三种方法——罗马附近及大部分地方都采用的方法——是用左手抓住谷草的上部，齐腰割下草茎(我猜想，收获(*messis*)一词便是从中间(*medius*)一词引申出来的)。手抓着的部分的下面、靠近地面的那一部分谷草，随后齐地割下来。上面连

---

① 有的译者理解为“收割”。

② 普林尼(《博物志》，xviii，30)还描述过一种使用驮畜的收割机械：“在高卢诸行省的广大土地上，有一种收割器械，这是一种用驮畜从后面推的双轮器械，轮子上面是一个有齿的、中空的大格子，谷穗被拉掉后，就落在格子里面。”帕拉狄乌斯更详细地叙述了一种用牛推的同样的器械。

着穗的那一部分则用篮子盛着，带到打禾场上去；到场上以后，人们在一片开阔的露天空地（*palam*）上把谷草摊开——*palea*（谷草）之名也许即由此而来。有些人认为谷草的名字 *stramentum* 系源自 *stare*（立着），*stamen* 一词也源自 *stare*；还有人认为谷草源出 *stratum*（撒），因为它就是撒在牲畜的下面。谷物熟了必须收割；关于这一点，如果土地便于工作，据说一个工一天大概能割一优盖鲁姆左右的地。割下的穗应当盛在篮子里，带到打禾场上去。

第五十一章　打禾场

打禾场应当设在一片高地上，让风可以从它上面吹过。它的面积要同收割的谷物(量)成适当的比例；最好是圆形的，中间稍稍隆起，这样，下雨时才可以不积水，以最短距离流出场面；在一个圆里，从圆心到圆周的直线是最短的；打禾场的土质要坚硬，要很好地夯实，特别如果打禾场是黏土的，否则夏天的炎热就会晒裂了它，而谷粒漏在裂缝里就造成了损失，同时还会有水渗进去，造成了老鼠和蚂蚁可以居住的洞。为防止这些动物，人们常常用橄榄汁来浇灌场地，因为这种橄榄汁对杂草、蚂蚁和鼹鼠都是有毒的。有些人为了使土地坚硬，用石头加固打禾场，或者干脆就用石头铺砌。也有的人，如巴基恩纳伊人①，甚至给打禾场盖屋顶，以防暴风雨，因为这种暴风雨在他们那里每逢收获季节是经常发生的。打禾场要是没有顶子而气候又热的时候，要在附近地方搭个挡住日晒的凉棚，以便劳动的人们在炎热的中午可以到那儿去休息一下，消除疲劳。

---

① 巴基恩纳伊人是居住在图林东南的利古里亚部落。他们可能就是普林尼所提到的瓦基恩尼人(《博物志》,iii,20)。现在在他们那里，夏天仍然有这种突然发生的暴风雨。

第五十二章　打谷

最优良的、长得最好的谷物的穗拿到打谷场之后，要跟其他的穗分开，这样农民可以选出最好的种子。穗要在打谷场上打。有的人干这种活儿时用架轭的一套牲畜拉着一个打谷橇。橇是用一块木头做起的，木头下面用石头或是铁器弄粗糙了，橇上面或是赶牲口的人站上去，或是放一大块重物。然后架在轭里的牲口拉着它走，这样它就把谷粒从穗子上压挤下来。也有的打谷橇是用木板做的，板上有齿和小轮，这种橇叫做“布匿车”。人必须坐在上面赶牲口拉着它走，比如在近西班牙和其他地方就是这样做的。还有一些人用一群牲口打禾，这群牲口被赶到打谷场上，用棍子赶着它们不停地走，这样，谷粒被它们的蹄子从穗上踩下来。穗子打过后，要在有点小风时，用簸箕或簸锹（木锹）扬场，好把它们最轻的、叫做 *acus* 或 *palea*（谷皮）的那一部分刮到打谷场以外去，而重的这一部分，即去掉了皮的谷粒，便落到篮子里了。

第五十三章　拾落穗

收获过去，你应该卖掉落穗，或自己动手把茬子拔掉。不然，如果穗不多，劳力又贵，也可以放牲口来吃掉它们。总之，在这件事情上，你必须考虑是否有利可图，不要弄得得不偿失。

第五十四章　酿酒

葡萄园的葡萄熟了时，你必须着手收葡萄，但首先要决定打算从葡萄的哪一品种和打算从葡萄园的哪一部分开始。因为那被称为玫瑰紫葡萄的、早熟的普通种，比别的葡萄提早很久就成熟了。因此必须在其他品种之前收获，种植园和葡萄园的向阳的部分要比其余部分早点收割。在葡萄收获期，一个能干的农夫不仅一串一串地摘采葡萄，而且进行挑选。酿酒用的他就摘，准备吃的他就选。因此摘下来准备酿酒的送到酒坊去，再把果汁轧进空桶，那些选出来准备吃的，放进一个单独的篮子里运走，再分装到一些小瓮里，然后再把这些小瓮塞到盛满葡萄渣的桶里；一部分放到水槽里一个外面涂着沥青的陶瓮里去，一部分则送到食品储藏室的架子上。被踩碎的葡萄的茎和皮必须放在压榨器下面压，以便使其中的一点点葡萄汁也要压榨到同一只大桶里去。有些人，当压榨器下不再有汁液流出时，把压成的葡萄大块的边削圆了之后再接着压，而在第二次压出的汁液叫做 *circumcisicium*。这部分汁液放到一边，因为它有了铁的味道了。葡萄皮扔进桶里，再加上水。这叫做 *lora*，是 *lota acina*（掺水葡萄皮）的简称，到冬季就把这个给干活的人当酒喝。

第五十五章 橄榄制品

现在我们又来到了橄榄园。有些橄榄，人们站在地上一伸手就够得着，或是站在梯子上才够得着，这种橄榄最好是用手摘，这比从树上摇下来要好；因为那些经过撞击的，丢掉些果肉，榨出的油也就少了。那些用手摘下来的，如果光用手指头，而不用镊子采集就更好些，因为镊子的硬度，不仅会伤害浆果，同时也会损坏树枝，使它们无法抗御严霜。那些用手够不着的枝子应该用根苇子棍敲打，这比用木棍好，要知道，敲重了还要找医生看哩。谁敲打也不可直接打在橄榄上，因为常常一棵橄榄如此打过之后，就从树枝上带下一根绿的嫩枝，于是明年在这里便不能再结果子；人们所说的橄榄园隔年不结果或是歉收的主要原因之一便在这里。

运回橄榄的两种办法跟葡萄一样；一部分准备食用，另一部分制成一种液体，这是农庄主的外用的和内服的润滑剂。主人把这种润滑液带到浴室和体育场去。后一种可以榨油的橄榄，一般是堆成堆（每天一堆），放在架子上面，一直到它们变得比较软了，然后再按堆放的次序，一堆堆地用小提桶盛走，送到盛油器和榨油器那里去。榨油器是用一种坚硬而粗糙的石头做的磨石，用来磨碎橄榄。如果采集的橄榄堆放过久，受热变软，油质就变坏了。假如你不能按时榨油，则你必须经常翻动橄榄，好让它们过过风。

我们从橄榄得到两种产品：(一)人人皆知的橄榄油，和(二)橄榄汁[①](多数人尚不知其用途)。我们可以看到，这种东西从榨油器里流到地上，不仅使土质变黑，而且，如果土里这种汁液过多，土壤会成为不毛之地。但如果这种液体用得适度，对农业及其他许多方面都极为有用。人们一般是将它浇在树根四周，特别是橄榄树树根的四周和有杂草的地方。

① 这种东西现在只用来制造劣质的肥皂了。(俄译本注)

第五十六章　储备干草

阿格里乌斯对斯托罗说，我拿着钥匙坐在农舍这里，等你把收获带回来已有很久了。斯托罗回答说，是啊，我就在这儿，已经来到门口了，请开门吧。

首先，干草最好是存放在一个棚子下面，这比露天堆成垛要好；因为这样可以使干草成为比较可口的饲料。这个说法可以由这样一个事实证明，如果你把这两种草料摆在牲畜的面前，它们喜欢吃棚子下储藏的干草，而不是露天放置的那种干草。

第五十七章　谷仓

小麦要储藏在高出地面的谷仓里，要使谷仓东面、北面通风，并且使它们不要受附近吹来的潮气的侵袭。墙壁和地面要抹上一层光滑的大理石粉①——若是没有这种大理石粉，则涂上一层混有谷糠和橄榄汁的泥。因为橄榄汁防鼠防虫，而且促使谷粒比较坚实，有的人便把这种汁液喷在谷粒上面，每一千配克的谷物，喷上大约一 *quadrantal*（七加仑）的橄榄汁。也有的民族把各种不同的东西掺和或是洒在上面。比如，卡尔奇斯或者卡里亚的白垩土，或是苦艾以及诸如此类的东西。

有人把地下洞穴当作谷仓，这种洞穴叫做 *siros*，卡帕多西亚和色雷斯就是这样；另有人用井作谷仓，如近西班牙、迦太基和奥斯卡附近的乡村便是这样。在这些储藏谷物的地方的地面上他们铺稻草，注意不让潮气或空气侵入，除非在这些谷物拿出食用的时候。没有空气侵入，就不会有象鼻虫。这样储藏起来的谷物可保存甚至五十年，粟子可超过一百年。

① 白色大理石粉做成的水泥常常用来抹室内墙壁最外面的一层。这种水泥几乎和大理石同样坚硬。有钱的人家往往还在这上面绘画。

有人在农庄里地势很高的地方盖谷仓，比如在近西班牙和阿非利加，如此盖的谷仓，不仅可以接受从四面的窗户，而且还可以接受从地面吹来的凉爽的风。

第五十八章　储藏豆类和葡萄

蚕豆和其他豆类作物放在橄榄缸里，上面再用一层灰覆盖起来，可以保存很长一段时间不会坏。

加图说，阿米尼亚葡萄——不管是小粒的还是大粒的品种——和阿皮西亚葡萄最好是收藏在缸里，在浓葡萄汁和葡萄汁里，也能保存得好，但杜拉奇纳伊和阿米尼亚（斯坎提亚）品种最好是挂起来保存。

第五十九章　储藏苹果

苹果中可供储藏的品种有小榅桲、大榅桲、斯坎提亚苹果、斯考迪亚苹果、“小圆苹果”和那一般叫“甜酒”，如今通称“蜜苹果”[①]的一些品种；一般认为，如果把苹果放在一块干燥、凉爽的地方的稻草上，便能把它们收藏好。为此，凡是为保存果品而盖储藏室的人们都注意要朝北安窗户，好让风从这一面尽情地吹进来，但要装上百叶窗，否则一旦风刮个不停，苹果就会损失水分而皱缩起来。由于同样的原因——为了使这里更加凉爽——他们把顶子、四壁和地面都抹上一层光滑的大理石粉。有人甚至在这儿安置一张饭桌和一些长卧椅。说句实话，既然人们奢侈到在用艺术来装饰的画廊里安放这一套东西，那么，为什么他们不能够享受大自然赐予人们的礼物——精心安排的美丽的果品——呢？虽说我们一定不会像有些人那样——为了把一间储藏室变成宴会厅，而带着从罗马买来的水果[②]到乡下去。

---

① 《农业全书》(x,76)认为这种苹果是苹果树嫁接到榅桲树上之后结出来的果子。

② 维克托里乌斯引用过一首未提作者姓名的警句诗：

不要告诉任何人说我“自家生产的”水果

是从圣街上买来的。

奥维狄乌斯劝他的好友到“圣街”(那里有最好的果品店)去买水果并且把它们作为自己的果园里的产品带给自己的情人。

有些人认为在一间储藏室里只要把苹果摆到架子上或是石膏地上就保存得相当好；还有些人喜欢在苹果底下铺一层稻草甚或羊毛。至于石榴，据说如果把它们的枝子插在一满桶沙子里就能保存好；榅桲，不拘大的还是小的，放在吊起来的苇席上[①]就能保藏好，但熟了的安尼西亚梨最好是保藏在浓葡萄汁里。有人认为"山梨"切成片，像梨那样在太阳下晒干就能保存好，这种水果随便放在哪儿，只要地方干燥就能保存。油菜可以割下来保存在芥子里面，胡桃在沙子里面，石榴[②]也是在沙子里面，如果它们是刚刚摘下来并且是熟了的；即使还不熟，那就连着枝子，把它们放进一个没有底的瓮，埋到地里面去，然后把枝子的四周涂上沥青以防止外面空气进入，这样，以后取出时，这些石榴不仅能完好无伤，而且要比把它们留在树上任其生长，还要大一些。

① 在科路美拉(x,306)的作品里，这个词指的是灯芯草编的篮子。普林尼说榅桲应当密封，不使它接触空气，或是保存在蜜里(《博物志》，xv,17)。

② 普林尼(《博物志》，xv,17)说："瓦罗认为应当把它们保存在盛沙子的桶里或是把它们趁着不熟时埋在地里——放在敲掉了底的瓮里；但是你必须不让空气进去，树枝必须涂上沥青。这样它们可以变得比在树上还要大。"

第六十章　食用橄榄

关于橄榄树的果实，加图写道，食用橄榄——奥尔齐斯种和波西亚种——最好趁青保存在盐水里，或是捣碎以后，保存在乳香油中。他还说，如果奥尔齐斯种在放到又黑又干的时候，先用盐把它们充分地搓一遍，五天之后，把盐抖弄下去，再把橄榄在太阳地里放两天，这样橄榄一般可以不致腐坏；另外，它们也可以不加盐，而放到煮得只剩一半的新酒里去，这也可以起到储存的效果。

第六十一章　橄榄汁

有经验的农民，像他们小心谨慎地处理油或酒一样，把橄榄汁储存在桶里。储存的方法如下：橄榄汁从压榨机一经榨出，就马上煮，使之蒸发三分之二，剩下的冷却以后则放进容器里。也还有别的一些储存法，比如，在这里面加上点葡萄汁。

第六十二章　保存和消费

没有一个人储存农产品不是为了以后再把它拿出来，因此我必须还要就构成第六季的这个题材说几句话。人们把他们储藏的东西拿出来，不是为了检查，就是为了消费，否则就是为了卖掉。由于这些目的的不同，必须选择不同的时间来保存和消费不同种类的农产品。

第六十三章　谷物出仓

为了保存谷物，在象鼻虫开始吃谷物的时刻，必须把谷物翻腾出来。翻腾出来之后，要在太阳地里放几盆水，这样，象鼻虫就聚拢来，把自己淹死在水里面。

那些把谷物收藏在叫做 *siros* 的地下室（地窖）的人，必须在打开之后，过相当一个时辰，才能把谷物翻腾出来，因为刚刚打开就进去是危险的——人们甚至会闷死在里面。你在夏季带着穗收起来、准备吃的斯佩耳特小麦必须在冬季取出来，在磨上碾碎，并且把它烘干。

第六十四章　橄榄汁的制造

橄榄汁是从橄榄榨出来之后，灌到一个陶瓮里去的一种混有杂质的水一样的液体。这种汁一般按下述方法保藏：在半个月的时间里，把最轻的部分即浮渣去掉，把它放进另一个容器里，这一道工序在以后的六个月中，以同样半个月的间隔反复十二次——当最后一次进行这道工序的时候，人们都喜欢赶上月亏的当儿，慢慢地把清液倾倒出来。然后人们把它放在大锅里用文火煮，直到熬剩下它原有体积的三分之二，只在这时，才能拿出使用。

第六十五章　酒

放进桶里要变成酒的葡萄汁，在发酵期间不可拿出来——即使它确实已经变成了酒，也不可立刻取出；如果你打算尝一尝陈酒，不放够一年是不成的。把它放够了一年，那么便可以取出饮用了。但如果它是属于迅速变酸的那一类葡萄，那么你一定要在下年度的葡萄收获以前用掉或是卖掉它。有几种酒——其中包括法列尔努姆酒——你放在地窖里的年代越久，拿出来的时候就越值钱。

第六十六章　白橄榄

储藏起来的白橄榄，如果在还带着鲜劲儿时过早地取出来，则由于其味苦涩是很难吃的；黑橄榄也如此，除非预先把它们在盐里浸过，才会使它们变得味美适口。

第六十七章　胡桃、枣、无花果

至于胡桃、枣、撒比尼的无花果，把它们越快拿出来味道就越好，因为时间过久会使无花果失去色泽，枣腐烂，胡桃过于干枯。

第六十八章　吊果

吊着的水果，像葡萄、苹果、山梨，我们从它们外部的变化，可以知道什么时候是应当吃的时候；它们那发生变化的颜色和枯皱的浆果便告诉你：如果不摘下来吃就得扔掉。储藏的熟山梨，一软了就得赶快吃——那些在还酸的时候就吊起来的，可以放得日子长一些，因为在熟透以前它们就放进屋里，不能指望在树上长到成熟。

第六十九章　出售的农产品

割下来的斯佩耳特小麦[①]，你打算用为食品的，必须在冬季拿出来在面包房里炒一炒[②]。打算播种的那些（种子），当大田准备停当可以播种的时候，便应该把它取出来。总之，凡是准备播种的各类谷物都应当适时地取出来。至于准备拿到市场上出售的各种东西，你必须留意出售每种东西的适当时机，因为有些东西——不能存放的——必须在它们腐烂以前，赶快拿出卖掉，其他可以存放的，就必须等个好价钱再出手。常有这样的事：你等一个时候再脱手的东西，不仅使你花出去的钱得到利润，而且一旦赶上个好机会卖掉，会使你获得双倍的利润。

斯托罗说这话时，那个神庙住持的被释奴隶哭着来到我们跟前，他请求我们宽恕他，因为他使我们久等了。他还请我们明天参

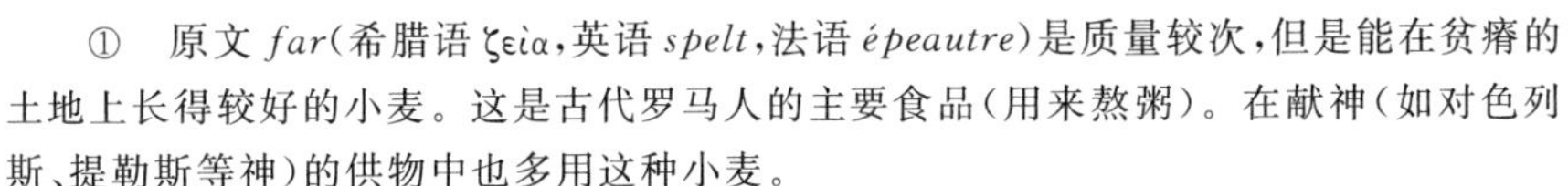

① 原文 *far*（希腊语 ζειὰ，英语 *spelt*，法语 *épeautre*）是质量较次，但是能在贫瘠的土地上长得较好的小麦。这是古代罗马人的主要食品（用来熬粥）。在献神（如对色列斯、提勒斯等神）的供物中也多用这种小麦。

② 这种小麦和大麦一样，先要炒一炒，然后再放到木臼里捣两次（参见普林尼：《博物志》，xviii，11）：第一次是脱壳，第二次是把谷粒捣成粉末。

在同一章里，普林尼告诉我们说，只有“捣碎”*far* 的人才叫做面包师；而在波斯战争（罗马建城第 580 年，即公元前 174 年）之前，在罗马是没有面包师这一行的。（俄译本注）

加他的[1]葬礼。我们都吃惊得跳了起来，异口同声地喊道："什么？参加葬礼？什么葬礼？出了什么事？"他含着泪告诉我们说，他的主人被人用刀刺中，倒在地上[2]。他说："在那一堆人当中我简直看不清那个凶手是谁。我只清清楚楚地听见一个声音说，'我弄错了。'我把主人送回家里，打发奴隶赶快请医生来。老爷们，虽然我没到你们这儿来，可是我所做的事情，我认为，可以得到宽恕。虽然我未能救活我的老主人，他不久就去世了，可是我认为自己是尽到责任了。"我们告诉他说他做得完全对。跟着就走下神庙的台阶各自分散。我们更多的是为人的不幸遭遇感到悲伤，却不是由于罗马城竟发生此类事件而感到惊讶。

① 从原文来看，这个"他的"所指为何很不明确。可能这个被释奴隶由于激动才这样讲的："请参加他的葬礼"，但是他忘了在这之前他并没有提到他的老主人。

② 这类行凶杀人或是酗酒滋事的情况，在罗马当时是屡见不鲜的（本章最后一句话可以证明这种事是很平常的）。所以在一般情况下，罗马人在夜里很少出门，即使出门也都是成群结伙并且携带武器以自卫。（俄译本注）

第二卷

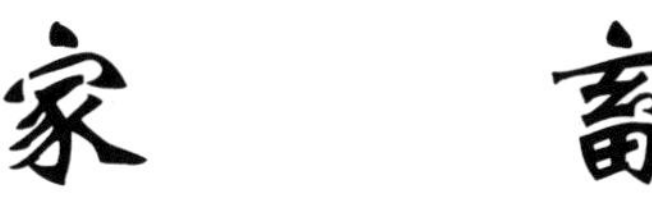

引　言

我们伟大的先人有充分的理由把乡下的罗马人置于城里的罗马人之上。因为，正像在乡村，那些在农舍里面生活、工作的人比那些在地里干活儿的人筋骨要弱一些一样，那些在城镇整天不活动的人，在我们的先人看来，就比从事耕作的庄稼人体力更弱了。因而，在分配他们一年的日子时，他们每到第九天[①]才安排了一天的时间来处理城里的事情，而把每“周”的其余的七天都用来在田间干活儿。只要他们保持这一习惯，便可达到两个目的：通过耕作而使他们的土地丰产，同时他们可保持自己的身体强壮，而无需希腊人的城市体育场。然而今天每人一个健身房，人们还几乎感到不满足，而他们的别墅的一些部分若不是用许多希腊的名称装点

① 我们的说法应当是每到第八天。原来罗马的一周包括八天，称为 *nundinae*，而一周的第一天也叫 *nundinae*，这是集市的日子。农民在这一天到城里办自己的事情，到集市上去买卖。*nundinae* 一词直译是第九天，因为罗马人计算一周是把一周的第一天和最后一天，一并计算在内的，这样，下一周的第一天就成了第九天。否则，我们就很难理解，为什么瓦罗在这里说第九天，而后面又说其余七天。

同样，罗马人的 *nudius tertius* 指的是“前天”。这种计算方法在拉丁民族中仍在一定程度上被保存下来。比如法语和意大利语便分别用 *quinze jours* 和 *quindici giorni* 来表示两周（直译是十五天）。

起来[①]，他们就认为自己好像没有一座别墅。他们为别墅的一些部分起了这样一些希腊的名字，如前厅、健身房、宽衣室、柱廊、育禽场、鸽房、水果储藏室等等。

既然现在所有的家长们都不沾镰刀和犁，而是躲在城里，宁愿活动于剧场和跑马场之中，却不愿去照管谷物和葡萄园，因此，我们跟人们订立契约[②]，叫他们从阿非利加、撒丁尼亚运来使我们吃得肥肥胖胖的谷物，并且用船从科斯岛和希俄斯岛运进葡萄。这样，在罗马城的创立者是牧人，并且教其后人务农的那个国家，这些后裔却反其道而行；他们由于贪欲和藐视法令，把耕地变为牧场，而不懂农业与畜牧之间的区别。因为一个牧人与一个农夫是截然不同的，如果一群群的牲畜能够而且真的牧放在田地里，那么，一个放牲口的跟一个驾牲口的就不是一回事。因为食草牲畜无助于大田作物的生长，它们用牙啃掉它；但是家畜的牛却能使大田里的庄稼长得更好，它们是在休耕的地里吃草的。

我重复一遍，农夫跟牧人的方法、技术是不一样的：农夫的对象是通过农业耕作从地里长出来的东西，而牧人的对象却是从牲畜身上生产出来的东西。可是，由于这二者关系密切，而且由于让秣草在自己的农庄里被吃掉照例比被卖掉对农庄主更来得合算，同时肥料对农作物来说又很有用——牲畜的粪肥对农作物是最适

① 原文 *retineant*。盖斯纳尔认为应读为 *retinniat*。这样，这一句就应当译为“若不是有许多响亮的希腊名称”。

② 科路美拉在他的论述农业的著作中对这一点讲得更加详尽：“这样，在这个拉齐奥，在善良的撒图尔努斯神的土地，也就是诸神把农业传授给自己的子孙的地方，我们为了不致挨饿，反而订立契约从海外诸行省为我们运来粮食，从基克拉季斯、巴伊提卡和高卢取得我们的葡萄。”

宜的——因此，有一座农庄的人都要搞两种经营方式，农业和畜牧，在农庄境内甚至要饲养动物，因为从这上面也能够获致厚利。我的意思是指从家禽饲养场、养兔场和鱼池这些方面。为了我那购置了一座农庄的妻子丰达妮娅的利益，我已经写了一卷书，论述到这些问题当中的头一个[①]，即农业，现在我又写出这样一篇短文，向你，我的朋友图尔拉尼乌斯·尼格尔，谈一谈牲畜饲养方面的要点。从你不断涉足于坎皮·玛克里[②]的市场，一心想在那里购买牲畜，以便补助你需要应付的多项开支，就可以知道，你对牲畜是极感兴趣的。这一点我可以毫无困难地做到，因为我自己在阿普利亚就养有大群的绵羊，在列阿提附近的乡村养有大批的马匹。我所写的都是我在狄罗斯和西西里之间统率希腊舰队搜捕海盗时[③]，从我跟伊皮鲁斯地方大牲畜主的谈话中取得的材料。我就从这里开始。

我们到这里为止[④]。

---

① 在本书第一卷，第一章里，作者指出这三卷书都是写给他的妻子丰达妮娅的，但令人不解的是，在这里他却把第二卷献给了图尔拉尼乌斯·尼格尔，而在后面，他又把第三卷献给了克温图斯·皮尼乌斯（参见本书第三卷，第一章）。英译者认为可能第一卷比后两卷发表的时间要早一些，而他在写后两卷时，却忘掉在第一卷里他已经把全书三卷献给了丰达妮娅。但是从他在引言里提到丰达妮娅这件事来看，这未必就是他遗忘了，也可能是改变了自己的想法，诺尼乌斯·玛尔凯路斯从本书第一卷引用了四十二处，但没有一处引文是来自第二卷和第三卷的。

② 这是一个以牲畜集市而著名的小城市。

③ 庞培在公元前 67 年受命清除地中海上的海盗。他把地中海划成几个区域，瓦罗便负责率领其中一个区域的舰队。

④ 这句话无疑是抄写者停下来时所加的说明。

第一章　牧畜：它的起源、声誉和实践

在美纳提斯离开的时候，考西尼乌斯向我说道："什么时候你解释清这三件事，我们什么时候放你走——你记得——这些事，不久以前你刚说起个头，可是我们就被打断了。"莫瑞乌斯问："哪三件事？你是不是指你昨天谈到牲畜饲养时跟我说的那些事情？"考西尼乌斯回答说："我正是指我们的朋友瓦罗在这儿刚刚开了个头儿的、关于牲畜饲养的起源、重大意义和方法的谈话（那时我们是来看望派图斯[①]的，他的身体不大好），只是医生一来，就把我们的话题给打断了。"

我说，就我这一方面而论，我同意只谈谈历史的部分，说一说我所知道的有关前两部分的东西。即牲畜饲养的起源及其重大意义。第三部分，实践的部分，必须由斯克罗法来谈。要知道，斯克罗法 ὅs πέρ μου πολλον ἀμείνων（他远比我强）——我用希腊语向两位半希腊的牧人讲话——他是传授过您的女婿 C. 鲁西里乌斯·希尔路斯的人，而你的女婿在布鲁梯乡间的畜群被认为是了不起的。

① 西塞罗在给阿提库斯的信中说，路奇乌斯·帕皮利乌斯·派图斯是一个有风趣、有学问的伊壁鸠鲁派。西塞罗给友人的信里有十二封信是写给这个人的（Ad Fam，ix，15—26）。

斯克罗法说，我们所能知道的，一定都告诉给你，但条件只是把你所知道的有关普通家畜的事情也告诉给我们。你是个伊皮鲁斯人，因而必然在牲畜饲养方面很在行，因为没有一个人能什么都懂得。

在我得到大家的同意只谈谈头两部分之后——虽说我在意大利也养有畜群，但竖琴并不能使人成为竖琴手——我便开始了。

好吧，先生们，从万物的本性来说，人和羊必然是从来就存在的——不管我们假定有兽类的一个原始的产生原则也罢（这是米利都的泰勒斯[①]和基蒂翁的芝诺[②]的看法），或是反之，认为兽类根本就没有起源也罢（这是萨摩斯的毕达哥拉斯[③]和斯塔吉拉的亚里士多德[④]的主张），人类的生命必定是像狄凯亚科斯所写的那样，从远古延续至今，世代相传，悠悠往古必然是处于一种自然状态，那时人们便依靠那些从未经垦殖的土地所自发生长出来的东西得以生存。以后的人们必然从这样的生活方式进入第二种方式，即牧畜生活方式，在这一时期，人们摘取野生的林地树木上的

① 小亚细亚地方米利都人泰勒斯（约公元前624—前547）是古希腊哲学家的第一个有史可考的代表人物。他认为水是万物之源。他是自发的唯物主义的米利都学派的奠基人。泰勒斯的水，就是上文所说的产生原则。（俄译本注）

② 塞浦路斯岛上基蒂翁人芝诺（公元前335—前263）是斯多葛派的奠基人。他认为万物的根源是火。参见狄欧根尼·拉尔休（vii，156）；西塞罗《论神的性质》（ii，41）和瓦罗：《拉丁语论》（v，10）。

③ 瓦罗这里指的是古希腊哲学家和数学家毕达哥拉斯（约公元前571—前497年）的灵魂不断转生的学说。狄欧根尼·拉尔休说，“传说还认为他是第一个发现了灵魂不断转生的人，他说灵魂按照命运的规定，从一个生物转生到另一个生物身上去。”（俄译本注）

④ 希腊著名学者和哲学家亚里士多德（公元前384—前322）写道：“一些生物是由于自然的意志而产生的；另一些生物则是由于另一种原因而产生的；动物，它们的肢体和植物是由于自然的意志而产生的。”（《物理学》，ii，I，192）

果实,同时也摘采灌木橡实、杨梅浆果和桑葚,他们储存果实以备用,同样地并为同一目的,他们猎捕一些他们能够捕到的野兽,把它们关起来加以驯服。有理由认为,在这些野兽当中,绵羊,由于它们有用而且性情温驯,是首先被人作为家畜驯养的,因为它们的天性异常柔和,特别适于同人类一起生活,也因为从羊的身上人们可以在自己的食品中增加奶和奶酪,身上可以穿它们提供的羊皮衣。

最后,在第三阶段,人们从牧畜的生活方式,进入农业生活方式,但在这种生活方式中保存了前两个阶段的很多残余,而人类在获得我们今天的文明以前,在这一阶段度过了漫长的岁月。就是今天,在许多地方还有一些野生的兽类,比如说,在普利吉亚有绵羊,在那儿可以见到不少的羊群,在萨摩色雷斯有野生的母山羊,属于在拉丁语叫做 *rotae* 的那一种。在菲斯凯路姆山和台特里卡山[①]附近也有很多。人人都晓得野猪——但有些人诚然认为野猪不应当叫猪。今天在达达尼亚、麦地加和色雷斯可以找到非常野的牛,在普利吉亚和力卡奥尼亚可以找到野驴,在近西班牙和某些地区可以找到野马。

这种技术的起源,就如我以上所述,它的崇高的声誉下面我就要谈到。在古人中间,最有名气的人都是牧者,无论从拉丁语和希腊语来看,这一点都是显而易见的;再如那些古老的诗人,都把他们的一些英雄叫做 *polyarnae*(一群羊羔),另一些叫做 *pōlymeloi*(一群绵羊),还有一些叫做 *polybutae*(一群牡牛),而为了表示它们的贵重,他们说绵羊确实有金色的毛,如像在阿戈斯的那只(阿

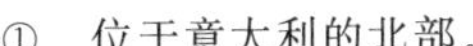

① 位于意大利的北部。

特来乌斯抱怨说，这只羊让提耶斯台斯从他那里偷走了)[1]，或者像埃埃台斯在科尔奇斯的那只公羊(传说王族的阿尔哥号的船员们曾搜寻过它的羊毛)；或者像金的 *mala*[2](按照古时的说法，这是利比亚地方赫司佩利德斯的果园里的山羊和绵羊，它们是被赫居力斯从阿非利加那里带到希腊来的)。原来希腊人从这些牲畜的叫声而把它们叫做 *mela*，而我国人为了表示同样的声音，也用了差不多同样的词，只改变了头一个字母(因为绵羊的叫声似乎更像是 *be*，而不是 *me*)，并且说绵羊在鸣叫时是发 *be* 的声音，即 *bealare*：在很多情况下，*bealare* 这个词，去掉一个字母，便成了 *balare*。再者，假如绵羊和山羊等等，在古代人当中不曾受到高度的尊敬，那么占星师在绘制天体图的时候，也就不会用它们的名字去称呼星座了；但是他们不仅毫不迟疑地这样做了，甚至他们中间的许多人在列举黄道十二宫时，实际上都以它们，以牡羊和牡牛开始，这就是说，把它们放在阿波罗和赫居力斯的前面。后两者虽然是神，但它们却跟在牡羊、牡牛后面，(有人)把这两个神称为双子[3]。

---

① 帕库维乌斯为西塞罗(《论神的性质》，iii，27)所引的诗说：

“提耶斯台斯曾胆敢从皇宫中
偷走了那以金羊毛而著称的羊羔。”

② *mala* 原意是苹果。传说古希腊最著名的英雄赫居力斯在不眠的龙的协助下曾从夜神的三个女儿所看守的果园中，盗走了金苹果。但瓦罗这里是把 *mala* 当作羊的意义来使用，因为羊这个词希腊语是 μῆλον，复数是 μῆλα，而在多里斯的方言中是 μᾶλα。这里和下面的说明都是瓦罗任意解释古代传说和语源的例子。(俄译本注)

③ 埃及人把这一星座说成是两个羊羔，希腊人把两个羊羔换成两个孩子，但名称有所不同：有人说是孪生子卡斯托尔和波路克斯，有人说是阿波罗和赫居力斯，还有人说是特利普托列姆斯和雅松。阿波罗和狄安娜也有时被称为 *Gemini*。瓦罗在《拉丁语论》(vii，16)引马尼里乌斯的话说：

贞节的拉托娜由于和朱庇特结合将给戴里亚德生一对孪生子，
而这就是阿波罗和狄安娜。

他们不满足于十二宫中有六分之一带牛、羊的名称，他们还要加上摩羯宫，凑成四分之一。在家畜中他们还加上山羊、小山羊和狗。

海洋和陆地的很多地方不是以这样的名字而闻名的么？例如，爱琴海[①]系由山羊而得名，叙利亚的陶鲁斯山，撒比尼地方的坎德留斯山[②]和色雷斯地方以及西米里亚的博斯普鲁斯[③]。大陆上不是有很多地方起了这样的名称么？例如，希腊城市"西皮奥斯（养马的）·阿戈斯"，最后，意大利（Italy）这个词，正如皮索所说，不是从 *vituli*（小公牛）引申出来的么？还有，谁能否认罗马民族起源于牧人？谁不知道曾把罗穆路斯和雷姆斯抚养大的养父弗斯图鲁斯是一个牧人？如果我们考虑到，他们选择了牧人节[④]这个日子建立自己的城市，这不是很明显地说明他们本身都是牧人么？同样的情况从这样一些事实不是也可以得到证明么：即使在今天，人们仍循旧例，以羊和牛充当罚金[⑤]；最古老的铜币上面铸着一头牛的图形；建立城市的时候，城墙和城门的位置都由公牛和母牛划

---

① 爱琴海 *Aegaeum* 的希腊名称 αἴγειος，是由 αἴξ（山羊）一词变来的。

② 原文 *Cantherius* 是"骟马"。

③ 原文 *Bosporus*（希腊语 *βόσποροs*）是牛津（Oxford）的意思。

④ 牧人节（*Parilia*）是 4 月 21 日。瓦罗在《拉丁语论》（vi，3）中把这一节日叫做 *Palilia*。传说的罗马建城日就在这一天。关于牧人节的详细叙述，参见奥维狄乌斯的《岁时记》（iv，721—782）。

⑤ 罚金只是按照羊和牛的价格加以规定。我们注意到古代法律的善意："人们约定，规定的罚金，起初（即第一次）是一只羊，后来（即第二次）才是一头牛……国王塞尔威乌斯把羊和牛的图像铸在第一枚钱币上"（普林尼：《博物志》，xviii，11—12）。（俄译本注）

参见盖利乌斯（xi，1）；从塞尔威乌斯给《农业篇》（iii，387）所作的注，可以知道，在王政时期，杀人的罚金只是一只羊。

出[1];罗马人在行三牲祓除式时,他们便赶着一只公猪、一只公羊和一只公牛围城转;最后,我们罗马名字当中不是有许多是从牛羊引申出来的吗? 用小牲畜的有猪、绵羊、山羊,用大牲畜的有马、牛、驴。这一点还可以用以牲畜的名字作为家族之姓的例子加以进一步说明,羊、牛、小牛等家族以及其他许多用牲畜名字起名的家族都是实例。

现在剩下要谈的只有饲养家畜的理论与实践了;斯克罗法(他是我们这一辈人公认为在农业各个方面的能手)要来谈一谈这个问题了,因为在这方面他比我们其余任何人都更有资格。

大伙都瞧着斯克罗法,于是他开始了,好吧,先生们,这是一门有关家畜的获得与饲养的学问,其目的在于从中得到最大可能的利润——金钱(*pecunia*)一词的名字亦来自这些兽类。因为牲畜(*pecus*)是一切财富的起源。

这门技艺有九个部分——三个一组,共三组——第一部分的主要内容是较小的牲畜,其中包括三种——绵羊、山羊、猪。第二部分是大牲畜,大自然也把它们分成三种——牛、驴、马。这门技艺的第三部分所涉及的是这样一些动物,如骡、狗、牧人,人们在牲畜的饲养方面要取得这些动物并不是为了取得直接的利润,但它

---

① 塞尔威乌斯在维吉尔的《埃涅阿斯》(v,755)的注释中说:"加图在他的古代史中所说的是方法。原来一座城市的建立者要把一头公牛和一头母牛驾在一个轭里——公牛在右,母牛在里手——然后……扶着犁把,使它保持一定的斜度,以便使所有的土块都落在里面。这样人们便在犁出了畦的地方划下城墙的位置;应当是城门的地方,就把犁抬起来。"

瓦罗在《拉丁语论》(v,32)中也指出:在拉提乌姆许多人用埃特路利亚的仪式来建立城市。这就是用一套牛,公牛在外,母牛在里,拉着犁出一圈畦沟来。

们却或是有益于牲畜的饲养,或是起因于饲养。这几部分的每一种又至少包括一般应用的九个项目;其中四项用于牲畜的购买,另外四项用于它们的饲养,再一项则用于以上二者。这全部至少有八十一个项目,而且这些都是不可或缺并且是至关重要的。

首先,要想购买一个好的畜群,你必须懂得买每种牲畜的最好的年龄,而且要知道可以把它们养活多久。举例来说,如果买一群母牛,一头一岁的牛跟一头十岁以上的牛,买的时候,价钱就要便宜些,因为一头母牛到两三岁才开始生育,而过了十岁就不会再继续生育多久了。因为每一动物在它一生的最初和最后几年都是不生育的。

四个分项的第二项是关于每种动物的"各个要点"的学问(它的体形、颜色等等),因为如果着眼于利润的话,这些方面都是极为重要的。举例来说,人们都愿意买一头黑角的母牛,而不要长白角的;一只大的雌山羊较之小的更招人喜爱;而对于猪,则人们都喜欢要体形长,脑袋小的。

第三项是讨论饲养问题的。在这方面,举例说,希腊的阿卡迪亚的驴最有名,而在意大利则列阿提的驴最有名——据我所知,一头驴竟然卖到六万塞斯特色斯(本世纪初的四百八十英镑,下同),而在罗马,四头一组的驴曾卖到四十万塞斯特色斯(三千二百英镑)。

第四项论述依法获得家畜的问题,还要谈一谈罗马法对于购买每种牲畜所规定的一定的手续,因为在原先属于别人的东西如今能够转为我的之前,就需要某种中介的手续。有这样一些情况:按某一价格出让和付款并不构成所有权的改变。购买的时候,你往往需要卖方保证这头牲畜没有毛病。有时要保证这头牲畜原来的那个畜群没有毛病，也有时却什么保证都不需要。

第二部分的四项内容是在买到手以后，必须谨记在心的，这涉及的是畜群的牧放、繁殖、饲养和健康的问题。关于这些项当中的第一项——牧放——要考虑三桩事，即：（一）每一特殊种类的牲畜应选择的牧放地区，（二）时间，（三）方法。举例来说，山羊要带到灌木丛生的山区去牧放，这较之在平原的草地上牧放要好；母马就不是这样。此外，对所有牲畜来说不是冬夏都适合在同一地区牧放。因此人们赶着一群绵羊到离阿普利亚很远的萨姆尼乌姆去过夏（但他们须向包税人登记姓名，否则牧放一群未经登记的畜群[①]，他便要受监察官的法律[②]的惩罚了）。骡子在夏天却是从罗西亚的平原赶到布尔布尔的高山上去。

其次你必须考虑的正是每种家畜的正当的饲养方法；要知道，一头母马或是一头母牛吃干草可以长膘，而猪却不吃干草，而是去找橡子吃。但大麦和蚕豆却偶尔应当拿来喂某些牲畜，羽扇豆可以给母牛吃，而在母牛奶小牛时则用紫花苜蓿和苜蓿来喂它。你还须记住，在公羊和公牛交配前三十天中间，要多给它们吃的以增强体力，而母牛却要少喂，因为据说，它们在瘦的情况下反而更容易受孕。

第二项是有关妊娠的问题——我这里说的"妊娠"，是指从受孕直到分娩这段时间，因为受孕和分娩分别为怀孕的开端和结束。因

---

① 罗马的每一个公民到包税人那里登记下姓名并付了登记税之后，就有权在公有地上牧放自己的牲畜。这种费用叫牧场使用费。

② 这就是说，监察官依法把征收某些租税的权利加以拍卖。出价最高的人——个人或是团体——为投标的数目提供保证金，然后便去征收他所能征收到的租税。

此我们须首先考虑在什么时间让每种公畜同母畜交配。对猪来说,最好的交配时期都认为是从西风始刮到春分这一阶段;对绵羊来说,则在大角星隐没至天鹫座隐没之间这段[①]是最好的交配时期。

此外,我们还须考虑在交配前多久,雄畜就应和雌畜隔离。不管是牧牛人还是牧羊人,几乎一无例外地都是从两个月以前就把它们隔开了。

(第二部分的)第二项告诉我们,它们怀孕之后我们要注意些什么,因为不同的牲畜在不同的时间产仔。比如,一匹母马怀胎十二个月,一头牛是十个月,绵羊和山羊都是五个月,猪是四个月。

提到怀孕,让我跟你们谈谈在西班牙发生的一件事情吧,没有一个人会相信这件事,但它却依然是千真万确的。在卢西塔尼亚[②]近海处,奥里西波[③]城的那一带地方,那里的塔格鲁斯山上有些母马在一年当中的某个时期借风力受孕,正像我们这里的母鸡经常发生的情况那样。这种母鸡的蛋我们叫做"未受精的蛋"。不过这种母马产下的马驹,最多能活上三年。

要注意让足月或过月之后生下来的幼畜有一个清洁而柔软的地方站上去,同时注意不让母畜的蹄子踩着它们。那些在正常怀孕期之后生下来的小羊羔叫做 *cordi*;由于它们在出生前是在叫做 *chorion* 的内膜里,所以人们把它们叫做 *cordi*。

第三项论述家禽饲养方面所必需的知识,它在这方面告诉你

① 普林尼(viii,187)指出了同一段时期,即从 5 月 12 日到 7 月 23 日。

② 今天的葡萄牙。

③ 今天的里斯本。普林尼(《博物志》,iv,22)说,这座城市是享有罗马公民权的自治市,并且是以费里齐塔斯·优里亚为名的。

母畜要给幼畜喂多长时间的奶，在什么时间，什么地方喂奶。如果母畜奶不足，它还教给你把幼畜放到另一头母畜的乳房旁边去，那些奶幼畜的母畜叫做 *subrumi*，因为 *rumis*，我想，就是古语中的“乳房”。

羊羔不到四个月照例不能断奶，小山羊羔要三个月，猪娃子要两个月。没有毛病的和适合作供物的猪，一度曾被称为 *sacres*。普拉图斯在他的“*porci sacres*（祭祀用的猪）是什么价钱?”这句话里曾用过这个词①。同样，育肥以供国家祭典之用的肥畜，则称为 *opimi*。

第四项论述牲畜的健康。这一部分涉及的范围很广，必须认真对待，因为一只不健壮的牲畜极易受到损害，而由于其体弱，常常因为疾病而要遭到巨大的灾难。

这一门（有关健康的）学问有两个分支，和人的情况一样，一个分支涉及需要延医治疗的事情，另一个分支涉及甚至连一个努力掌握技术的牧人也能处理的事情。这部分里面可分三点，因为你必须注意到：（一）每一特殊疾病的原因是什么；（二）这些病因的特征是什么；（三）每一疾病需要怎样的治疗方法。

一般说来，疾病发生的原因大多是由于受热或受凉而引起的，或者是由于干活儿过多或过少，缺乏活动，或者是由于干活儿之后

① 这里指普拉图斯的《美奈克木斯兄弟》（ii，2、15）中的话：

美奈克木斯（II）：小伙子，这里的猪是什么价钱?

我指的是祭祀用的上好的猪。

库林德罗斯：一个德拉克玛。

美奈克木斯（II）：我给你一个德拉克玛，用我的钱去治治你的病吧，

因为，你打搅我这样一个完全陌生的人，

可以肯定你必定发疯啦，你叫什么?

立刻就给它们喂食或饮水所致。

征候是：如果是由于劳动过度而引起的热病，则是张开嘴，呼吸急促而多水分，身体发热；如果是这样的话，治疗的办法如下：用水冲洗家畜全身，用不冷不热的油和酒的混合物彻底地擦，用食物来维持它的体力，并用一些裹布搭到它们身上防止受凉。如果它渴了，便给它喝微温的水。用这个治疗方法如不奏效，就要给这只牲口放血——从头上放比较好。

此外，不同的疾病有不同的原因和不同的症状；关于这些，看管畜群的人，对每一群牲畜都应该有个文字的记录。

现在只剩下上面提到的第九项，这一项谈的是关于头数的问题，而且同前两部分的每一部分都有关系。因为买牲畜的人必须确定一个数目，必须决定打算养几群以及每群的头数。否则牧放牲畜的地方不是显得太多就是太少，其结果也就要赔钱。此外，他还必须懂得在一个羊群里要养多少只能生育的母羊，多少只种羊，雌的和雄的小羊羔各多少，品种差一些的要剔除多少。

至于它们的饲养：如果产的羊羔太多，你必须遵照某些农民的实际经验，把它们淘汰一部分；这样做的结果，一般是剩下的就能更好地繁殖起来。

阿提库斯说，我担心你弄错了，你的这九个部分都只是适用于较小和较大的各类牲畜。但是这些部分怎么能应用于根本谈不到“交配”和“怀孕”问题的骡子和牧人呢？因为我看到，对于狗，这九部分都能用得上。但我承认，第九项对人也可以保留；因为农庄主把女人留在奴隶的冬季宿舍里（我的意思是在农舍里），而有些人甚至在他们的夏季宿舍里也这样做；他们的目的是想借此以便于把牧人和他们的畜群维系在一起，也想借着生孩子来增加奴隶的数目，这样就使他们的牧畜成为一桩更为赚钱的买卖。

我说，这个数字虽提出了，但并非把它说成是一个确切的数字，至多也不过像是我们说有一千艘船只驶往特洛伊，或是说罗马的百人法庭①。如果你愿意的话，在骡子方面删去“怀孕”和“生育”这两点吧。瓦克奇乌斯说，生育？好像在罗马人们不是常常听说一头骡子生育似的②！为了支持他的说法，我提出马戈和底昂尼西乌斯的说法，即骡子和母马是在怀孕十二个月后生产。我说，一头骡子的分娩在我们意大利这里虽是一桩奇闻，可是所有其他各地却不是我们这种看法。再者，在意大利产卵的燕子和鹳，在所有别的地方就不是这样。你当然知道，叙利亚的枣椰子在犹太结果子，可是在意大利就不行。斯克罗法说，可是，如果你高兴凑足八十一这个数目，而又不涉及骡子的分娩和它们的小骡子的饲养，那么有一个办法可以补足这两个空缺，因为此外有两个相当重要的、补充的赚钱方法：一个方法是剪羊毛——因为绵羊和山羊都要剪或是拔羊毛。另一个范围较广的方法，是关于奶和奶酪的；希腊人给它起了个特殊的名字 τυροποιία（意为干酪），并写过很多有关它的著述。

① 罗马的这个法庭主要是审判某些民事案件——大都同财产，特别是同继承问题有关。在瓦罗时期，这一法庭实际上是由一百零五人组成的，三十五个特里布斯，每一个三人。

② 罗马人认为骡子生产是一个奇迹。参见李维（xxvi，23）：天上下石头，在列阿提又有骡子产仔；（xxxvii，3）：列阿提人声称在他们那里骡子竟然产仔。

第二章　绵羊

现在我们既然已经完成了自己的任务，而且关于牲畜饲养这个题目也已谈了一个轮廓，下面就轮到你们伊皮鲁斯的内行们来补充细节并谈一下波加米斯和马勒多斯地方牧人的气概了①。这时阿提库斯——他那时叫提图斯·庞波尼乌斯，而现在他叫克温图斯·凯奇里乌斯·阿提库斯②，因为他依旧保存了阿提库斯这个姓——说，我觉得最好是我先来谈点，因为，如果我没有弄错的话，你刚才讲话时正是望着我的。我谈的是最古老的一种家畜。正像你说过的，绵羊是被人类捕获并加以驯养的最早的动物。

头一件事是购买良种，它们的年龄必须适当，一方面既不太老，另一方面又不能只是羊羔，因为羊羔还不能繁殖，而老绵羊却再不能繁殖，但是在这两种之中，有希望的年龄总是比不久就会死去的年龄要好。至于体形，一只绵羊必须体格大，长着丰满的柔软的羊毛，羊毛要挺立而厚厚地覆盖全身，特别是在肩和颈部附近。腹部也应有羊毛。因之，我们的祖先把那些不具备这种性质的羊

① 这句话直译是："牧人能做些什么事情。"

② 公元前58年，阿提库斯由他的叔父克温图斯·凯奇里乌斯根据遗嘱过继为继子，故而在这之后，他便被称为克温图斯·凯奇里乌斯·庞波尼亚努斯·阿提库斯。

叫做 *apicae*[1]，把它们认为是劣种而加以排斥。至于尾巴，在意大利，人们一般是喜欢长尾巴，而在叙利亚则是喜欢短的。

非常重要的是，要使你的家畜属于良种。这一点通常能由两点来决定：外部特征及其幼畜。种羊的最好的形态是前额满覆羊毛，双角拳曲弯向口鼻，灰色的眼睛，两耳也长满了羊毛，宽的胸部、肩部和臀部，尾宽而长。你还须注意，不要使种羊有一黑色或杂色的舌头，因为有这种舌头的种羊照例不是生黑的就是杂色的羊羔。再者，如果仔羊长得匀称、美观，这一点也能证实它们的品种优良。

购买时，我们要利用签订的契约中所包含的权利[2]。因为在这里面，有的人作较多的、有的人作较少的保留。举例说，有人在议妥每头羊的价格后，要求在约定的期限后生下的羊羔必须两只顶一头羊，而因年老掉了牙的羊，也是两只顶一只。至于其他方面，一般便应用自古沿袭下来的"程式"：买主说："我是花这么多钱买的它们么？"卖主回答："是的。"买主再担保付款，然后卖主要求付款的保证，而使用相沿已久的、有固定程式的话：你能担保，我们跟前双方正在成交的这批羊，从一群都被认为是真正健全的羊这一意义来说，是真正健全的，而且其中没有那些瞎一只眼的、聋的或腹部没有羊毛的，你能担保它们不是来自一群有病的羊群，所有权合法，而这次出售也是合法的么？当履行完这步手续时，在未付款之前，羊群仍不得被认为更换了主人；而且，如果卖主不交出羊

---

① 普林尼(《博物志》，viii，48)指出："关于羊，人们认为优良品种的标志是：腿短，腹部有毛。如果这部分没有毛，人们通常便把这种羊叫做 *apicae*，并认为它们是没有价值的。"这一点和瓦罗的说法很相似，可能就是从瓦罗著作中抄下来的。

② 直译虽然是法律规定的权利，但实际上它们并不是如我们今天所理解的法律，而是一定程式的契约。(俄译本注)

群，即使没有把钱退回来，买主仍可根据买卖法[1]向卖主提出并赢得诉讼。正像如果买主不付款，卖主也同样可以控诉他一样。

下面我要依次讨论第二个四项——喂食、繁殖、饲养和畜群的健康。

首先你必须注意一年中间绵羊在农庄内外要喂养得适当；它们的圈要设在一个适宜的场所，不要受风，朝东而不是朝南，要让羊圈所占的地面平坦，而又有坡度，这样才便于清扫。湿漉漉的环境不仅毁坏羊毛，对蹄子也不相宜，还容易得疥癣病。

它们〔在同一个草铺上〕待几天之后，你必须在它们下边铺点新鲜的树枝，使它们可以有一块比较柔软的窝铺睡上去，也因之比较干净。因为这样它们的食欲就会好一点。你还得另外搭圈，以便把怀孕的母羊跟其他的羊分开，那些生了病的也要这样隔离。这些规矩特别适用于养在农场上的畜群。另一方面，那些牧放在牧场上并离农舍很远的羊，要为它们带着篱笆或编好的栅栏——以便利用这个在野外搭羊栏——以及所有其他需用之物。一般地说，羊的活动范围广，要在辽阔的大地放牧。冬季牧场往往与夏季牧场相隔很远。我声明，对这一点我很清楚，因为我的畜群冬季通常在阿普利亚，而夏季则在列阿提附近山上度过，牧场虽然彼此相距很远，可是两地之间有公路相连，像一条扁担两边的一对筐。就是羊群终年在一地放牧，季节也使喂食的时间有所不同。要知道，在夏季，天一亮就出去牧放，因为那时沾着露水的草比中午晒得比较干的要好吃些。当日头高高升起，牧人便赶着它们前去饮水，牲畜这么一提起精神，就又很想吃东西了。当中午炎热时刻，把羊带

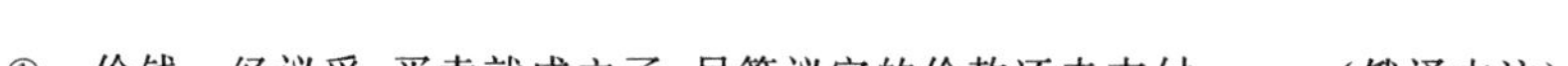

① 价钱一经议妥，买卖就成立了，尽管议定的价款还未支付……。（俄译本注）

到山下阴凉的地方或是枝叶四张的树阴下歇凉，直到炎热退去之后，在凉爽的晚风中再放一次羊群，一直喂到日没。放羊时，你必须让羊背向着太阳，因为头部是一只羊身上最娇嫩的部分。日头落下去以后，过一会儿，带着它们去饮水，然后再喂一遍，直到天黑下来；因为日落之后草将再次恢复自己的美味。这种喂法一般用于维尔吉里埃星座升起到秋分的这段时间[①]。在收获完毕的地方，最好是赶着它们到庄稼地里去，这么做有双重的原因：它们吃落穗能长膘，这是一，由于践踏谷草和拉粪又可以（肥田）改进来年的收成，这是二。冬春两季的另外的几种饲养方式与此不同之处是：他们只是当霜蒸发之后，才把羊赶到牧场上去，喂一整天，而且认为只中午带它们去饮一次水就够了。

各种不同的牧放方法就谈这么多了。现在我要谈谈有关繁殖的事情了。你准备为繁殖而用的种羊必须事前两个月就与羊群隔离，要把它们喂得比较充足。当它们牧放归圈之后，如果再给吃些大麦，就会长得更肥壮，也更耐得疲劳。

最好的交配时间是从大角星隐没到天鹫座隐没这一段时间[②]。因为在这段时间以后怀上的羊羔都长得小而弱。一只羊怀胎一百五十天，因此，生产就在秋末，那时气候温和，而在头几场暴雨后钻出来的草，正在开始生长。当种羊配种的时候，不要给它换水，一换水就使羊毛出现斑痕[③]，同时坏了肚子。当所有的母羊都

① 相当于5月初到9月末。

② 普林尼(《博物志》，viii，47)指出，是从5月13日到7月23日。

③ 普林尼(viii，189)，也提到了这一点。亚里士多德(《动物志》，iii，12、78)也说："……某些动物由于换水而改变颜色：羊在一个地方是白色的，而在另一个地方会变成黑色的。"

怀孕之后，你要再把种羊跟羊群隔离开，因为，由于这些种羊对已经怀孕的母羊纠缠不休，这样会伤害母羊的。还有，你不能让两岁以下的母羊交配，因为假如它们怀上胎，生下的羊羔也毫无用处，而母畜本身也受伤害。用三岁的母羊交配是再好不过的了。人们有时用灯芯草或其他东西编成的小篮子拴在母羊的后面以防公羊。总之，能单独喂食，这就更易于保证它们安全。

至于羊羔的饲养：在母羊快要产羔的时候，便把它们赶进单独的专为生产而设的圈里去，在这些圈里，把刚生下来的羊羔放近靠火的地方暖着它们，直到它们自己有了力气的时候。随后把母羊关在这些圈里两三天，让羊羔学着认识它们的母亲并且能吃够了奶。在这之后，当母畜随着羊群出去放牧时，羊羔关在家里，而到了黄昏，便把母畜带到羊羔这儿来喂奶，然后再分开，以避免夜里母畜踩着羊羔。这一套做法在次日早晨母羊出去牧放以前再重复一遍，以便让羊羔吃足了奶。大概过了十天以后，便在地上钉一些木桩，用树皮搓成的或其他光滑的物质做成的绳子把羊羔拴在木桩上面，但它们彼此间要离开些，免得这些脆弱的小东西成天乱跑，彼此冲撞，碰破腿上的皮。假如一只羊羔不愿到它妈妈的乳房跟前儿去，你就要把它放到那儿去，用黄油[①]或猪油抹它的嘴，并且让它的嘴唇尝到奶的香味儿。过几天之后，在出去牧放以前，你

① 普林尼(《博物志》，xxviii，9)记述了黄油的制造，并且谈了关于黄油的许多事情："在蛮族的国家里，它(黄油)作为一种食物而受到重视。""论起优点来，黄油之外就要算猪油"，"它可以用来代替橄榄油"(xxviii，10)，而且"如果你不慎吞食了水蛭，则它是很好的药物"。"它有收敛作用，可以使人发胖，有缓和作用并且是通便的"。黄油抹嘴可能是为了促进它的食欲。

要给它们点儿野豌豆或是嫩草，而且在牧放归来时也给它这些东西吃。如此饲养到四个月。有的人到这时候就不让母畜喂奶了。那些在这一整段时间里根本不要母畜喂奶的就更好些，这样母畜就能长更多的羊毛而且生更多的羊羔。羊羔断奶时必须注意看护，以防它们没有母畜的奶会消瘦下去。因此在饲养上你必须用精饲料，以便比较容易地弥补这一不足，还必须留意使它们根本不致受凉或受热。

断奶后羊羔就不找母羊了，到这时，而不在这之前，你要把它放到羊群里去。羊羔在不到五个月的时候不可阉割，当酷暑或严寒减退以前也不能阉割。用来配种的公羊通常选那些一胎双胞[①]的母畜生下的羔儿。

对于“披外套的”[②]羊必须按照大致像塔伦图姆和阿提卡的羊那样的办法加以处理；那儿的羊用皮外衣保护起来，这样它们的羊毛可以不被弄脏，因为污秽会妨碍正常的染色、洗涤和漂白。要格外注意把这些羊的栏、圈拾掇得比那些粗毛羊的圈干净，圈要加以铺砌，以防止里面任何地方积存尿。它们喜欢吃什么就喂什么，诸

---

① 亚里士多德(《动物志》，vi，19)说：“母绵羊和母山羊如果喂得好便可产双胎，或者，如果公绵羊或公山羊习惯于产双胎，或母畜习惯于产双胎，这也会有同样的结果。”

② 普林尼(《博物志》，viii，47)写道，有两种主要的羊：一种是披外套的，一种是农民的，也就是一般的羊；前者是比较娇嫩的动物，但后者却较易牧放，因为披外套的羊要用黑莓来喂。

生产细羊毛的娇贵的羊，例如麦加拉、阿提卡和塔伦图姆的羊，都用皮外套加以保护以防寒冷、尘土或是被刺伤。犬儒学派狄欧根尼在麦加拉时注意到，孩子们都是光着身子在各处走来走去，但公羊却披着衣裳；他说在麦加拉做一只公羊比做他的孩子还要好些。

如无花果树叶、谷草、葡萄皮、麸子，但这些东西喂得要适量，不能让它们吃得过多或过少，因为无论太多或太少都影响它们上膘。为此，最好的食物是紫花苜蓿[①]和蜗形苜蓿，因为这些能使它们迅速长膘而且产奶。

至于羊群的健康，要注意很多点；可是这些，正像我已经说过的，牧羊人已经在一个本子里记下来了。他还要随身携带医疗羊群所需之物。最后要讨论的是头数问题。有的人养得多些，有的少些，因为并不存在一个天然的标准。在伊皮鲁斯，几乎我们大家都注意到使一个人至少照管一百头粗毛羊，或是使两个人照管一百头"披外套的"羊。

① 科路美拉(ii，II，2)对这种植物称赞备至："播种一次可以维持十年；每年一般可收割六次，它能肥田，能使所有各种牲畜上膘，并且能为病畜治疗。三分之二英亩的这种植物就可以在一整年中喂三匹马，而且可以喂得很好。"普林尼(《博物志》，xviii，16)描述了这种植物的外形：它的外形和车轴草相似，它的茎和叶子是分节的。它的茎越长，叶子就越窄。按照他的说法，这种植物是在大流士时期，由米地亚人——它的名字就是从米地亚来的——带到希腊来的。安披洛柯斯写过一部关于这种植物和苜蓿的著作。亚里士多德(《动物志》，iii，21)却说 *medica* 会使动物，特别是反刍动物的乳汁枯竭。帕拉狄乌斯(April. Tit.，i)重复了科路美拉的说法，并且说满满一库阿图斯(零点零八二品脱)的种子便足够播种十五英尺长，十英尺宽的一块土地。

第三章　山羊

于是考西尼乌斯对他说，罗马的弗斯图鲁斯啊，你已经叫得够久了，现在听我谈谈山羊吧，我是荷马诗歌中那个生不逢时的米兰提乌斯[①]，跟我学一学一个人应该怎样简练地讲话吧。

打算养一群山羊的人首先要考虑年龄问题，他应该买那些当前便可以繁殖的，而在这些羊中间，又要买那往后还有一大段生育时间的；因为一只年轻的山羊比起一只年老的更为有利可图。至于对它们的应注意之点则是：要注意挑它们个儿大而健壮，有一个光洁的身体，有厚实的毛（除非是一种无毛的山羊，因为山羊有两个品种）：下颏处应该有两块乳头一样的附着物，凡是有这个的，都是最能生育的。乳房要大，这样它们才能供给浓厚而丰富的奶。雄山羊必须有比较柔软的毛，最好是白色的，脖颈要短，咽喉要比较长[②]。如果不是拼凑起来的，而是原来就在一块儿的一群山羊，这便会更好一些。[③]

---

① 米兰提乌斯是优里栖斯的牧羊人，他曾经把羊群中最好的羊供应给求婚的人（《奥德赛》，xvii，217）。为此他曾遭到优里栖斯的儿子提列马库斯的杀害（同上书，xxii，474）。

② 有的研究者认为"脖颈要短，咽喉要长"不可解。雪尔（在《关于瓦罗的论农业著作的本文的批判研究》，载《维也纳研究》，1913 年，第一分册，第 75—112 页），认为这里咽喉应当是"胡须"的意思。（俄译本注）

③ "最好是购买一整群，而不要从许多群当中挑选凑起这么一群来；这样，在牧场上就无需把这一群分成若干片，而在圈里也会比较安宁和谐了"（科路美拉，vii，6，5）。

至于品种，我要说的也就是阿提库斯在谈到绵羊时所说的那些，所不同的只是——绵羊种性情比较温和，因此它们的行动也比较迟缓，但山羊种则行动比较敏捷。关于它们的敏捷，加图在其《古代史》一书中，写过这么几句话："在索拉克提和菲司凯路斯[①]山上有一种野生的雌山羊，能够从一山跳到六十英尺开外的地方。"我引用这句话是因为正如家畜的羊都是从野生的羊传下来的，因此我们饲养的山羊也是从野生的山羊传下来的。靠近意大利的卡普拉西亚岛[②]，即因之而得名。

因为在雌山羊中一产双胎的是最好的品种，因此，为了繁殖，习惯上都是从这些双胎里面选择雄种。也有人注意到从米力亚岛[③]购置雌山羊，因为大家都认为那里生产最大、最漂亮的山羊羔。

说到购买，我提的程式跟阿提库斯说的买绵羊时所要遵守的程式不一样，二者惯例之所以不同，是因为没有一个懂行的人敢担保山羊健壮无病[④]，因为它们总是要生热病的。因之需要的保证只包括从一般程式中选出来的一些规定，而马尼里乌斯[⑤]曾留下

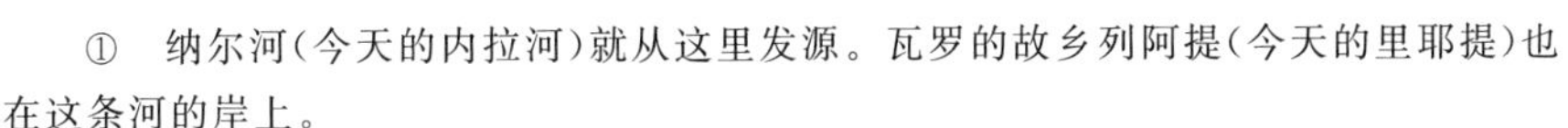

① 纳尔河（今天的内拉河）就从这里发源。瓦罗的故乡列阿提（今天的里耶提）也在这条河的岸上。

② 即今天的卡布雷拉岛（意为山羊岛），在米诺卡岛南面不远处。

③ 斯卡力格尔认为这个米力亚岛可能就是克里特海中的米罗斯岛，也就是今天的米罗岛。我向不少地理学家打听过，但他们都不知道米罗斯岛和山羊之间有什么关系，只是这个地区多山，对于山羊的活动可能是相当适宜的。

④ 《农业全书》（xviii，9）说："如果热病离开它们，它们便会死亡。"在同一章里还记述了一件有趣的事实，那就是，如果你把雄山羊的胡须割掉，它就不会逃跑。

⑤ 马尼乌斯·马尼里乌斯是著名的法学家，公元前 149 年度的执政官（买卖程式的起草者）。

如下的记录:“你担保这批雌山羊今天能饮食正常,以及这笔交易是合法的么?”关于山羊,阿克拉乌斯[①]也谈过值得注意的一个事实:几个比其他人观察敏锐的牧人断言:山羊不像其他畜类那样用鼻孔呼吸,而是用它们的耳朵呼吸。

至于第二个四项,有关山羊的饲养,我的意见如下:如果羊圈朝着冬天日出的方向,那么羊群的居住条件就算是不错的了,因为山羊是怕冷的动物。山羊圈,像大多数的畜栏一样,必须用石头或砖铺地,以防羊圈潮湿泥泞。当它们必须到农庄以外的地方过夜的时候,羊圈也应朝着这个方向,并且铺上树枝,使它们不致弄脏了身体。喂这种家畜,很多地方就跟喂绵羊时必须留意的那些事情一样,虽说它们有自己的特点,比如说,它们在林中空地较之在草原牧场更为高兴。它们很喜欢到野生的灌木丛中去觅食,或是在耕地上咀嚼幼苗。由于这个缘故,山羊由*carpere*(用嘴拔除)一词而得名*caprae*,同是由于这个原因,在出租土地时订立的契约本文中,常载有这样一个特殊的条款:禁止租地人在地里放牧雌山羊的羊羔。因为雌山羊的牙齿是正在生长中的农作物的大敌,就是占星术士在准许它们进入天宫之际,也把它们排除于周天的十二宫之外——只有两只山羊羔和一只

---

① 是公元前三世纪时人,曾写过关于动物的诗篇,并且谈到了一些异常的事情。(俄译本注)

普林尼(《博物志》,xviii,3)认为他是写过农业问题的国王之一,并且认为(viii,50)他讲过这样的话:“按照阿克拉乌斯的说法,它们不是用鼻子,而是用耳朵呼吸,并且是完全不会得热病的。”

亚里士多德(《动物志》,i,xi)说:“当阿尔克美昂(公元前五世纪初克洛同的医生。——译者)说山羊是通过耳朵呼吸的时候,他讲的不是真理。”

雌山羊离金牛宫不远。

关于繁殖：在秋末（11 月 10 日左右），雄的从平原上的羊群中被赶到羊舍里去，就和上面提到的雄绵羊的情形一样。那些已然怀上孕的山羊则在春季第四个月之后生产。

关于饲养：山羊羔一到三个月，就把它们放进羊群，成为其中之一员。

既然它们从来不能免于疾病，那么对其健康我要说些什么呢？我只想提出这样一件事，即一群山羊的看守人要有某些用文字记录下来的规定。诸如用什么药来治疗它们的某些疾病和创伤，应该懂得，由于它们彼此用角打架，又在荆棘丛生的地点觅食，受伤的事对它们来说是司空见惯的。

剩下来要谈的就是数量问题了。山羊群的头数比绵羊群的头数要少，因为雌山羊非常淘气，又容易散开，但绵羊却生性喜欢结群，并且喜欢拥挤在一块儿。因此在高卢地方，人们不饲养大羊群，而是饲养许多群，因为在那些大羊群里常常突然发生传染病，而使全部的山羊都死掉。可以认为一个五十只左右的羊群差不多就够大的了，一个叫加贝里乌斯的罗马骑士所遭遇的事可以证实以上这些说法不错。这位加贝里乌斯在罗马郊区拥有一千优盖鲁姆土地，他从某一个山羊牧人那里听说这个牧人带了十只雌山羊到罗马城里去，每只山羊每天为他赚得一底内瑞乌斯的收入，于是他便买了一千只雌山羊，原指望从他的这笔财产每天得到一千底内瑞乌斯。他的打算简直错到了极点，很快地一场传染病便使他失去了所有的羊。不过在撒伦提尼的乡间和卡西诺姆附近，人们饲养的羊群都多到一百头[1]雌山羊。

至于雄雌之间的比例，则意见甚为分歧。有些人，像我自己，认为十只雌山羊配一只雄的，别的一些人，像麦纳斯[2]，则认为是一比十五；还有人，像莫瑞乌斯，则认为是一比二十。

① 科路美拉(vii,6,5)认为这是山羊头数的最高限额，但是他却不反对把一千头绵羊关在一个圈里。

② 可能就是苏埃托尼乌斯在《奥古斯都传》(74)中提到的那被释奴隶：瓦列里乌斯·美撒拉说，没有一个被释奴隶能够和他同桌用饭，例外的只有一个麦纳斯，而且也只有在他因交出了塞克斯图斯·庞培的舰队而取得了公民权之后。另一个麦纳斯，也就是公元前300年，最早把理发人带到罗马来的那个人，是一个西西里人。(参见普林尼：《博物志》，vii,59)

第四章　猪

但是是谁[1]下一个乘船从意大利的港口出发去讨论猪这个题目呢？不过，斯克罗法特别适于论述这个问题，这一点从他的绰号斯克罗法就可以看出来。特来米里乌斯（斯克罗法）对他说，你好像还不知道为什么人们叫我斯克罗法。因此，为了使你和我们的挨近你坐着的朋友们可以知道这个理由，让我告诉你，和猪有关系的这个姓并不属于我的一族，而我也不自称是优迈欧斯[2]的后裔。我的祖父是第一个叫做斯克罗法的人。他是马其顿行省的行政长官利奇尼乌斯·涅尔瓦[3]的财务官，他曾在行政长官离开的时候

① 可以认为，谈论猪这个题目的，应当是从意大利港口来的真正意大利人，而不是从雅典或伊皮鲁斯来的希腊人。猪肉是罗马人主要的肉类食品。

② 优迈欧斯是优里栖斯的牧猪人（参见《奥德赛》，xiv，开始处）和忠诚的仆人，他照料优里栖斯在伊撒卡的六百头母猪。优里栖斯回家时曾受到他的接待和食物的供应。

③ A. 利奇尼乌斯·涅尔瓦是在公元前169年奉元老院之命到马其顿为当选的执政官L. 埃米里乌斯·保路斯搜集有关该地情报的使者之一，因为保路斯将要对国王佩尔谢乌斯展开战争（参见李维，xlix，18）。

李维（xlv，44）还说涅尔瓦是公元前167年度的六位行政长官之一，167年就是披德纳之役和佩尔谢乌斯被黜之后的第二年——这样看来，瓦罗所说的事情就和马其顿战争没有任何关系。马其顿直到公元前148年才成为罗马的一个行省。公元前142年，一个僭称亚历山大（菲力普的兄弟）之名的人领导了反罗马统治的一次起义，但这次起义被迅速地镇压下去。涅尔瓦可能在公元前142年第二次担任行政长官，而路奇乌斯·特来米里乌斯就是在这次起义期间取得了“斯克罗法”的绰号的。

被留下来统帅军队，因此敌人便认为有了取胜的机会，而开始来进攻营地了。但我的祖父在他督促士兵们拿起武器来向敌人突击的时候，他说他要把他们冲散，就像一头母猪把小猪冲散那样。而且他真的把他们冲散了，因为在那一场战斗里，他是这样坚决地击溃了敌人，以致行政长官涅尔瓦竟然因此而被授以“统帅”[①]的称号，同时我的祖父也得到了他的绰号，此后便被称为“斯克罗法”了。我的曾祖父和在他之前特来米利乌斯家的任何人都没有被称为斯克罗法的。我则是我的这一族中依次担任行政长官的七个人当中的一个。不过我并不回避谈一谈我所知道的关于猪的事情，因为从幼年时起我就喜好农事，而且这个题目是你们诸位和我本人共同感到兴趣的，因为我们都养着大量的牲畜。我们农民谁不养猪呢，而且谁没有听我们的父亲说过，到屠户那里去买肉架子上挂着的排骨肉，而不是在自己的农庄里养它的人，是乱花钱的懒汉呢？

再说，谁要是想养一群好猪，那他首先得选择好年龄的猪，其次是体形好的猪；这就是说：四肢要大，但是蹄子和脑袋要小。猪的毛色最好是一色的，这比杂色的要好。要注意使公猪有同样的特点，而且无论如何它们的肩头要宽。良种的猪从它们的外形，从仔猪的大小，从产猪的地区就可以看出来。论形状，则公猪和母猪都应该是漂亮的；论仔猪，则个儿要大；论地区，则在它们的产地那儿，品种都应该是大的而不是小的。买猪的时候通常都有这样的

① 罗马将领在取得胜利后可以被士兵贺以统帅的光荣称号。他可以保有这一称号直到交卸高级长官的职务或举行凯旋式的时候。有时这一称号也由元老院授予或批准。（俄译本注）

规定:“你保证这些母猪都没有病吗？你保证取得这些猪是合法的吗？这些猪不会使买主在事后被要求赔偿损失吗[①]？它们不是从染病的畜群那里来的吗?”有些人还附加上一条,“它们经受过热病和痢疾的考验”[②]。

要牧放这种牲畜,潮湿的地方是适宜的,因为猪喜欢呆在水里和泥里[③]。而且,他们说,这一点也说明为什么捉住了母猪的狼要把它拖到水里去,因为狼的牙齿经受不住猪肉的热度。这种动物(猪)特别要用橡子来喂——没有橡子的时候,就喂它们大豆、大麦和其他谷物,因为这些东西不仅使猪上膘,而且还使猪肉的味道鲜美适口。

在夏天早上还没有热起来的时候,要把猪牧放到有阴凉的地方去,不过在那里须有水。到下午,最热的时候过去了,才能再叫它们去吃草。在冬天,在白霜蒸发和解冻的时候以前,我们不放它们出去。

为了配种,在交配之前两个月,种猪就要和猪群分开来,不让它们接近母猪。配种的最好的时刻是从西风初吹到春分这段时期,这样母猪就可以在夏天产仔了[④],因为它在怀孕四个月之后产仔时,田地上已经有许多青草了。母猪不够一年不应当交配;最好

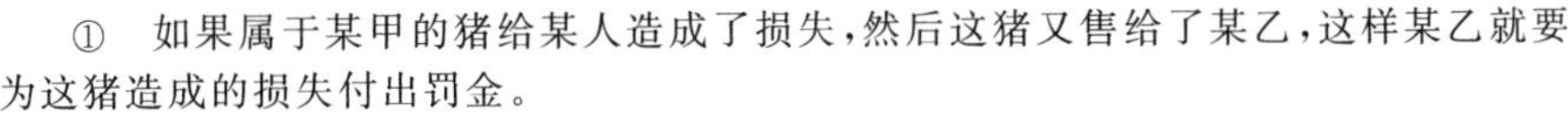

① 如果属于某甲的猪给某人造成了损失,然后这猪又售给了某乙,这样某乙就要为这猪造成的损失付出罚金。

② 亚里士多德(《动物志》,viii,21)说猪通常会得三种病:(1)βράγχος,这种病的特征是喉头和嘴部发生炎肿;(2)热病(κραῦρα)发生时的症状是头痛和发呆,这种病可以治,但是通常在三四日里便可以致猪于死命;(3)痢疾,这种病“看来是不治之症”。瓦罗在这里指的显然是(2)和(3);而(2)热病,从亚里士多德其他地方的叙述来判断,是一种并发热病的瘰疬病。科路美拉(vii,10)和《农业全书》(xix,7)也论述了这个问题。

③ 罗马人认为猪的血热,所以喜欢在阴湿的地方翻滚。(俄译本注)

④ 《农业全书》(xix,6)采用了瓦罗这里的说法。但是亚里士多德(《动物志》,v,14)

是等到一年零八个月，这样它们做母亲的时候，就有两年了。据说在它们开始产仔之后，一直可以生产到第七个年头。在交配的时候，就把它们赶到泥泞的沼泽和泥塘那边去，这样它们可以在泥里打滚，这对它们是一种休息和消遣，就和人洗澡那样。母猪全部怀孕之后，便再把种猪从猪群里分开来。公猪八个月[①]就能交配，这种能力可以一直保持到三岁。在这之后，它就不行了[②]，最后只能送到屠户那里去，屠户是猪肉和人们之间特定的中间人。

在希腊，猪的名字是ὗs，以前叫做 θῦs，这个词是从动词 θύειν 变来的，θύειν 是"奉献牺牲"的意思，原来当人们最初奉献牺牲的时候，显然他们使用的便是猪。这种情况的残余可以从埃列乌西尼安秘仪的初献式以猪为牺牲这一点看出来。此外，在缔结一项和约时，开头也要杀一口猪；下面这一事实也可作为例证，即在古代的埃特路利亚，国王和贵族婚礼开始时，新婚夫妇结褵之初也要用一头猪做牺牲。古代的拉丁人也和希腊人一样，他们似乎也有相同的风俗；因为我国的妇女（特别是乳母）就把女孩子的性器官称为 *porcus*（猪），而希腊妇女则称之为 χοῖρον（猪），意思是它是婚姻的一个很好的标志。他们说，猪这种动物是大自然恩赐给筵席的礼物，所以才把生命赋予它们，正仿佛大自然生产盐是为了保持

却说在夏天生的小猪最差，因为它们又瘦又弱，而最好的生产时间是初冬。在暑热的地方，这种说法毫无疑问是正确的。

① 科路美拉（vii，9，3）说是六个月；但是它们可以使六个月的母猪受孕。

② 科路美拉（vii，9，4）说公猪到三四岁就被阉割，然后再育肥；亚里士多德（《动物志》，ix，50）说母猪为了同样的目的也要阉割。

猪肉的新鲜一样。

高卢人用猪制造质量十分高的大块排骨肉。这种肉质量之高可以从这样的事实看出来：直到今天，每年都有科玛奇纳伊人的和卡瓦里人的火腿和肩肉运到罗马来①。关于高卢的排骨肉的大小，加图是这样写的："在意大利（伦巴第）印苏布利人要腌制三四千块排骨肉；母猪肥到没有人帮助就站不起来，不能够动一步。如果人们要把它们从一个地方运到另一个地方，就得把它们放到车上。"西班牙的阿提里乌斯是一个经验丰富、很有学问，而且又可以信赖的作家，他常说有一次在远西班牙的卢西塔尼亚地方杀了一头猪，它那作为礼物送给元老 L. 沃路姆尼乌斯的两块带肉的排骨足有二十三斤重，而且这头猪的肉从皮到骨足有一又四分之一英尺厚。我告诉他说：在阿卡迪亚我听到同样可怪的一件事情，我记得我去看过一头母猪，这头猪不仅是肥得站不起来，而且实际

①　普林尼（《博物志》，iii，4）说卡瓦里人住在纳尔波高卢，因此科马奇纳伊人也可能住在这个地方。

许多研究者认为原文在这里有残缺。斯特拉波（第 iv 卷）说，最好的火腿都是从谢夸尼人那里运来的。

加图关于腌制猪腿的方法作了如下的叙述（162）：

"当你把猪腿买来时，要把蹄子切掉。为每只猪腿准备半配克研细的罗马盐。在桶底铺上一层盐，然后放上一只猪腿，有皮的那一面要朝下。在这上面再铺上一层盐。这上面再放一只猪腿，但要注意肉和肉不要挨在一起。用这样的办法把所有的猪腿叠放起来。当你把这些猪腿排放停妥之后，把盐铺在它们上面，把肉全部都盖起来，再把表面铺平。这样把它们在盐里腌五天之后，再把它们带着盐取出来。然后再按照相反的次序放进去，这样以前放上面的，现在就放在桶底了。和以前一样地把它们码好再用盐盖起来。最多在十二天之后，把猪腿取出来，擦掉上面所有的盐，再把它们在通风的地方挂两天。第三天，用海绵把它们好好擦一遍并且在外面抹上油。把它们用烟熏两天。这之后取下它们来，用油和醋的混合物把它们好好擦过，就放到肉架子上面了。"

上竟然有一只地老鼠(鼩鼱)吃去了它一点肉,在那里做了一个窝,而且生了小老鼠。在威尼提亚我听说也有类似的事情。

至于繁殖的问题,母猪是否多产,这一点通常要看第一胎的小猪如何,因为以后各胎和头一胎是相差不大的。至于小猪——它们叫做 *porculatio*——的饲养,则要叫小猪和母猪呆两个月,等它们自己能吃食的时候,再和母猪分开。冬天生的小猪会因为天寒而变瘦,这还因为母猪的奶少,它们的奶头儿一给小猪咬痛,自然就要把小猪推开了。

每头母猪都要有自己的圈,而且必须只奶自己生的小猪,因为它并不拒绝奶别的猪生的小猪。因此,如果不是一只母猪生的小猪搀到一处,母猪的生产力就要受到影响了。猪的一年很自然地分成两部分,因为它们一年里生两次,一头母猪怀孕四个月,喂奶两个月。猪圈应当是三英尺左右的高度,宽度也要三英尺多一点,从地面算起不能比这个高度更低,这是为了使怀孕的猪不会跳出来,从而发生流产的情况。它的高度要使养猪人一眼就能看到全圈,使他能防止任何小猪给母猪压死;而且还可以不费事地把猪圈打扫干净。猪圈要有一个门,门槛要一又三分之一英尺高,这样使小猪在母猪出去时不致跳出来。每次在打扫猪圈时,养猪人都必须把沙子或诸如此类的东西撒到圈里去,以便使它们吸收水分;在母猪产仔之后,要多给它们吃些好东西,好叫它们有气力,这样出奶也就会出得更多了。通常是给每头猪两磅左右浸过水[①]的大

① 也可能有“煮过的”意思。参见科路美拉(vii,9,13):对于那些使之奶一窝小猪的母猪,要喂以煮过的大麦。亚里士多德(《动物志》,vi,18,35)规定出同样的食物。

麦，有人把它们增加一倍，夜里和早上都要喂，如果不再喂它们别的东西的话。小猪断奶之后，有些人就叫它们断奶猪，而不再称它们为乳猪了。在生后的第十天①，它们被认为是“纯洁的”，因此古人就称它们为*sacres*，因为人们认为它们从这时起才是适用为牺牲的。故而在普拉图斯的《美奈克木斯兄弟》一剧中背景在埃皮达姆诺斯的那一场，一个登场人物认为一个人疯了并且需要奉献赎罪的牺牲，于是就问他：“这里的神圣的猪的价钱是多少？”

如果农庄有葡萄皮和葡萄梗的话，通常是用这种东西来喂它们。过了“断奶猪”的阶段，它们就叫做无齿猪，因为它们还不能咬嚼，这就是说，不能把豆子咬碎。

生小猪的时候，要注意一天给母猪喝两次水，因为这会有利于它们出奶。他们说，母猪有多少奶头就应当生多少小猪；如果生的不够这个数目，母猪便可能无利可图，如果多于这个数目，那就会预兆什么事情。这样的预兆见于记录的最早的一次是埃涅阿斯的母猪，它在拉维尼乌姆一胎生了三十只小白猪②。结果这次朕兆应验了，因为拉维尼乌姆的人们在三十年后建立了阿尔巴城。这只母猪和小猪的遗迹直到今天还可以看到，因为它们的青铜像仍然立在所有的人都看得到的地方，而母猪的身体还可以被司祭们拿出来给人看（按照他们的说法，母猪是用盐水腌了起来的）。

一头母猪开头可以喂八只很小很小的猪；当小猪长得大些的

---

① 普林尼（《博物志》，viii，51）说是第五天；小猪生下来第五天被认为是“纯净的”而适于作为牺牲之用，羊羔是第七天，牛犊是第十三天。费斯图斯同瓦罗的说法一样。

② 谈到这三十只小猪的时候，塞尔威乌斯说，这预示着阿斯卡尼乌斯要统治三十年。

时候，会养猪的人通常就把一半的小猪移开，因为母猪的奶这时已不能供应所有的小猪吃了，而且整窝的小猪也不能取得足够的食物，无从长得又肥又壮了。在分娩后的头十天当中，除了饮水以外，母猪不要牵出猪圈。十天以后，它可以出来，在农舍附近的一个什么地方吃东西，这样它可以常常回去给小猪喂奶。小猪长大之后，母猪出圈吃东西时它们可以跟着，但是在圈里，不让它们和母猪在一起，并且分开喂，这是为了让它们学着不要母猪的看管。这样做需要十天。

养猪人应当训练它们按照号角的声音做一切事情。在先是把它们关进圈里之后，他要在吹号角的时候才打开圈门，这时他要教它们从圈里出来到一个地方去，在那里大麦已经一长列地倒好了——要知道，这种办法比倒成一堆损失较少，较多的猪可以吃到它，同时却不会引起很多的冲突。用吹号角的办法把它们集合起来，其目的据说是当它们分散在树林中时可以防止迷失。

公猪最好是在一岁的时候阉割[①]，无论如何不要在六个月之内。阉割之后，它们就称为“阉猪”，而不叫公猪了。

至于猪的健康，我只简略地谈一件事情。如果母猪不能喂奶给奶猪，你就应当把煮过的小麦给奶猪吃（因为生小麦吃了会泻肚），或是把用水浸过的大麦给它们吃，直到它们三个月大的时候。

至于数目：大家认为公猪十头足够应付一百头母猪，虽然有些人的公猪头数还要少些。猪群的总数可以各有不同，我本人认为平均一百头最好。有些养猪的人宁肯养较大的一群，即一百五十

---

① 科路美拉认为公猪到三四个月便可阉割（vii，9，4）。

头;有些人则养的猪要多一倍,还有些人养的比这更多。

一小群猪比一大群猪所需的费用要少,因为这样,养猪人所需的助手也就比较少。所以牧人就要使一群牲畜的总数安排得便于自己的管理,但是公猪的比例却不能这样,因为这是自然规律使之如此的。

第五章　母牛和公牛

斯克罗法所谈的意见就是这样。这时，元老卢齐耶努斯[①]，我们都很熟悉的、极其文雅而又很有风趣的一个人物进来了，他说："*Χαίρετε*[②]，我的伊皮鲁斯的同胞[③]，因为斯克罗法和我们的朋友瓦罗，ποιμένα λαῶν[④]，在今天早上我都已经看到并且向他们打过招呼了。"我们当中有些人向他问候，但还有些人责备他不是比较准时地践约。他即刻回答说："我是要来看你们的，我的诙谐的朋友们，而且还要带来我的兽皮和皮鞭，可是目前，莫瑞乌斯，在我向拉瑞斯[⑤]（家神）献出钱币的时候，你愿不愿来做我的合法的证人？

---

① 关于此人，我们只是从瓦罗本人的叙述中知道，他是一名元老，阿提库斯的友人并且在伊皮鲁斯地方拥有巨大的马群。（俄译本注）

② 意为"您好！"直译是"高兴吧"。这是古希腊人相遇时常用的寒暄语。（俄译本注）

③ 这里指阿提库斯和考西尼乌斯等半希腊人。

④ 意为"人民的牧人"。荷马常常用这个词来指国王和将领，特别是率领海军攻打特洛伊的阿加门农。瓦罗在进行这一谈话时正在狄罗斯和西西里之间统率着一支海军，所以卢齐耶努斯这样称呼他。参阅本书第二卷引言结尾。

⑤ 卢齐耶努斯在离开时说，他回来时要带来抽打的鞭子，因为他来晚了似应受到鞭打的惩罚。然后他便作为一名逃跑的奴隶到 *Palici*（管理农业的两位神）那里去奉献几个钱的供品要求他们的庇护，这样在回来时便可以得到主人的宽恕了。英译者认为手抄本上的 *Palibus* 可以读为 *Palicis*。*Palici* 在离埃特纳山和叙奈图斯河不远的神殿里受到崇奉。这座神殿收容逃跑的奴隶，除非奴隶的主人发誓保证善待自己的奴隶，他才被放回去。由于这部书的一部分残缺了，所以我们不能确知这一对话的地点；但时间则是在瓦罗作为庞培的副帅，在反击海盗统帅着一支舰队的时候。因此这地点很可能是西西里某个地方，也许是卡塔纳，也就是离 *Palici* 的神殿不远的地方。

这样，如果他们企图再向我要钱，你就能够给我作证了。”阿提库斯向莫瑞乌斯说：“在你走的时候，告诉你的朋友，已经说过些什么，还有些什么应当说，这样他就可以准备他应当担任的角色，而我们这时则给这出戏加上主题为大牲畜的第二幕。”瓦克奇乌斯说：“既然在这幕里面有母牛（*vaccae*），那么也就有我担任的角色了。因此我愿意来跟大家谈谈我所知道的有关母牛和公牛的知识，这样，如果有谁对其中任何一点还不清楚，他可以从我这儿学到，如果他已懂得，那么可以注意一下，看我谈的是否有不对的地方。”我说，瓦克奇乌斯，要留神你所要谈的东西啊，因为在家畜饲养方面牛是占有荣誉地位的——特别是在意大利，因为这个国家被认为是从牛而得名的。提麦乌斯①写道，古希腊人通常把公牛叫做 *itali*；而正是由于在这个国家里公牛的数量多，长得又美，以及由于小公牛在这里的繁殖，因而人们给它起了意大利的名字。还有些作家写道，意大利的得名是由于赫居力斯赶进意大利的一只非常著名的公牛叫意大路斯。

我说，公牛是人在田间劳作时的伙伴，是色列斯的仆人②，古时人们是如此坚决地保护其生命，以致任何杀了公牛的人都要处以死刑③。阿蒂卡和伯罗奔尼撒都可为这一事实作证。雅典的布

① 提麦乌斯（公元前352—前256年），希腊历史学家，写过一部西西里、迦太基和意大利的历史（从远古直到公元前264年），但只有不多的断片保存下来。

② 在戴美特尔（即罗马的色列斯）的古老崇奉中心埃列乌西斯畜养了一些圣牛，看管这些圣牛的人叫 *βουζύγαι*，而为了纪念戴美特尔或特利普托列姆斯的第一次播种小麦，每年都由这些圣牛隆重地耕种拉里亚平原。

③ 杀死人们劳动中的伙伴和助手公牛，在古人看来是一件罪恶的行动（参见西塞罗：《论神的性质》ii，63）。（俄译本注）

普林尼（viii，45）和瓦列里乌斯·马克西姆斯（viii，1）都提到：一个杀死了公牛的人曾在一个特定的日子里在罗马人民面前被定了罪，最后被判处放逐，就好像他杀死了自

阻盖斯[①]和阿戈斯的霍莫吉罗斯都是由于公牛而负有盛誉的。瓦克奇乌斯回答说，我们清楚公牛的高贵，有很多大东西是以公牛为名的[②]，如 *busycos*（大无花果），*bupaida*（身躯高大的孩子），*bulimos*（极饿的），*boopis*（牛眼那样大眼的），还有一种大葡萄叫 *bumamma*（母牛奶子）。我还知道，朱庇特在跟欧罗巴恋爱的时候便愿意使自己变成公牛的形象，这只公牛载着她从腓尼基跨过了海洋；在畜栏的畜群的脚下，救出了海神涅普土纳和米那丽帕所生的孩子们（当他们还都是婴儿的时候）使免于践踏而死的也是一头公牛[③]；另外，最后，从牛的腐烂的尸体中钻出了甜美的蜜蜂，蜜的母亲——因此希腊人把蜜蜂叫 *bugenes*（意为"牛生的"）。我们在文献中看到，一头公牛讲的拉丁话，比希瑞乌斯当选为行政长官后在罗马元老院讲的话还明白易懂[④]。

己的一名隶农一样。

科路美拉（vi，7）说："在阿提卡的雅典，它被称为凯列斯和特利普托列姆斯的仆人，在天空中占有最明亮的星座之一，是人们在耕地时最能干的伙伴并且受到古人的极大尊崇，以致杀死一头公牛和杀死一个公民一样，是一件极大的罪行。"

亚里士多德在《经济学》中把公牛说成是"穷人的奴隶"。人们不许在雅典用它作为牺牲，因为"它是一个耕者并且分担人们的劳苦"。

① 布阻盖斯是第一个把公牛驾到轭里去的人。他被认为是雅典的第一个农夫，是雅典最古老的贵族，布阻盖斯司祭氏族的始祖。后来又用这个名称称呼看管埃列乌西斯或雅典的圣牛的人。

② 希腊人习惯把大的东西前面加上一个 bu，也就是希腊语的 βοῦs（意为公牛），因为公牛的躯体庞大。这种构词法在现代语中还保存着，例如一种大青蛙在英语中就叫 bullfrog，直译就是"牛蛙"。（俄译本注）

③ 米那丽帕（或米拉妮帕）是埃欧路斯的女儿、智慧的半人半兽怪希隆的孙女。她和波赛东生了一对孪生子，但由于害怕自己的父亲而叫人把他们带到牧场上去。一只公牛立在两个婴儿之上，这样畜群就无法踩到他们身上了。（俄译本注）

④ 牛讲话的传说在罗马文献中是相当普遍的。参见李维（xxxv，21）：使执政官格涅乌斯·多米里乌斯最感害怕的是公牛讲的这样的话：罗马呀，你要小心呀。此外，可

可是不要担心，我一定像创作《布高尼亚》[①] 的诗人所做的那样保你十分满意。

首先，关于带角的牲畜即牛有四个名词用来表示不同的年龄——第一，牛犊；第二，小公牛；第三，壮公牛；第四，老公牛。性别的不同各由其名称加以说明：第一，牛犊、母牛犊；第二，小公牛、小母牛；第三和第四都用公牛母牛这两个词儿。一头不能生育的母牛叫做 *taura*，怀小牛的母牛叫做 *horda*。因此在日历里有一天叫做 *hordicidia*[②]，这是因为怀小牛的母牛在那一天拿来作为牺牲。

打算买进一群牛的人首先必须注意使其中的每一头都是年轻活泼，繁殖力强，而不是不能生育；要注意到使它们看起来体格整齐，四肢健壮，外形方方的，个子大，带黑色的角，宽宽的额，又大又黑的眼睛，毛茸茸的耳朵；它们要长着平的颚，有点扁的鼻子；它们不能是驼背的，脊背要有一点往下凹；鼻孔要大开，唇色发黑，颈厚而长并有下垂的肉。肋骨的间架要好，肩要宽，臀部大小适度，有一条垂到脚跟的长尾巴，尾巴尖儿上有一撮稍为拳曲的毛。腿要直而短，不要长，膝部多少有点突出，彼此间还要有相当的距离，脚要窄，走起来时不向外张，蹄子的缝隙不要宽，两个脚趾光滑而均

再参见普林尼（viii，45）：公牛讲话在古人中间是常见的奇迹：元老院得知有这样事情发生时，通常便露天开会。

① 关于《布高尼亚》，它的作者和内容的问题均不详。凯尔等人认为这是论述蜜蜂起源的一首叙事诗。但这种说法没有很充分的根据。据我看 *βουγονία* 的意思是牛的繁殖，这和本章是切题的，而不是论述从牛身上产生出来的东西。

② 4 月 15 日在罗马是为地母神提勒斯举行的节日，这时要用怀孕的母牛做牺牲。从母体中掏出的牛犊在节日当天要由维斯塔贞女烧掉，尸灰则在 4 月 21 日的牧人节用来为城市和人民进行袚除。

匀。皮肤摸起来不能粗硬。它的最好的颜色是黑的，其次是红色的，再次是暗褐色的，最次是白色的——因为白色的公牛是顶娇气的，而黑色的却最能吃苦耐劳。中间提的那两种颜色，红色的比暗褐色的更普遍，这两种颜色的又都比黑的或白的常见。

公牛也应该是（一）良种的而其外形必须加以仔细的检查，因其后代要再现其双亲的特性，而（二）产地也是重要的。比如，在意大利，高卢种的牛大多是好劳动力，而利古里亚的牛就没有什么价值，海外伊皮鲁斯的牛[①]不仅胜过所有希腊的牛，而且也胜过意大利的牛。但是，有些人用意大利的牛做牺牲，把它们专用于对神的庄严的祈求，因为他们说由于这些牛体格硕大[②]，故而比别的牛更适于祭祀之用。由于此种牛体形壮观、色泽鲜明，人们的确喜欢把它们用于宗教的祭奠。把它们用作牺牲还有另外的一个理由，因为白色的牛在意大利比在色雷斯——靠近梅兰尼湾[③]的地方——罕见；色雷斯的牛很少有其他别的颜色的。

当我们买已经驯服的公牛时，需要如下的保证："你担保这些

① 伊皮鲁斯的牛从古以来便十分有名。"伊皮鲁斯的牲畜所以极有名，据说是由于国王庇鲁斯的关心。他所以做得到这一点，是因为他禁止牲畜在四岁之前配种。结果牲畜便非常大，而这一品种的残余一直保存到今天"（普林尼，viii，176）。阿里安也提到过伊皮鲁斯的牲畜的优良品质（《亚历山大远征记》，ii，16，2）。（俄译本注）

② 瓦罗这里当指翁布里亚的白色的牛。科路美拉（vi，1，2）便提到：翁布里亚（生产）巨大的白色的牛。

在向朱庇特和优诺娜奉献时，主要要用雪白色的牛，如果没有这样的牛，就要在牛身上涂抹白粉（参见优维纳尔，x，66）。凯旋时也要用白色的公牛作为牺牲。（俄译本注）

③ 直译是"黑色的海湾"。今天萨摩斯岛的海湾。

公牛体格健壮，买主不致因为它们造成的损失而负赔偿之责吗？”在买未经驯服的牛时，所需要的保证是这样：“你担保这些公牛是真正健壮的，来自健壮的畜群，买主不致因为它们造成的损失而负赔偿之责吗？”为了宰杀而买公牛的屠户们，如果他们采用马尼里乌斯的程式，则使用的词句比这还要多些，而为祭祀之用买牛的人，则一般不要求保证牺牲的健康[①]。

牛群最好在灌木丛生和树叶茂密[②]的林间空地上牧放。它们在海边度过冬季，而在最热的时候它们便被赶到多树木的山上去。下面谈一谈我常用的给牛配种的办法。在跟种牛交配前一个月，不要把母牛喂饱饮足，因为人们都认为在它们身体瘦弱的时候更容易受胎。另一方面，在交配前两个月里，我用青草、糠、干草催肥我的种牛，并把它们与母牛隔离开。我跟阿提库斯养同样多数目的公牛，即七十只[③]能生育的母牛配两只公牛，这两只公牛当中一只是一岁，一只两岁。我常在那个希腊人叫做 λύρα，而我国人唤

① 司祭自己来决定当作牺牲的牲畜是否是健康的，方法是把大麦给公牛吃，把豆子给公山羊吃。如果它们不吃，那它们就是有病了。试探母山羊是用冷水。

② 科路美拉(vi,3,6)：“从这时(7 月 1 日)起到 11 月 1 日，这就是说，在整个夏天和秋天，它们可以用叶子来喂。喂牛的叶子最好的是榆树、梣树和白杨树的叶子。最不好的叶子是冬青槲、橡树和月桂树的叶子。可是，这些叶子你却不得不在夏天过去之后加以利用，因为这时没有别的叶子了。也可以用无花果的叶子喂它们。”

可以给牛当作食品吃的东西是非常之多的。科路美拉(上引处)提到的就有：豌豆、大豆、野豌豆、羽扇豆、罗勒、大麦、小麦、麦秸、青草、干草、橡子、叶子、葡萄的渣滓；他特别推荐葡萄的渣滓，因为这种饲料兼有肉类、酒和紫花苜蓿的优点。加图在这之外还提到了豆渣和常春藤的叶子。人们对于干活儿的牛的健康和喂养十分注意。加图(54)说：细心照顾牛是最有利的事情。

③ 科路美拉(vi,243)说一只公牛可配十五只母牛。

做 *fides*（天琴）的星座升起[①]前后给牛配种。配种完了之后，我把公牛赶回牛群。有的人留心观察交配时种牛从母牛身上哪一边下来，而能以说出母牛怀的是公的还是母的。如果公牛靠右边些，那就是个公的，如果靠左边些，那就是个母的。他对我说，这是什么缘故呢？你们这些读过亚里士多德的著作的人们一定能知道[②]。不足两岁的牲畜不能怀孕；这样在产犊时它们就可以有三岁了——如果四岁，那就更好了。大多数的母牛可以继续生育十年，有的更久一点。开始怀孕的最适宜的时间是从海豚座升起[③]后四十天或多一点的这段时间；因为在这个时候受孕的母牛，可以在一年当中最温和的时候产犊，要知道，母牛是怀胎十个月的。我还在文献上发现关于它们的一件奇怪的事情：如果母牛跟一头刚刚去势的公牛交配，母牛会怀孕[④]。牛必须在多水草的地方放牧。必须留神不要使牛彼此离得太近，使它们不要互相顶撞。夏天通常

① 科路美拉认为这个星在 5 月 13 日升起（xi，2，40）。

② 实际上亚里士多德的说法完全不同。他说："……是否在我们感觉到雌雄之间的区别之前，它们在母体中甚或更早的时候便已存在，这是一个有争论的问题。一些人，例如阿那克萨戈拉斯和其他某些生理学家，认为在种子里从一开始便有了这种对立。种子来自雄性，而雌性只提供地位。雄性来自右方，雌性来自左方，而在子宫中，雄性在右面，雌性在左面。"（《论动物的起源》，iv，1）。瓦罗的说法是十分荒谬的，但显然这是相当流行的一种说法，因为普林尼（viii，176）和科路美拉（vi，24，3）也都重复了这一说法。（俄译本注）

③ 《农业全书》（xvii，10，3）说海豚座升起的时间是 6 月上旬。科路美拉（xi，2，45）说是 6 月 10 日的晚上，但他认为怀孕的最适宜时期是 7 月（vi，24，1）。

④ 亚里士多德：《论动物的起源》（i，4）："……阉割之后的公牛和母牛交配后，不知怎地使它受了孕。"科路美拉（vi，26，3）也说："在公牛失掉了自己的生殖能力的时候，它仍然保持自己的性格。因它不是一下子失掉了生殖力的。如果你在公牛阉割之后立刻要它同母牛交配，母牛仍能因此而受孕。"（俄译本注）

由于有牛虻叮它们，同时在它们的尾巴下面长着一种小蚊子，有些人为了防止这种使牛难受的事，而把牛关在栏里。必须把树叶或某种代替物铺在牛栏的地面上，这样使它们可以呆得更舒服一点。夏季里每天必须赶着它们去饮两次水，冬季饮一次。开始产犊的时候，在牛圈附近的地方要准备下新鲜的秣草（好让它们出来时可以吃到），因为此时它们的食欲是不规律的。还得注意它们回来时呆的地方不要寒冷，因为寒冷和饥饿一样，都会使它们掉膘。

牛的饲养方法有如下述：吃奶的牛犊必须跟母畜分开睡，不然它们会被母畜踩着。一清早要把牛犊带到母牛跟前，母牛放牧回来再把牛犊带到它们跟前。当牛犊长大起来的时候，为了增强母畜的体力，要在圈里喂母牛青饲料。在这样的情况下，就和一般所有的圈那样，都要铺一层石头的或是某些其他材料的地板，以防止蹄子受潮腐烂，从秋分往后，牛犊都跟着母畜在一块儿牧放。公牛不到两岁不要阉割，否则阉割之后它们不容易复原。那些在这个年龄以后阉割的，长大了不易驯服，因此也就不能用它干活儿了。再者，如同在所有其他畜群中的情形一样，每年要挑选一回打算留着的母牛，那些不准备养下去的一定要清除掉，因为它们白白占着那些能以繁殖的母牛的地方。如果哪一头母牛失去了它的牛犊，你必须把别的母牛喂奶不足的那些牛犊放在它的跟前。六个月的牛犊要喂它们小麦麸子、大麦粉和嫩草，夜里和早晨都要饮水。许多有关它们的健康的指示我都让我的牧人从马戈的著作里抄下来，我还关照他经常读一读里面的一些指示。至于公牛和母牛的比数，你要如此掌握，使两头公牛对六十头母牛——这两头公牛一

头一岁，一头两岁。有些人认为二者的比例比这大或比这小：比如，阿提库斯那里是两头公牛，七十头有生育能力的母牛。各人有各人大小不同的畜群；这个也是各自不同，有的人，像我，认为一百头是个较好的平均数字。阿提库斯跟卢齐耶努斯一样，都是一百二十头。

第六章　驴

瓦克奇乌斯就说到这里。接着莫瑞乌斯——他在瓦克奇乌斯说话的时候，已经同卢齐耶努斯回来了——开言道：我来谈谈驴吧[①]，因为我的故乡是列阿提，在那里人们能够找到最好、最大的驴子。在那里我饲养过列阿提种的驴驹子，并曾多次把它们卖给甚至阿卡迪亚人自己。谁要是打算养一批真正好的驴子，首先必须注意选择年龄合适的公驴和母驴，这样，这两性的驴便都可以在尽可能久的时期中间成为利润的源泉；这些驴一定要强壮，身体的各方面都漂亮，四肢强健，品种优良——所谓良种，即来自生产最好的驴的地区。因此那些住在伯罗奔尼撒的人们都从阿卡迪亚而不是从别的地方买驴；至于意大利人，他们就要从列阿提买驴了。但是你知道，不能因为最好的"水上漂的"八目鳗[②]产于西西里的

---

① 普林尼(viii,43)说驴子可以使人获得很大的利润。他还说它们可用于拉车，有时甚至可用于耕地，但它们用作骡子的种驴特别有价值。

② 瓦罗(麦克柔比乌斯，Sat.，iii,15,7 所引)说："八目鳗在西西里用手就可以拉到，因为它们很肥，所以漂在水面上。"人们认为这种鱼是特别美味的鱼(阿提奈乌斯，313)。科路美拉说这是人们特别珍视的一种鱼(viii,17,8)。罗马的讲究饮食的贵族把这种鱼保存在引入海水的人工水池里。普林尼(viii,55)谈到，霍屯西乌斯(西塞罗的劲敌)喜爱这种鱼到这种程度，乃至为它的死亡而哭泣！

海上，而最好的一种鲟鱼[①]产于罗得岛附近，而就认为在所有的海里都有同样质量、同样大小的鱼。

驴有两种，一种野生的，叫做“奥纳格瑞”[②]，这种野驴成群成群地产于普利吉亚和力卡奥尼亚，另一种已经驯服的家养的，便是在意大利的所有那些驴子。“奥纳格瑞”适于繁殖之用，因为它虽然野，但很快便可驯服，一旦驯服就再也不野了。由于第二代总是像它们的父母，因此雄畜和雌畜都要慎重选择，二者都必须是良种。在交易上，所有权的改变，和其他家畜的情况一样，是通过购买和交付来实现的；通常需要一个保证，说明它们的健康状况良好，不会使买主为它们造成的损害负责。适合于它们的饲料是斯佩耳特小麦和大麦麸子。要在至日以前使公的跟母的交配，这样母驴在来年的这个时候就可以产驴驹子了；因为母驴受孕怀胎十二个月生产。在怀孕期间不要叫它们劳动；因为疲劳使它们的子宫生产劣等的后代，但公驴倒不必叫它不劳动，因为缺少劳动反而

---

① 普林尼(ix,17)说这种鲟鱼和 *acipenser*(也是鲟鱼的一种)是一类鱼，古人认为这种鱼是一切鱼当中最有名的，而且在一切鱼当中只有这种鱼的鳞是向着头部的。但是在普林尼当时，这种鱼已不是那样受人重视，尽管它还是稀少的。

科路美拉(viii,16,9)说，这种鱼在离罗得岛二百英里的潘皮力亚海(今天的阿达里亚湾)的深处觅食，尽管它们是在同一纬度上面。

② 《农业全书》(xvi,21)重述了瓦罗在这里的说法。科路美拉认为奥纳格瑞的后裔保有野生动物的一切习性，它们十分顽固而难以驯服。“这种种驴可以生产好的第三代，而不是第二代。如果母驴和奥纳格瑞交配生的驴子同母马交配的话，那么生下的骡子就不仅表现出父驴的性格和父驴的温驯，而且还表现出祖父驴的力量和速度：最早固有的那些野性慢慢地就被消灭了”(vi,37,4)。

关于它们的速度，参见色诺芬：《远征记》(i,5)。希腊人发现很难捉到它们，因为它们跑得比马快得多。但是还是捉到了这样的一些驴子，用来代替马。它们的肉和鹿肉相似，但是更嫩一些。

会使它蜕化。至于饲养，则办法跟马完全一样。生下来以后，驴驹子一年不要离开母畜；第二年，晚上还让它们跟母畜在一块，用缰绳或诸如此类的东西松松地系住它们。到第三年就开始训练它们干人们想叫它们干的活儿了。

如今只剩下来讨论一下头数的问题了——可是驴并不是成群地饲养，除非人们把它们用为驮畜，因为它们大半是用来推磨或者在农庄里拉车，甚或在像坎帕尼亚那样的松土地带拉犁。如果有驴群的话，则它们一般都是属于行商的，例如有的行商便用驮驴从布伦第西乌姆或是阿普利亚附近的村庄往海边运油、酒、谷物之类的东西。

第七章　公马和母马

卢齐耶努斯接着说，也该轮上我了，打开栅栏门[①]，让我的马走出去，而且不光是公马；这些公马是我像阿提库斯那样，当作种马养着的，每十匹母马有一匹公马。

勇敢的 Q. 莫迪乌斯·埃奇库鲁斯甚至在军事方面，也惯于把母马看成跟公马一样[②]。打算养这类公马或母马的马群的人，像在伯罗奔尼撒和阿普利亚的某些人所做的那样，必须首先考虑年龄问题。关于这一点，人们提出了下面的几条注意事项：我们得注意使它们（母马）不小于三岁，不超过十岁。马在三十个月时第一次脱落两个上面和两个下面的中间的牙齿，从这一事实可以推算出马的年龄[③]，这一般也应用于各种奇蹄，甚至带角的畜类。当

① 这里指马车比赛时作为起跑点的栅栏之类的东西。它们或是用门栓别住，也可能是一种叫做 *cancelli* 的活扇门，这种门在一发出出发信号时就一齐打开。在大英博物馆里有一块大理石，形状很像这些 *cancelli*。这里说的都是朝里开的折叠式门。

② 普林尼（viii，42）便提到人们在战争中宁肯用母马而不用公马的事情：斯奇提亚人在作战时喜欢用母马，因为它们在执行任务中可以不停下来撒尿。此外，在攻打特洛伊城的战马当中，最好的马是佩列提亚德斯家的"像鸟那样快的"母马（《伊利亚特》，ii，763）。

③ 正如瓦罗在本书第一卷里的主要依据是提奥弗拉斯图斯的著作，在这里他的主要依据是亚里士多德。亚里士多德（《动物志》，vi，22）在谈到马的牙齿时是这样讲的：

"一个马有四十个牙齿；在三十个月的时候，它脱落四个牙齿（上面两个，下面两个）；一年的时候，它以同样的方式脱落另外的四个（上面两个，下面两个）；再过一年的时候，又以同样的方式脱落四个；到四年零六个月的时候，它就不再脱落了。"

《农业全书》（xvi，1）讲得更详细："在三十个月的时候，小马开始脱落它那我们称为'门齿'的前面的牙齿——上下颚当中各两个。在第四年开始的时候，它在上下颚的每

进入生命的第四年时，它们就是这样地脱落其余的牙齿——紧挨着它们已经掉了的牙齿的四只牙齿——而所谓犬齿开始长出来了。同样地，在第五年的开头，公马也是这样地脱落两个牙齿，但再长出来的牙齿却是空的，到第六个年头上才长实了，到第七个年头一般说来它的重新长出来的牙便长齐了。人们都说你很难确定那些比较老的马的年龄，而只有当牙齿已然变得伸出，眉毛变灰，而且下面洼下去的时候，他们才能从这一点来判断，这匹马是十六岁了。

关于形状：它们必须身材适度，如果过大或过小，便瞧着不好看。母马一定要有宽大的臀部和腹部。用来作为种马的马，你必须选择那些体格大，样子好看，身上没有哪一部分长得不匀称的。你能从马驹子猜出它将是怎样的一种马①——如果它的头小，如果它有匀称的四肢，黑眼睛，豁亮的鼻孔、耳朵向前倾，鬃毛很多，色发黑，毛有些拳曲，有比较柔细的毛垂到颈部的右侧，胸部宽阔

一边各脱落一个牙齿。这时犬齿开始长出来了。到第五年开头的时候，它脱落了其余的牙齿——上面的和下面的——每边各一个〔原文如此〕。但是现在生出来的牙齿是空的。到第六年的时候，最早生出来的空的牙齿就长平了，而当它七岁的时候，它的牙齿便长齐了，也都长平了。到这个时候，要想判断它的年龄就不容易了。”

① 参见维吉尔：《农业篇》(iii，75—88)：“同样地，在繁殖马匹时也需要加以细心的选择。甚至从它们幼小的时候，你都必须对你打算用来传种的那些马特别加以注意。从很小的时候，名种的马驹子在田里步子便踏得高，它用有弹力的脚以交替步伐走着；它敢于第一个在前面领路，敢于踏入汹涌的河流，冲到不熟悉的桥上去，而且听到生疏的声音不会受惊。它的肩部高耸，头部是尖的，腹短，臀宽；它的胸部挺拔矫健地向上突起，而露出不少肌腱。栗色的和灰色的是良种：最不好的颜色是白的和暗褐色的。如果它听到远处有战斗的声音，它就不能安静地呆在那里，而是竖起自己的耳朵，四肢激动得抖动起来并从它的鼻孔中喷出热气。沿着它的腰部是直直的一条双脊，它的蹄子可以把地踏凹，随着坚实的号角踏出深沉的声音。”

以上所引和《农业全书》(xvi，1)看来都是以瓦罗为主要依据的。（俄译本注）

丰满，宽肩，腹部大小合度，腰部下倾，肩胛骨宽，脊骨最好有两根[①]（即便到不了这样程度，也得不要露出来），尾巴毛多而略弯曲，腿直，对称，宁可向里弯而不向外弯，膝头圆而小，蹄坚硬〔那么这便是一匹好马〕。它周身的血管要看得见，这样的马在它生病的时候能很快地加以治疗[②]。它们的血统关系十分重大，因为马的品种繁多。因此一般情况是，名马都以产地为名，比如希腊的塞萨利产的塞萨利马；意大利的阿普利亚产的阿普利亚马，和罗西亚产的罗西亚马。一匹马如果在驰骋等等这类事上在马群的同伴当中力争第一，或者如果当马群不得不涉水渡河时，它走在前面[③]，而不是不断回顾其他马匹，这是好马的标志。买马跟买驴、买牛非常相似，所有权的改变通过同马尼利乌斯程式中的那些程式一样的程式来实现。

喂马的最好的饲料在牧场上是青草，在马厩或马棚里则是干草。母马产驹以后，料里一定要加进大麦，每天饮两遍水。在繁殖马匹的时候，首先必须使公马在春分和夏至之间的某个时候跟母马交配，这样才可以使它们在适当的[④]季节生驹——因为人们都

---

① 参见《农业篇》的说法：沿着它的腰部是直直的一条双脊，实际上是因为马的肌肉发达，脊椎骨被夹在两条肌肉之间，所以看来好像是两条脊柱。

② 古人常常用放血的办法给病畜治病，就和在中世纪人们常常用放血的办法给人治病一样。血是从血管放出来的，因为血管如果在身体表面看得见并能很快找到，那对治疗是有利的。

③ 科路美拉（vi，28）也认为，小马应当“活泼伶俐，不畏缩，不会因看到生疏的东西或听到生疏的声音而受惊。它应当跑在马群的前面，有时它应当和同它一起的马赛跑而把它们击败，或是应当毫不犹豫地跳过一个沟，走过一座桥或泅过一条河”。

④ 这里当指春天或初夏，因为这时牧草丰盛，母马可以把大量的奶汁供给自己的幼畜。

说这样可以在十二月的第十天生驹。过期生产的马驹一般会有某种缺陷而不能使用。一年当中当配种的时期到来时，马夫——负责配种的人称马夫——要使公马每天早晚各一次跟母马配种，因为在有马夫帮忙的时候，这时由于母马已经被拴住，交配的动作就可以更迅速地完成，而公马在极其兴奋的状态下，射出的精子是不会落空的。性交的圆满完成这一点从母马本身可以看出来，因为当性交达于顶点之后，母马就拒绝公马了。如果公马对性交表示厌恶，就把一棵海葱心放在水里捣碎到像蜜那样的稠度，然后在母马来月经的时候，用这个擦它的阴部，另一方面再以母马阴部流出来的东西去抹到公马的鼻孔上。虽然难以相信，但下述事实却是值得记载下来的：无法诱使一匹种马同生它的母马交配；因此马夫便把种马的头部蒙起来，然后再把它带来使它同生它的母马性交。当这匹种马性交之后下来，马夫揭去挡住了它的眼睛的蒙覆物时，它立刻就朝着马夫冲去，把他咬死[①]。母马怀孕以后，你必须注意甚至不要让它们有一点过累，不要让它们呆在任何寒冷的地方，因为寒冷对怀孕的马特别有害。因此，马厩里，你不要让地潮湿，门窗要关严，母马必须用连接在马槽上的长棍子彼此隔开，并防止它们互相咬架。一匹怀胎的母马必须既不喂得过量又不能让它们饿着。有的农民只许公马每隔一年才配种，他们说这样母马可以活

① 最早提到这件事情的是亚里士多德(《动物志》，ix，47，237—238)。不过所谈的不是马，而是一头骆驼。看骆驼的人用欺骗的手段使骆驼和自己的母亲交配，结果他自己被骆驼咬死了；他还提到人们要斯奇提亚国王的一匹被蒙上了眼睛的公马同它的母亲交配，但蒙上的东西被揭开之后，这匹马便跑上悬崖自己摔死了。在普林尼的时期，这个故事讲得详细多了："……列阿提地区的一匹〔公马〕由于同一个原因把马夫撕裂了"(viii，1，56)。(俄译本注)

得长一些，生下来的马驹也会好一些，这正像那些年年打粮食的土地不久地力就耗尽了那样，每年产驹的母马也是如此[①]。生后十天的马驹必须赶出去跟母马一块儿放牧，不然粪便会沤烂它们那柔软的蹄子。到了五个月，当每天回圈的时候，要给它们吃掺麸子或它们会喜爱的任何其他作物的大麦面。

到满一岁的时候，只要它们吃着母畜的奶，就应同时给它们大麦跟麸子吃，只有到两岁的时候才能断奶。在马驹子依偎着母畜的时候，你可以偶尔拍打拍打它们，这样好锻炼它们在离开母畜的时候不致受惊，而由于同样的理由，要把马嚼子[②]挂在马厩里，以便使马驹子可以习惯其形状和挪动马嚼子时发出的丁丁当当的声音。在马驹子学会跟着人走的时候，有时候要在它们的背上放个孩子，头两三次平伏在背上，以后就可以骑上了。这要在小马三岁的时候做，因为这时正是它长得最快和长腱子的时候。有人认为一匹小马可以在它生下十八个月[③]以后训练它，可是最好是推迟

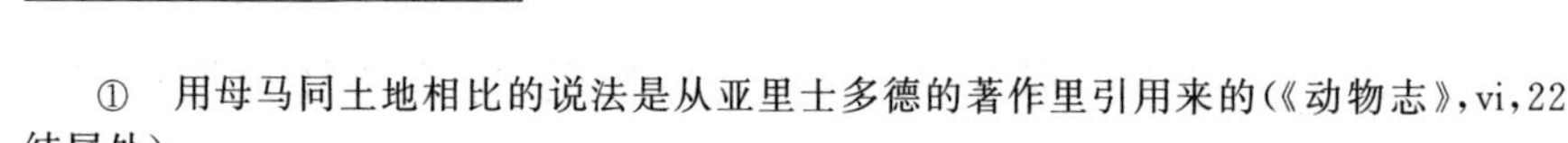

① 用母马同土地相比的说法是从亚里士多德的著作里引用来的(《动物志》，vi，22结尾处)。

科路美拉(vi，27，13)说，“拉车的母马每年都可以产驹，但是纯种马只能隔年产驹，这样小马才能吃到它的母亲的奶而长得强壮，才能适用于赛马场。”

② 维吉尔的《农业篇》显然使用了这一章的不少材料。例如下述的一节(iii，182)：

……首先必须尽力克服困难教会马能在猛士的武器面前凝然不动，能习惯喇叭的声音，能无所畏惧地喀啦喀啦地拉着车走，能听到马厩里的马嚼子的声音：继而日益对驯马人的夸奖和称赞感到喜悦，并且喜欢拍它的脖颈的声音。只要它一断奶离开母畜，就要叫它听到这些声音，慢慢地还要叫它的嘴习惯于软的马嚼子，虽然这时它还不稳定，还会战抖，还年龄小而没有受到训练。(俄译本注)

③ 普林尼(《博物志》，viii，42)说：但赛马场对马的要求却不同。用于其他目的的马从两岁便开始训练，可是用于赛马场中比赛的马要满五岁才能开始训练。

古人只把五岁以上的马用于赛马场，由于这个缘故，他们的马的使用期限比今天赛马场的马的使用期限长一些。一头名叫佩列尼科斯的赛车的马至少有十五岁了，但是它取得了佩提亚的优胜奖(参见品达尔的Pythia，iii)。普林尼(上引处)说，赛车的马

到三岁上再说，这时人们通常是喂它混有青饲料的食物（混合饲料）[①]，这种清肠胃的饲料对马特别需要。这种混合饲料要喂它十天，这期间不准它吃任何别的食物。从第十一天到第十四天喂它大麦，逐日增加数量。喂到第四天（十四天?）上，你就必须把这个数量在今后十天当中固定下来。然后开始给以适当的训练，而在出汗以后用油好好地擦它。在有霜的时候马厩里必须生火。由于马能有各式各样的用途——有的用于军事，有的用于驮载，有的为了繁殖（如种马），有的为乘骑或拉车——不能把它们等量齐观，或者按一个办法饲养。因此战士挑选、饲养、训练一种马，赶车的人和赛马场的骑手选择另一种，为运载，也就是乘骑或拉车[②]而训练马的人，他的做法不同于想把它们用于军事的目的的人；作为军用，我们需要欢腾的马，但用于路上载运的，我们喜欢性情安详的马。人们进行阉割的根本原因就是为了造成马的性格上的这种区别，因为去掉了睾丸，由于马没有精液了，它们的性格就比较温驯了。去势的马叫做“骟马”（*cantherii*），犹如去势的猪叫做“阉猪”（*maiales*），去势的鸡叫做“阉鸡”（*capi*）。在马的医疗方面，可以举出很多症状和治疗方法，马夫都应当把这些记下来。因此希腊的兽医都被称之为 ἱππιατροι（马医）这个特殊的名字。

在二十岁的时候，还从赛车场送出作种马。

① 参见维吉尔：《农业篇》（iii，205）：只有到那个时候，就是它们完全被驯服的时候，才能用浓稠的混合饲料喂它们，以便使它们肥壮起来。

维吉尔还说，在驯服之前不可用混合饲料喂它们，否则它们会过分翘尾巴，而且在被捉住时，它们将不能忍受粗暴的鞭打，也不愿接受坚硬的马嚼子。

② 是一种旅行用的四轮马车，可以装得下一个人的全家和他们的行李。

第八章　马骡和驴骡

我们正在这样谈着的时候，一个被释奴隶从麦纳斯[①]那边来，说麦饼[②]已做好，牺牲也准备齐全了：请诸位亲自去祭奠一番吧。我说，从我这方面来说，我不愿意让你去，除非你给我讲完你答应过的有骡、狗和牧人登场的第三幕。莫瑞乌斯回答说，关于它们没有什么可谈的，马骡和驴骡都是杂种——杂交产物，它们不是从它们自己本种产生的。母马与公驴交配生马骡，公马与母驴交配生驴骡。两种骡子干起活儿来都是好样的，但都不再生育。一头驴驹子刚生下来后就要母马来喂奶，母马的奶能把它哺育得更大一点，因为人们都说，母马的奶比母驴的奶更有营养。此外还要喂它糠麸、干草和大麦。喂奶的母畜必须多加照料，这样它也就能把奶

---

① 麦纳斯是什么人不详。人们当然想知道在这个时候麦纳斯正在做什么？他是不是在做 *liba*〔麦饼〕？既然这一卷是为牧人写的，而其中的对话者又都是养牲口的人，而且，既然这次又是用麦饼来上供，所以看来可以肯定，这一卷的对话是在牧人节进行的，而上供的对象则是牧神帕勒斯。

但是牧人节是在罗马和在各行省都庆祝的，所以这一情况同谈话地点是在西西里的假设并不矛盾。

② 麦饼是用面粉和牛奶，或是用捣碎的奶酪、细面粉和鸡蛋做成的。

供给驴驹子作为食物。这样饲养的驴驹子从三岁[①]开始，便可以用于繁殖的目的，而且由于跟母马在一起生活惯了，它一点也不厌恶它们。如果你在它比较年轻的时候用它作为一匹小种畜，那么它不仅较快地衰弱下去，后代也是不健全的。那些不拥有被母马哺育大了的驴的人们，如果也打算用驴来繁殖，那么就要尽可能挑选最大的、最漂亮的，而且是一头来自好的产地的驴子——按照古人的说法，这样的地方是阿卡迪亚；可是我们的经验却使我们喜爱列阿提的乡间的驴子，那里有些种畜每头卖至三万（二百四十英镑），甚至四万塞斯特色斯（三百二十英镑）。我们买驴跟买马一样，在购买时也需要同样的保证，并且在买驴时采用像我们在买马时同样的程式。我们喂驴的主要是干草和大麦，在使它们跟母畜交配以前，我们增加它们喂食的定量，以便借食物激发它们这方面的力气。它们的交配时间跟马一样，同样要有一个马夫在交配时给种畜帮一把手。当一匹母马生下一只公骡或是母骡时，我们就把它养大并且喂它。如果骡子生在一个潮湿的沼泽地区，它们的蹄子就软；可是如果夏季把它们赶到山区去——列阿提的乡间就是这样做——它们的蹄子就变得非常坚硬。在买一群骡子时必须注意它们的年龄和体形，年龄好则在驮载货物时它们能经得住重活儿；体形好则瞧着也顺眼。当一对这样的骡子在一块儿驾轭的时候，什么样的车它们都可以在路上拉。他对我说，由于我是列阿

① 科路美拉（vi，37，9）说“不要在三岁以下或十岁以上”。在这前几行的地方，他说：“这样养大的驴子就变得喜欢母马。有时，即使它也吃自己母亲的奶，如果它在很小的时候便和母马混熟，后来它也会愿意同母马在一处的。”亚里士多德（《动物志》，vi，23）说，要生骡子的驴子必须由母马来喂养。

提人，在这些事情上你是会相信我的话的；但是你在你们那儿养母马群，并且自己卖骡群。所谓 *hinnus*（驴骡）即是公马和母驴交配而生的；驴骡在形体上比马骡要小一些，一般颜色较红，耳朵像马，尾巴像驴。跟马一样，它们在母胎里也是十二个月；饲养方法也跟马一样，年龄也同样由其牙齿来推断。

第九章　狗

阿提库斯说：在四脚动物里面现在只剩下谈一谈狗了——这是我们饲养羊群的人特别感到兴趣的一个题目。因为狗是那些需要它做伴以为防御的动物的守护者。在这些动物里面头一类是绵羊，其次是母山羊。这些动物都是狼非常想吃的，因此我们放出狗去保护它们。但在猪类当中，有一些是能够自卫的，像公猪、去势的公猪和母猪——因为这些动物非常像野猪，而野猪在树林里用它们的牙咬死狗是经常听说的。我几乎无需再提那大牲畜，因为我知道这么件事，一群骡子正在牧放时，一只狼在那儿出现，于是骡子不约而同地围住这只狼，用蹄子把它踢死；公牛遇上这类事则一个挨一个地排起来，形成一条无法突破的防线①来抵御狼群，这样便用它们的角很容易地把狼群赶跑了。

关于狗，有两类：一类用于在森林中狩猎野生动物，另一类买来是为了对付猛兽，由牧人使用。我准备说一说后面的这一类，而在我论述养狗技术时仍然按照上面提到的九个项目的顺序②。

---

① 我认为这是不对的。大家知道，公牛为对付较大的猛兽进攻，是排成一个半圆形，不是一条线，这样它们的头部就可以向着各个方向了。

② 参见第二卷第一章。这九个项目是：(一)年龄，(二)体型，(三)品种，(四)购买时的法定程式，(五)喂养，(六)繁殖，(七)饲养，(八)健康，(九)头数。

首先你必须养适当年龄的狗，因为小狗或老狗都无法保护它们自己或羊群，有时甚至为野兽所扑食。外形必须漂亮；体格大，眼睛黑色或发黄，有相称的鼻孔，唇要发黑或红色，上唇既不能过于朝上卷，也不能过于下垂；下颚短，从下颚左右两侧要有两只牙稍微呲出，但上颚的牙却要直而不要向外呲；门齿要让唇包着；头、耳要大，耳朵还要宽而且下垂；颈和咽喉厚实，关节之间的部分长，腿直、朝外弯曲，这比朝里弯曲好；足大而宽，走路时就张开来；足趾分开得清清楚楚，爪坚硬而弯曲；脚掌不能是角质的，也不能太硬，而要松软；身子在大腿根附近由于肌肉发达而重叠起来，脊椎既不突起也不向下弯曲，尾厚。吠声深沉，嘴岔子宽，颜色最好是白的①。因为白色在夜间更容易看出；而其外形要像狮子那样。繁殖用的母狗，除此之外，乳房要长有一样大小的乳头。我们还要注意选择良种，良种狗也是以产区为名的，如拉科尼亚、伊皮鲁斯、撒伦提尼等等。注意不要从猎人或是屠夫手里买狗，因为屠夫的狗懒得跟羊群跑，而猎狗，如果它们瞧见个兔子或是鹿，就会甩掉羊而追上去了。因此最好是从牧人那里买来，那都是受过跟羊的

① 科路美拉（上引处）说看绵羊的狗应当是白的，看家的狗应当是黑的。前者是白的，这样在黎明或傍晚的暮色中，人们可以立刻把它同野兽区分开来，从而牧人也就不致把它误杀了。黑色的看家狗是一个可怕的家伙，它“个头儿大、毛色黑、肥壮——它的脑袋大得看来好像是身体的最大的一部分——耳朵下垂，眼睛黑色或黄色并且发射着凶狠的光”等等。他还说：“看家的狗是一个警卫员，如果贼在白天进来，黑色的狗看起来更加可怕，如果小偷夜间到来，看家狗由于和阴影一个颜色而根本不能被看到，这样它就能更安全地摸向对方。……看绵羊的狗既不需要像猎狗那样瘦长而敏速，又不需要像看家狗那样肥硕。但它必须十分强壮，还要有一定程度的迅猛，因为它应具有既能战斗又能奔跑的特色。它要能赶跑狡猾的狼或是追逐它，迫使它放下唧跑的羊。”

训练的，或者买没有受过任何训练的也好。一条狗比别的动物更容易获得一种习惯，由于同牧人朝夕相处而产生的对牧人的依恋会超过它跟羊群的亲昵程度。

阿米特努姆的普布力乌斯·奥菲迪乌斯、庞提阿努斯曾在翁布里亚①的最边远的地区买过几群羊，交易中包括狗，不包括要把羊群赶到米达邦土姆和赫拉克利亚市场附近的林间空地去的牧人。牧人完成任务以后就回家去了；几天之后，看羊群的那些狗，由于非常想念它们的人类朋友，于是就自动跑回翁布里亚的牧人们那里去了，一路上它们曾从附近的村庄给自己找食吃——在很多天的路程②中就是这样过来的。可是没有一个牧人曾按照撒谢尔纳③的话去做，他在他的有关农业的著作中曾说，谁想叫一条狗跟着他走，应当扔给它一个煮熟的青蛙。

十分重要的一点是你的狗必须属于同一血统，同样的血统使它们能最好地相互保护。

第四点是购买的问题。所有权的改变是要通过第一个所有主向第二个所有主的交付来实现的。至于健康和损失的责任问题，则需要同买卖牛一样的保证，只是在（狗的）情况下，为了公平合理而作出适当的保留。有的人分开来一只只地买他们的狗，有的人买母狗时设法使它带着小狗，有的人把两只小狗顶一只狗，犹如两只羊羔顶一只绵羊；还有的人把一向在一块儿呆习惯的狗设法一块儿买走。

① 翁布里亚狗以灵敏的嗅觉闻名。

② 这一段路程大约有三百英里（五百公里）。

③ 公元前一世纪的农业作家（父子二人）。

一只狗的食物更像是一个人的，而不像绵羊的食物，因为要喂它们碎肉和骨头之类，而不是青草和树叶。你喂它们食物要特别留心，否则饥饿会驱使它们为了找食物而撇开羊群；当然，它们一定不会（但有些人认为它们会）竟然要拆穿一个古老的谚语[①]，或吃自己的主人，从而实际上证实了有关阿克泰昂[②]的神话。你必须给它们吃在奶汁里浸透的大麦面包，因为它们一旦吃惯了这种食物，就不愿离开羊群了。不准它们吃死羊肉[③]，因为一旦它们觉得好吃而上瘾以后便克制不住自己。还要给它们骨头汤或是敲碎了的骨头，因为这种食物使狗的牙齿更结实，嘴岔子更大。原来它们迫不及待地想吃骨髓，便拼命地张开它们的嘴岔子。狗一般都是白天临去牧场时和晚上回到羊圈时喂。

为了繁殖，人们在春季刚来时就使公狗和母狗交配；因为那个时候它们都处在所谓"性欲旺盛期"。这就是说，它们表现出想交配的欲望。母狗此时交配，大概要在夏至前后生产，因为怀胎一般要三个月。妊娠期间你喂它大麦面包比喂小麦面包好，因为大麦对它们更有营养，使奶汁更多。至于小狗的饲养，则如果一胎很多，生下之后你得立刻挑出准备饲养的小狗，而去掉其余的[④]。留下的愈少，它们便愈能多吃奶，因而长得也就愈好。铺糠或这一类

① 瓦罗在《拉丁语论》（vii，31）中引用过这个谚语：狗不吃狗。

② 阿克泰昂是底比斯的著名猎人。他是阿里斯泰乌斯和欧托诺伊（卡德穆斯的女儿）的儿子。或者是因为他曾夸口自己是一个比阿尔特米斯更精明的猎人，或者是因为看到了她沐浴，这位女神把他变成了一只鹿，结果他就被他自己的狗撕成了碎片。（俄译本注）

③ 指自己死掉的羊，而不是被宰杀的羊。

④ 《农业全书》（xix，1）说："七个里面留三四个，三个里面留两个。"

的东西让它们卧上去，铺位弄得愈舒适它们就愈容易养大。小狗在二十天头上开始睁眼看东西。生下来头两个月小狗不跟母狗分开，可是逐渐学习离开母狗生活。有时要把几只小狗带到一个地方教唆它们打架，这样使它们变得比较凶猛，但是又不能让它们过分疲劳，过分疲劳就没有精神了。要训练它们能够让人把它们自己拴起来，起头用细皮条拴，如果它们想咬开就打它们，一直到没有咬的习惯了为止。雨天要用树叶或草为它们铺床，这是由于两个原因——一则它们不致弄脏自己，再则不致受凉。有的人把它们阉割了，认为这样它们就不怎么想离开羊群了；有些人不这么办，他们认为这样会使它们变得无精打采。有的人把杏仁捣碎掺水后用来擦它们的耳朵和脚趾缝，据说，不用这种油膏，则苍蝇、扁虱、跳蚤会使那些地方溃烂。为了防止它们被野兽伤害，要给它们带上叫做 *melium* 的脖套。这是一条用结实的皮子做的套在脖颈上的带子，带子上有一道带头的钉子。钉头的下面衬上一块软皮子，这样，坚硬的铁钉才不致磨伤狗的脖颈。如果一只狼或其他野兽让这个脖套刺伤，则所有别的狗，甚至不带脖套的也会因此变得安全而不再受这一野兽的侵害。狗的数字通常与羊群的大小成比例，人们认为在大多数情况下一只狗跟着一个牧人是适当的。但关于数目，人们的计算各有不同，要知道，如果这个地区野兽很多，就需要较多的狗——那些必须跟着自己的羊群长途穿过森林，到冬季或是夏季的牧区去的牧人就要有较多的狗。至于留在农场的羊群，一般认为有两只狗也就足够了——一公一母。这样它们才能干好活儿，同一只狗有个伴儿就会变得比没有伴儿警醒，而且其中若有一个病了，羊群也不致没有狗看管。

第十章 牧人

阿提库斯向四面扫了一眼，仿佛在问他是否还有什么没有说到，于是我说：这个沉默把另一位演员召上舞台，因为在这一幕里只剩下决定所需要的牧人们的数字和性质了。这时考西尼乌斯说话了：大牲畜要上些年岁的人看管，小牲畜就是让孩子看也行，可是不论成年人或小孩子，那些整天在林区度日的必然比那些每天回到农庄的人身体强壮。因此在林间空地里，我们可以看到那里的人都是年轻力壮的，并且照例都有武器在身，可是在农庄上就连女孩子也能跟男孩子一样地照料羊群。你必须让你的牧人整天地牧放羊群，让各个羊群在一块儿牧放，可是到了晚上他们必须分开，各个牧人守着他自己的那一群羊。他们要全部受一个牧夫长的管辖，这个头目要比其余的人年长，还要比他们所有的人技术都高，因为，这个人比其余的人年长而又能干，才更能使大家乐于听从，心悦诚服。但是他也不能太老，以致由于上了岁数而完全不能干重活儿，要知道上了年纪跟过于年轻的人对穿林跋涉、攀登崎岖陡峭的山的艰苦都会感到难于应付，而这些困难对于牧放畜群的牧人又是无法避免的，特别是包括牛或山羊的畜群，因为这些牲畜都喜欢在山上和林中吃草。

选用的这种人必须身强力壮、敏捷、机警、四肢灵活，不仅能跟踪羊群而且能保护羊群不受野兽及强盗的袭击，能把重物举上驮兽的背，能迅速跑向前去投掷镖枪。不是每一个种族的人都适合跟牛羊打交道，比如巴斯图利人和图尔都利人[1]就不大中用，而高卢人就天生是干这一行的，特别是对付牵引的牲畜。

至于购买，要成为一个奴隶的合法的主人有六种方式：(一)通过合法的继承，(二)通过铜衡式买卖的正式程式[2]，从一个有权出卖的人那里买过来；(三)在行政长官面前，于适当的时期，通过适当人选，进行合法的让与[3]；(四)通过实际的使用权；(五)在公开拍卖战利品时买到；(六)从一个被剥夺了公民权的人的货物中或在出售他的财产时买到[4]。买到一个奴隶，照例有一份特殊财产跟着奴隶一同过来(或者由于不包括这份财产而作一个保留的声明)，而且还要作出一项保证，说明这个奴隶身体健康，未尝偷窃过或危害过别人；如果买卖不是通过铜衡式买卖实现的，那么卖者或是把卖价加倍(在收回的情形下)，或是，在双方事先约定的情况下按照原价偿付。

白天，每一单独羊群的牧人是他们各自牧放，晚上则在一个牧

---

① 巴斯图利人和图尔都利人都是贝提卡(今天的安达卢西亚)的部落。

② 这种买卖要在六个成年公民的面前进行。其中的一个叫做 *libripens*(称量者)的人拿着一副铜衡；购买者把一只手放在要购买的东西(即奴隶)上面，说："我声明这个奴隶是我的……他是我用这一钱币和铜衡买来的。"然后他用这个钱币敲打这铜衡，并且把这个钱币作为价格的象征交给卖者(盖乌斯：《法学提要》，i，119)。

③ 进行这种让与的占有物品主人和购买者来到进行裁决的行政长官的面前。购买者宣称这个物品是属于他的，长官问原来的主人有无异议，原来的主人表示没有。于是长官便把该物判给购买者。(参见盖乌斯：《法学提要》，1，2)

④ 当一个人被剥夺了公民权的时候，他的财产被充公并予以拍卖——不是分批的，而是全部拍卖给一个人。这种出售方式称为 *sectio*，而购买者则称为 *sector*。

夫长管理下的所有牧人应当在一起吃晚饭。牧夫长一定要注意使羊群和牧人所需的一应工具都在他们各自的手头,特别是那些牧人牧放和为羊群治病所需要的东西。为此目的,羊群的主人养着驮载牲畜,有的人用母马,有的人用其他牲畜代替,只要能在他们背上驮载重物就可以了。

关于人的繁衍:对永远留在农庄里的牧人来说并没有什么困难,因为在农舍里他有个女奴隶做配偶,要知道,牧人在这个范围之外不会在爱情方面有任何其他非分之想。可是那些在林间空地或是在森林中牧放畜群的人,那些赶上暴风雨,不是在农舍,而是到草草搭起的茅屋里去躲避的牧人,多数人认为,最好是给这些牧人配上这样一些女人,这些女人能够跟随羊群,能够给牧人准备食物,使他们不致心神不定漂泊无依。但这些女人必须身强体壮而且漂亮。在很多地区她们像男人一样的能干——这一情况你可以在伊利里库姆的各处见到,因为那里的妇女能放羊,能搬运木柴烧火、做饭,也能在茅舍里照料农具。至于哺育幼儿,我可以指出几乎所有的母亲一无例外地自己哺育她们的孩子。说到这里,他瞧着我,说:我曾听你说过,当你去力布尔尼亚(克罗地亚)时,你见到过力布尔尼亚那儿的主妇们搬运木柴,同时还带着她们自己喂奶的孩子;这证明现在我们的生产不久的母亲是多么娇弱无力,多么可鄙,她们要在蚊帐里面呆好多天。我回答说,诚然,这儿有个甚至更叫人吃惊的例子。在伊利里库姆经常见到一个孕妇在临产时,稍远地离开劳动场所,就在那儿生产,而回来时就带来了新生的孩儿,你甚至以为那是她捡来的,而不是刚刚生下来的呢。还有另一个突出的例子:那儿的往往有二十大几的、被称为"处女"的女

孩子们，按当地风俗习惯，允许她们在结婚前随便跟任何一个她们喜欢的人交配，允许她们独自漫游并生儿育女。

有关人和畜群的健康的规定和处方以及无需医生就能进行的治疗，这一切牧夫长必须记录下来。如果他不能读写他就不算称职，因为他根本不能正确计算有关其主人的牲畜的账目。

至于牧人的数目，有的定出了一个较高的，有的定出了一个较低的标准。我曾规定每八十只毛用绵羊要有一个牧人，阿提库斯的意见是一个牧人看管一百只。在羊群大——有的人的羊群多到一千头绵羊——的情况下，你可以比在羊群较小（比如阿提库斯和我自己的羊群）的情况下更容易从总的人数里削减人数。我的羊群有七百头，而你，我相信，有八百头，但你却同意我的这样一个意见：每十只母绵羊要养一头种羊。

在晚上要把母马聚拢到一处然后赶回马厩的那些地区（阿普利亚和路卡尼亚常常是这种情况），五十匹一群的母马要两个人，毫无问题，他们每个人要有一匹经过训练的能乘骑的母马。

第十一章　奶和羊毛

考西尼乌斯说，好啦，我们已经完成自己的任务，走吧。我说，好的，正像大家先前约定的，先要把关于绵羊的副产物——就是奶和羊毛——的事情谈上三言两语以后再走。在所有当作食品的液体饮料当中，奶是最富营养的；奶里面首先应推绵羊奶，其次是山羊奶。马奶是最能通便的；以下依次是驴奶、牛奶和山羊奶[①]。这些不同的奶所表现的某些差别，取决于牧草，牲畜的性质，以及幼畜的生育情况；所谓取决于饲料，是因为那些喂大麦跟谷草，或者一般喂干的优质饲料的牲畜，它们的奶最富营养，而最通便的奶是从喂青饲料的母畜来的，特别是如果青饲料里包括那些当直接食用时，一般可以起到通便作用的植物[②]；所谓取决于牲畜的性质，是因为得自那些身强力壮而又年轻的母畜的奶较之得自相反情形的母畜的奶要好；所谓取决于挤奶的时间和幼畜的生育情况，是因为最好的奶是取自生育后不太迟也不太早的时候所挤的奶。

关于奶酪[③]，从牛奶制成的奶酪最富营养，但人体极难消化它；

---

① 亚里士多德(《动物志》,iii,20)好像说，奶越是稀薄，就越是具有润肠的作用。最稀薄的奶是骆驼奶，其次是马奶，再次是驴奶，而牛奶则是一切奶当中最“稠”的。

② 这样的植物可以举出的有旋花科植物、黑藜芦和长春花。

③ 奶酪是古代意大利的最重要的食品之一。

其次是绵羊奶制成的奶酪；营养最差而又最通便的是由山羊奶制成的奶酪。我们还必须会鉴别哪种是柔软新鲜的奶酪，哪种是陈旧干硬的奶酪；柔软的奶酪营养价值较大又不大会造成便秘，而陈旧干硬的奶酪情形正好相反。从春季维尔吉里埃座升起时开始[①]制奶酪，一直到夏季这一星座升起时为止。作奶酪的奶都是在春季一清早挤，在其他季节则都是中午左右挤奶，虽然由于气候和食物性质的不同而各地的做法有所不同。在大约两康吉乌斯（约一个半加仑）的牛奶中加进橄榄大小的一块干胃膜以促使奶的凝结——取自野兔或小山羊羔的干胃膜较之取自绵羊羔的要好。有的人用无花果的树液[②]和醋以代干胃膜来处理奶；他们也用别的几种东西撒在奶上，希腊人把这些东西用一个名词加以概括，这个词儿有时是 ὀπός，有时是 δάκρυον。我说，我不否认这说明为什么牧人在靠近儒米娜女神的圣堂的地方种植无花果树，因为目前呈献的供品是奶而不是葡萄酒和乳猪了。要知道，*rumis* 是一个古字，意思是“乳房”，我们至今谈到吃奶的羊羔依然用 *subrumi* 这个词，正如同我们所用的 *lactantes*（吃奶的幼畜）一词是源自 *lac*（奶）这个词一样。

奶酪上撒一层岩盐较之撒一层海盐为好。

在剪羊毛的时候，在开始工作以前，我首先便注意这些羊身上是否有疥癣或者溃烂之处，这样则如果需要的话，可以在剪以前对

① 参阅普林尼（《博物志》，xviii，25）：昴座在 5 月 10 日早晨升起。根据恺撒历，它们落于 4 月 5 日，看不见的日子为三十四天。

② 科路美拉（vii，8，1）说：“人们通常用小绵羊或是小山羊的干胃膜来使牛奶凝固，但是野蓟的冠毛就能做到这一点，无花果树的树液也能做到这一点。如果你把它的青树皮刺破，就会有这种汁液流出来。但是，最好的奶酪是‘杂质’最少的——但是一桶牛奶却需要一块至少有一银戴纳里乌斯重的干胃膜。”

它们进行适当的治疗。剪羊毛的时间是在春分到夏至之间，因为这时羊已经开始出汗了。从 *sudor*（汗）一词，我们把新剪下来的羊毛叫 *sucida*（湿润的）。刚剪过毛的羊当天就用酒和油涂抹，可是也有人用一种白蜡和腌猪肉的脂肪的混合物去涂抹，而假如绵羊平时是穿外套的，它们就仍然要披上原来的外套，只不过外套的里层也要先涂上这种混合物。如果在剪的过程中伤了羊，要在伤口上涂液体松脂。粗毛羊在这里是在收割大麦的前后剪，在别的地方则是在收割干草以前剪。有的人一年当中剪两次——比如在近西班牙便是如此——这就是说，每六个月剪一次，他们为了可以多得点羊毛，而多做一倍的活儿，正像有的人在他们的牧场上割两遍草一样。比较会计算的农民都在小席子上剪他们的羊毛，这是因为害怕丢失哪怕一把儿羊毛。做这个活儿要选择好天气，这个活儿大体上是从上午十点做到下午四点。因为在剪羊毛的时刻，如果太阳照得很厉害，由于汗液之故，羊毛就会比较柔软，厚实，颜色也比较好。这种从羊身上剪下来堆在一块儿的羊毛，有的人把它叫做 *vellera*，也有的人把它叫做 *velamina*。从 *vellera* 这个词可以推知，关于取羊毛的办法，在人们发明剪以前是拔。那些甚至在今天还"拔羊毛"的人，在拔以前三天不许它们吃东西，因为只有在羊一点儿劲儿都没有的时候，羊毛根才更容易被拔出来。理发师[①]据说

① 普林尼（vii，59）以瓦罗为依据谈到了同样的事实。他还说，斯奇皮奥·阿非利卡努斯（小）是第一个每天剃胡须的人。在他之后，这种习惯就普遍了，直到哈德里安时期。哈德里安所以留起了自己的胡须，据说是为了掩盖他面孔下部的伤痕。在亚历山大大帝之前，希腊人一般是留胡子的。

瓦罗在这里所说的 *tonsores* 是狭义的"理发师"，这样的博学的人物很容易在这样的题目上突然扯到枝节的问题上去。

是在纪元前三百年[①]才第一次从西西里来到意大利的，这一点可以从阿狄亚的官方的档案得到证明，介绍他们前来的人据说是普布力乌斯·提提尼乌斯·麦纳斯。更早的时候就没有理发师，这一点可以从古人的雕像看出来，因为他们之中大多数人都蓄有长头发和大胡子。

考西尼乌斯接过来说：绵羊为衣服生产羊毛，但母山羊为水手、军事器械和机械工具提供用毛[②]。此外，有些部落穿山羊皮，如盖图力亚和撒丁尼亚的人就是这样。古希腊人大都穿山羊皮，这是非常明显的事情，比如在古希腊的悲剧中穿这种皮衣的老人叫做 *diphtheriae*（穿羊皮的人），而在喜剧里则是那些在地里干活的人；比如凯奇里乌斯[③]的喜剧《被抛弃的》里的年轻人，和特伦斯的喜剧《自我折磨者》里的老年人便都是这样。普利吉亚的很大一部分地区的山羊是因其毛长而剪的，毛织物以及同类之其他纺织品都是由这个地方传给我们的。但据说这种剪法最初行于奇里奇亚，奇里奇亚人给他们的产品都冠以奇里奇亚的名字。

谈话至此终了，考西尼乌斯认为大家谈的事情没有什么要更

---

① 原文直译是罗马建城 453 年，按罗马建城的传统日期是公元前 753 年。（俄译本注）

② 参见《农业全书》(xviii，9)："它们的毛被用来制造绳子、袋子以及诸如此类的物品，即水手用的物品；因为用这种毛织成的东西不容易剪断，也不会腐烂。"再参见维吉尔：《农业篇》，第 312—313 页。

军事器械当指投石机、弩炮等。

至于机械工具则不知具体所指为何，有人认为这只能是用山羊皮缝制的工具袋。

③ 凯奇里乌斯是公元前二世纪时的高卢人，他是作为奴隶被带到罗马来的。他在获得自由之后，便开始写作喜剧。西塞罗对他有很高的评价。他的作品现在只有断片保存下来。（俄译本注）

正的。正在这时,威图鲁斯的那个从别庄出来到城里去的被释奴隶特意转道到我们这里来,他对我们说:我是奉派到你们那里去的,我正在去你们的家,请你们不要缩短这个节日,马上来吧。这样,图尔拉尼乌斯·尼格尔,我的朋友,我们分手了。斯克罗法和我于是到威图鲁斯的别庄去,而其余的人有的各自回家,有的到麦纳斯的家去了。

第三卷

小家畜

第一章 引言和献词

我的亲爱的皮尼乌斯，在人类的历史中，我们发现有两种生活方式，一种是乡村的生活方式，一种是城市的生活方式，显然这两种生活方式不仅地点不同，而且它们的形成时期也不同。乡村生活在二者之中要古老得多，因为在以前有一个时期，人们住在乡村，根本就没有城市。见于历史的最古老的希腊城镇是贝奥蒂亚的底比斯，这座城市为奥古高斯王[①]所建；罗马版图内最古老的城市是罗马，它是罗穆路斯王所建。关于这件事，虽说当恩尼乌斯写作的时候还不可能，但目前却能够肯定地说，“自从四远驰名的罗马城在庄严的朕兆之下建成起，至今总在七百年左右”[②]。

---

① 奥古高斯是比欧特的儿子，而根据另一种传说，是波赛东的儿子。他是波奥细亚最古老的居民赫克提尼人的国王，是波奥细亚的底比斯建立者，故而该城以他的名称为名并被认为是最古老的城市。在他的统治时期，波奥细亚发生过一次洪水，这次洪水在仅有狄乌卡里昂和皮尔拉得以活命的那次洪水（参见奥维狄乌斯：《变形记》，i，第 315 页）之前，而根据优谢比乌斯的说法，这次洪水发生在罗马建城前 1040 年。

一般认为腓尼基的卡德姆斯是波奥细亚的底比斯的建立者。在古典著作中这个传说是普遍的。底比斯很可能是腓尼基的一个移民地。（俄译本注）

② 恩尼乌斯的诗句见于他的《编年记》，这部书叙述了从埃涅阿斯到作者当时的罗马历史。瓦罗确定的罗马建城时期是公元前 754 年。（俄译本注）

按恩尼乌斯死于公元前 170 年左右，瓦罗写作此书时在公元前 36 年。

可是据说建立于奥古高斯时期的洪水以前的底比斯，其存在时期还没有超过两千一百年[①]。如果你拿这些年代跟那土地刚刚垦种、而人们住在茅屋陋舍里、又不知门墙为何物的年代相比，你就可以看到，农民要比城市居民不知古老得有多少年了；这没有什么可以奇怪的，要知道，神的本性创造乡村，而人的技巧创造城镇，据说所有技艺都是希腊人在一千年的时期中发现的，可是从没有一个时候世界上无可耕之地。

农业不仅比较古老而且也较好；因此我们的先辈有充分的理由把他们的市民从城市送还乡间，因为在和平时期他们为这些罗马农民所供养，战时又为这些农民所保卫。他们又有充分的理由把这些土地叫做“母亲”和“色列斯”[②]，而且相信耕作它的人所过的是一种神圣和有益于人的生活，而且全部都是善良的撒图尔努斯国王[③]一族的后裔。这是与下列事实相符合的，即祭祀色列斯

① 原文如没有错误的话，那么当以他的名字为名的洪水发生时，奥古高斯至少已经有三百五十岁。

② 色列斯是“创造女神”。谢尔维乌斯的《农业篇注》(1,7)说：“色列斯的名称是由创造一词而来的。”瓦罗在《拉丁语论》(v,64)中说：“……她称为色列斯，因为她正像恩尼乌斯所说，‘给予食物’并且‘生产果实’。”可能她原来是意大利的神，但对她的祀典却是希腊式的，而人们把她同希腊的戴美特尔等同起来。传统认为罗马的第一座奉祀她的神殿是因公元前496年的饥馑而建立的，于公元前493年奉献。(俄译本注)

③ 撒图尔努斯是古意大利保护播种的神。在希腊宗教的影响下，人们把撒图尔努斯同希腊的克罗诺斯等同起来。它还被说成是罗马的一个古老的国王，这个国王把农业介绍进来，建立了卡皮托里乌姆山上的卫城，而他的统治时期被说成是黄金时代(“撒图尔努斯的王国”)。整个意大利都因他的名字被称为“撒图尔努斯的土地”。(俄译本注)

的宗教仪式在一种专门的意义下被称为初献式(一种秘仪)[①]。还有底比斯这一名字也同样标志着乡村的历史更为古老,因为它并非源自创立者,而源自地区的性质。原来在古代的语言里,如希腊贝奥蒂亚的埃奥力斯人便把山叫做 *tebas*[②],在撒比尼的乡村(希腊的皮拉司吉人曾来到这里),到今天这个词还用于这一意义。这一点的痕迹在撒比尼的乡村离列阿提不远的撒拉力阿大道那儿还可以看到,在那里,一条一英里长的斜坡便叫做 *tebae*。

最早的农民由于他们的贫困,在实践中不知区分不同种类的农业,又由于他们是牧人的后裔,因此他们连耕种带放牧都在一块地上。后来生产的东西增加并通过金钱分配到不同的人的手里,结果有些人便叫做农夫,另一些人叫做牧人[③]。牧人的责任即饲养牲畜,其本身有两类,尽管没有人十分清楚地指出二者的区别——一类涉及农庄范围以内饲养的牲畜,另一类涉及带到离农庄

① 对于意大利的农业女神色列斯的崇拜的古老仪式是极为简单的。在收获开始的时候,用 *porca praecidanea* 给她上供并且把最先割下来的穗奉献给她。

但是在公元前 496 年,当罗马人把色列斯和希腊的戴美特尔等同起来以后,她的祀典便用希腊语来进行了。

原文 *initium* 的本义是"开始",这同色列斯神开始把农业文明带给人类这一点是有关的。

② 斯卡力格尔认为瓦罗关于 *tebas* 的语源的解释是没有道理的。他认为这个词的意思是"小船"。在埃及语中底比斯是"头"的意思,这个词很可能相当于瓦罗的 *collis*(小山)。

③ 瓦罗这里的意思是说人们富足了之后,就有了农业与畜牧业之间的分工。可能罗马人有租用国家的牧场而专营牧畜业的人,但不能认为在罗马农业和牧畜业是界限分明的。这一点从本书的许多地方可以看到。

此外,瓦罗所提到的金钱的出现时期也过早,因为他自己也说出金钱是在后来才出现的。

有一定距离的乡村某处去牧放的牲畜。后一种以其又称 *pecuaria*（牲畜饲养）而当然为人所熟知；为了从事这一事业，有钱的人都有租来的或买来的空地。前一类，即在农庄内部饲养牲畜，由于其规模简陋，而被某些人认为只不过是农业的附属品，虽然，在实际上，它是家畜饲养的一种，而就我所知，它还没有被任何人完全规定为农业上的一个特殊分支。这样，由于我认为为了获利而经营的农业有三个主要的部分：即（一）土地的耕作；（二）牲畜的饲养和（三）农舍以内的动物饲养，故而我决心写三卷书。这三卷之中我已写完了两卷，第一卷给我的妻子丰达妮娅，是谈农业的；第二卷是关于牲畜饲养的，这一卷献给图尔拉尼乌斯·尼格尔；剩下的这第三卷，即讨论在农庄范围以内的动物饲养的，我现在赠给你，因为我觉得这一卷最应献给你，而不是任何别的人，要知道，我们既是近邻又是十分要好的朋友。你拥有一座用灰泥、镶嵌细工和细致的镶花地面[①]装点得漂漂亮亮的别墅，但是四壁若非用你自己的文学作品装饰起来，你定会感到缺少点什么东西，因此我通过这篇论文尽我之所能用农庄的生产物把它装饰起来。所以现在我把这一卷送给你，因为我记得我们有一次曾谈过关于完善的乡村别墅这个题目；在这里我就从叙述这些事情开始。

① 关于这种地面，参见普林尼（xxxvi，25）。一般认为这是用碎石或各种天然色的大理石拼成的地面。

第二章　各类的别庄

在选举营造官[①]的日子里，日头很热，那时我和元老 Q. 阿克西乌斯——他和我属于同一特里布斯——在登记了我们的选票之后就等在那里，以便把我们支持的候选人陪伴到他的家里去。阿克西乌斯对我说，在点票的时候[②]，我看我们可以利用市会堂[③]去歇一歇凉，而不必去候选人本人给我们选民准备的棚子（席位）。

① 在罗马高级长官当中，营造官主要负责罗马城的城市设施工作。他们留心道路和公共建筑物的情况，监督市场，负责免费粮食的分配。他们还要负责某些节日的组织工作。他们是在特里布斯民会上，也就是在人民大会上选举出来的，在那里选票是以特里布斯为单位来投的；特里布斯就是每一个公民最初按照居住地点而被编入的一定的地区。但是在共和国的最后一个世纪里，特里布斯已经失去了地理的意义：特里布斯成了家族的世袭财富，家族的成员不管迁到什么地方去，仍然属于自己先前的那个特里布斯。特里布斯一共有三十五个。（俄译本注）

② 投票是用这样的方法进行的：每一个公民都得到一个小牌子，并且在上面写上自己的候选人的名字，然后便把它投入为每一特里布斯特设的票箱。为大多数特里布斯所选出的人就算是当选了。票箱是由专门的人员加以监视的，官方的收票人称为 *rogatores*，监票人称为 *custodes*。取票由点票人执行。点票人把从票箱取出的选票加以分类，然后交给监票人，监票人用点记在蜡板上。（俄译本注）

③ 市会堂是公元前 434 年在城外玛尔斯广场上修建的公共建筑物。参见李维（iv,22）：在这年（公元前 434 年——译者），监察官盖乌斯·富里乌斯·帕奇路斯和马尔库斯·吉加尼乌斯·马凯里努斯批准了玛尔斯广场上的市会堂并在那里进行了首次的人口调查。这个会堂修建的目的参见下章第四节。目前仍然有一些残迹留下来。

在进行这些谈话时（公元前 54 年），西塞罗和“恺撒的朋友们”正要为特里布斯民会修筑大理石的栏杆和一座新的市会堂（参见《致阿提库斯书》，iv,16）。

我回答说：可以，我的意见是，谚语说得真对，“居心不良的意见对提出意见的人是最不利的。”[①]同样确实的是，善意的意见，无论对提出意见的人或是对被提意见的人都必须认为是好的。这样我们就都到人民会堂去了。在那儿我们发现占卜师[②]阿皮乌斯·克劳狄乌斯坐在一条长凳上，这些长凳是为执政官在有什么情况需要他执行任务时使用的。在他的左手坐着出身执政官家庭的考尼里乌斯·麦路拉（画眉）和列阿提的费色利乌斯·帕渥（雄孔雀），坐在他右手的是米努西乌斯·皮卡（樫鸟）和 M. 佩特罗尼乌斯·帕塞尔（麻雀）。当我们加入他们里面之后，阿克西乌斯笑着对阿皮乌斯说：你愿意让我们到你那四面八方都有鸟包围着你的鸟房里来吗[③]？阿皮乌斯回答说，我肯定是愿意的，尤其对你，比对别人我更愿意这样，因为我现在还能品味几天以前在你的列阿提别庄里，你款待我的那些鸟类食物。那时我正为着因提拉姆纳人和列

① 盖利乌斯（iv，5）对这一谚语作了如下的解释：罗马的一位英雄荷拉提乌斯·科克里斯的一座雕像中了雷击，于是人们照例就这一事件向埃特路利亚的占卜术士请教。但在当时埃特路利亚人对罗马是非常仇视的，因此占卜术士就故意给罗马人出坏主意。结果占卜术士们被逮捕，他们招供自己的罪行并被处死了。人们于是编了这样一句俏皮的诗并由全城的孩子传唱：居心不良的意见对提出意见的人是最不利的。盖利乌斯还注意到这句诗是赫西奥德的诗作《劳动与日子》中的一句译文（i，264）。

② 占卜师的职责是向神请示国家举办的某项事业是否相宜，解释它们表现在不同朕兆（鸟的飞翔方位；圣鸡在啄食时的行动：如果它们吃的欢，那就是最大的吉兆；动物的鸣声等等）上的神的意旨。占卜师必须出席民会，以便对破坏选举正常进行的事件（癫痫的发生、雷及有雷声的闪电等）提供意见。（俄译本注）

瓦罗在《拉丁语论》（vi 末尾处）中谈到了占卜师在百人团民会跟在执政官身旁的事情：目前的做法则和往昔不同，因为当民军受命集合的时候，占卜师和执政官在一起，并且把他要说的那一套话都提前说了。

③ 阿克西乌斯同阿皮乌斯开这个玩笑是有道理的，因为坐在他身边的人的名字都和鸟有关系。（俄译本注）

阿提人之间的争端[①]而到威力努司湖去。他接着说，可是，我们的先人所建筑起来的这座风格比较严肃的别庄，不是比你在列阿提的豪华的邸宅更好吗？你在这儿能看到什么柑橘木或是金饰，任何朱红[②]的或是天蓝的颜色[③]，任何彩色的或是大理石的镶嵌细工么？——可是所有这些在你的家里不都是很多的么？此外，这所房子是全体人民的财产，而你的却只归你自己所有。到这个场所的有从玛尔斯广场来的罗马公民和来自各民族的人们；而到你那儿去的却是母马和驴子。再者这一建筑用于管理国家大事，要知道，当征兵的时候，罗马步兵中队，便在这里，在执政官的面前集合，在这里举行武装检阅，同时罗马监察官也在这里召集人民进行人口调查。

① 这次争端是由于威力努司湖（今天的南苏珊纳湖）的排干而引起的，这件事不利于因提拉姆纳人，却有利于列阿提人。按照塞尔威乌斯的说法（《埃涅阿斯》，vii，712），瓦罗（本书第一卷第七章）所提到的罗西亚的乡村的土地（列阿提的部分土地）早在马尔库斯·库里乌斯"凿山"引威力努司湖湖水入纳尔河的时候便极其肥沃了。

特别值得指出的是我们看到西塞罗本人曾为列阿提人办理这个案件，因此他得以同阿克西乌斯在一起。公元前54年他写信给阿提库斯（iv，15）说：列阿提人把我带领到他们的提姆培河谷去，以便在执政官和十位副使面前在他们同因提拉姆纳的居民的争端中为自己辩护。马尔库斯·库里乌斯凿山把威力努司湖的湖水引入了纳尔河。结果罗西亚平原被排干，但是仍能得到充分的水。我同阿克西乌斯住在一起。

按威力努司湖本来是罗西亚的巨大沼泽之一，列阿提四周的这些巨大沼泽过去是由威力努司河形成的。272年度的监察官库里乌斯·登塔图斯曾把这些沼泽的水引入纳尔河，这样便使列阿提流域免遭沼泽化和水患的经常威胁。

② 朱红色（即铅丹）每一罗马斤值七十塞斯特色斯（普林尼，xxxiii，118）。它的价钱不很贵，然而是"非常受尊重的，甚至是神圣的颜色"；人们在节日把它涂在朱庇特神像的脸上，在举行凯旋式的凯旋者的脸上也要涂上这种朱红色。（俄译本注）

③ 阿尔明尼亚的天蓝是非常名贵的颜料。每一罗马斤值三百塞斯特色斯（普林尼，xxxv，47）。（俄译本注）

阿克西乌斯说，诚然，在玛尔斯广场边上的你们这所公共建筑岂止是有用？它的装饰不是比所有列阿提的那些别庄加到一起还值钱吗？你瞧，它的四壁还饰以绘画和雕像，而我的墙壁上虽然画有很多锄草者和牧人，却连一点点吕西普斯[①]或是安提菲路斯[②]的作品的痕迹都瞧不见。可是我的别庄却附有一座大农庄，一座耕种得干净整齐的农庄，而你的别庄却没有一英亩地，没有一头母牛或母马。最后，你的别庄同你祖父、曾祖父所有的别庄有什么相似的地方？在你的别庄那里根本看不到干草棚里的干草，酒窖里的葡萄，粮仓里的谷物，而这些，在你的先人的别庄里却都能看到。不能因为一座建筑物是在城市外面，便作出这样的推论，认为这种建筑物和住在佛路孟塔纳门外或埃米力亚市郊的人们的那种房子有所不同。

阿皮乌斯笑着说，看来我并不懂得别庄是什么，请指教吧，这样我才不致因无知而犯错误，因为我正打算向 M. 塞伊乌斯买一所靠近奥斯提亚的别庄哩。但是除非在那里有像你在你那给我看过的价值四万塞斯特色斯（三百二十英镑）的驴子，那些建筑物就不是别庄。而如果是这样的话，那么我真怕自己可能买进了河岸

---

① 吕西普斯是一位雕刻家，西塞罗称他是最卓越的雕刻家（Brut.，86）。他是马其顿亚历山大的同时代人，亚历山大只允许他为自己雕像。吕西普斯的雕像都是青铜的。罗马的梵蒂冈博物馆保存有他的作品的一个十分杰出的大理石仿制品。

② 安提菲路斯是和吕西普斯与阿培勒斯同时代的人。他的风俗画最为著名：如吹火的孩子，梳理羊毛的妇女等等。他曾给一个叫格里路斯的男子画过一幅幽默画，而从那时起，讽刺画就被称为 *grylli* 了。

关于他和吕西普斯的事情，可参见普林尼（xxxv，10，11）。

上的一座塞伊乌斯的惹祸招灾的房屋[1]，而不是一座别庄了。现在，我在这里的朋友鲁西乌斯·麦路拉，却使我急不可待地想得到这座建筑物，因为他说，在塞依乌斯那儿住了几天之后，他从未在他这样喜欢的别庄里受过款待，虽说在那里他看不到一幅图画，看不到哪怕是一件青铜的或大理石的雕像，甚至连榨酒器、油瓮或压橄榄机都看不到。阿克西乌斯瞧着麦路拉回答说，怎么既无市郊别庄的那种装饰，又无农舍里能找到的那些农具，请问这算哪一类的别庄？麦路拉说，这么说，你那所坐落在威力努司河河曲的房子[2]，虽说从来没有一个画家或是一个灰泥匠瞧过一眼，不是被认为同你在罗西亚为你和你的驴子所共有的另一座有最够味儿的石膏装饰的别庄完全一样吗？阿克西乌斯点头承认，仅仅是一所农舍的房子，正似乎是一所兼作市郊邸宅和农舍的别庄，可是他想知道他的朋友从这些事实作出怎样的推论。他说，怎样的推论？怎么，如果因为在那里喂养着动物而我们就必须赞许你的农庄，如果因为在那里养着牲畜并且有厩舍而就当然地把它叫做“别庄”，那么我谈的农庄也有同样的理由采用那个名称，因为在那里饲养动物曾获致厚利。要知道，你从绵羊还是从鸟身上获利，那又有什么关系？或者，你以为从你的生产蜜蜂的农庄上所养的牛得来的钱比从在塞伊乌斯别庄的蜂箱里酿蜜的蜜蜂得到的钱还甜吗？你从

---

①　这里似乎是用塞伊乌斯马来比喻塞伊乌斯出售的别庄。否则瓦罗在这里这样提便毫无意义了。

传说塞伊乌斯的马和托罗撒的黄金一样，总是给它的主人带来灾难，曾经骑过它的格涅乌斯·塞伊乌斯·多拉贝拉、卡西乌斯和安托尼乌斯都惨死了。盖利乌斯(iii, 9)说：这一谚语常常用于遭到不幸的人，这个人有塞伊乌斯的马。

②　这所房子就是公元前 54 年西塞罗住过的那一所。

屠户那里因那里饲养的公猪而得到的比塞伊乌斯卖他农庄里养的野公猪而从市场得到的还多吗？阿克西乌斯说，但是，是什么使我不能在我的列阿提的别庄养蜜蜂和野猪呢？除非塞依乌斯的别庄那里做的蜜确实是西西里的蜜[①]，而列阿提的蜜是比较带苦味的科西嘉蜜[②]，除非他买的橡实喂肥他的农庄上的猪，而在我的农庄里，不用花钱便可弄到的那些橡实反而会使它们瘦下去。阿皮乌斯回答，可是麦路拉并没有说你不能像塞伊乌斯那样地养肥这些动物，只是，据我亲眼所见，你没有做。有两种喂养方法：一种是在田里养，牲畜饲养便属于这一种；另一种是在房舍里养，在这里养着鸡、鸽子、蜜蜂和经常在那里喂养的其他动物。关于后者，我们有迦太基的马戈和卡西乌斯·底昂尼西乌斯的专著以及散见于他们的较大著作中的说法；这些文章塞伊乌斯显然曾读过，并收到很好的效果，以致用这种饲养方法他从仅仅一座别庄所赚到的钱就比他人从专营农业的一整座农庄所赚到的钱还要多。麦路拉说，不错，因为我在那儿看到过大群的鹅、鸡、鸽子、仙鹤和孔雀，还有成群的睡鼠、鱼、野猪和其他猎物。那个替他管账的被释奴隶——曾伺候过瓦罗，他的主人不在时常招待我——告诉我说，他的主人经常从这座别庄，凭着饲养这些动物，一年里要赚到五万多塞斯特色斯(四百多英镑)。阿克西乌斯看来感到惊讶，于是我跟他说：你一定知道我姨母在撒比尼乡间的农庄吧，它位于撒拉力阿大道上，离罗马有二十四英里。他说，自然喽，夏天在我从罗马去列阿提途

① 最出名的蜜是西西里希比亚山上的蜜蜂酿的。

② 科西嘉的蜜由于蜜蜂吃苦艾所以是苦味的，这种蜜苦到无法食用(狄奥斯科里德斯，ii，102；伊西多尔，xx，3)。

中，我中午常在那儿打个盹，或冬天在我归途中夜里搭个帐篷。我又补充说，是的，在这座别庄里，据我所知，光是鸟房，就出产五千只鸫鸟，每只价值三底内瑞乌斯，那一年单是别庄这一部分就赚了六万塞斯特色斯(合四百八十英镑)，这个数目等于你二百优盖鲁姆土地所赚的两倍。阿克西乌斯说，什么！六万，六万！你是在开玩笑吧！我重复说，不错，六万。他说，是啊，如果你想发这样一笔财，你就需要有这样一些机会，比如有一次宴会①，或是某人的凯旋式，比如过去梅特路斯·斯奇皮奥的那种凯旋式，或是公会的这时使食品的市价上涨的无数晚宴②。我说，每年你都可以寻求这样一笔收益。我希望你的鸟房能使你赚到钱；在奢侈成风的这些日子里，你的希望很少落空，因为几乎每年你都会看见盛大的宴会，都要举行凯旋式，都有公会的晚宴。他回答说，还不止于此，目前的奢侈的风气造成了人们所谓罗马城内每日一宴的情况。我接着说，L. 阿布克奇乌斯不是常常说这样一句话吗？(你知道，他是

① 指高级长官或私人在公共场所(例如在广场上)所举行的，一般有许多人参加的宴会。这样的宴会通常是在节日、赛马、凯旋或有丧事的时候举行。凯旋者在赫丘利斯的神殿中款待市民。路库路斯在庆祝凯旋时，不仅盛宴招待罗马市民，而且还有附近村庄的居民(参见普鲁塔克：《路库路斯传》，37)。恺撒在庆祝公元前46年的凯旋时，举行宴会招待罗马的全体男性市民，设宴两万二千桌(参见普鲁塔克：《恺撒传》，55)。(俄译本注)

科路美拉(viii，10，6)认为这里专指庆祝凯旋的宴会。马尔库斯·提伦提乌斯说在我们祖父的年代这种鸟往往是用三底内瑞乌斯一只的价钱购买。因为在那时，凡是庆祝凯旋的人都是设宴款待人民的。

② 手工业者从古以来便结合在公会里，公会会员时时集会讨论自己的事情，而在集会时通常是要举行聚餐的。此外，那些想在死后得到妥善埋葬的穷人也组成了"掩骨会"，掩骨会的会员每月缴纳会费，掩骨会便用这笔钱埋葬会员，抚恤死者的家属和举行追悼的聚餐。(俄译本注)

一位非常有教养的人士，他的讽刺诗是师法鲁西里乌斯的），他在阿尔巴乡间的农庄总不如他的别庄和里面养的兽类有赚头，因为土地的收入不足一万塞斯特色斯（约八十英镑），而别庄的收入则超过两万。也是他说过，如果他能按自己的意思在近海之处有座别庄[①]，那么他一年赚的便能超过十万塞斯特色斯（八百多英镑）。再者，就在最近，当 M. 加图成为年轻的路库路斯[②]的监护人的时候，他不是把他的被保护人的鱼卖了四万塞斯特色斯（三百二十英镑）吗？阿克西乌斯说：我亲爱的麦路拉，我请求你，接受我做你的学生，学习在别庄以内饲养家禽的技术吧。真的，只要你一答应付学费，我就开始讲课。好的，我愿意，今天就可以交你学费，不然以后用在你指导之下喂养的家禽分多次交也可以。阿皮乌斯说，是啊，每逢这些家禽里面，比如说，一只鹅或是一只孔雀死了（老死）的时候[③]！阿克西乌斯说，嗯，吃死了的鸟或鱼，有什么关系呢？要知道，你从来就是吃这些东西的。现在请把科学的饲养方法教给我，并为我说明家禽饲养的范围和方法吧。

---

① 这就是说，他可以就近修建鱼池，这是一件十分有利可图的事情。

② 这个路库路斯就是那个曾对米特利达特斯作战的著名的路奇乌斯·路库路斯的儿子。路奇乌斯·路库路斯去世的时候，留下了一个小儿子。他遗嘱要加图（乌提肯西斯，即“乌提卡的”），这个孩子的舅父，做这个孩子的监护人。加图按照自己的性格，在担任监护人之初，首先便把他的被保护人的鱼池卖掉，因为他认为这是不必要的奢侈行为。

③ 阿皮乌斯这里挖苦地暗示可以用死的鸟类当学费分期付给对方。（俄译本注）

第三章　别庄以内饲养的家禽

麦路拉毫无异议地开始了。

头一点，饲养主应具备为获利或娱乐而能在别庄内部或附近饲养的那些家禽的知识。这门技术包括三个部分，它们分别涉及鸟房、养兔场和鱼池。我现在所用的“鸟房”一词，可用来安置别庄范围以内饲养的所有带羽翼的动物。对于“养兔场”一词，我希望你不要按我们的先人用这个词的含义去领会——仿佛就是一块只养兔子的地方——而是指附属于别庄的任何一片圈起来的地方，里面关着要饲养的动物。同样，我所谓鱼池，就是指在庄园近处随便的一个什么有鱼的池子，不管是淡水的还是咸水的。上面提到的三种东西的每一种，至少可以再细分成两部分：那些光在干地上就可以养活的家禽，例如孔雀、鸽子和鸫鸟，属于头一部分，第二部分则包括那些光在旱地上不行，也需要水的家禽，例如鹅、野鸭、鸭子。同样的，我上面提到的同狩猎有关的第二部分，又分成两个各自不同的类别，一类包括野猪、獐子和野兔，另一类，也是别庄以外的动物，例如蜜蜂、蜗牛和睡鼠。同样第三类水生动物也有两类，因为人们养鱼，有的养在海水里，有的养在淡水里。

现在再来谈一谈这六类：你必须按照我刚刚向你讲的三个部分雇用三种手艺人，即捕鸟人、猎人和渔夫，不然的话，你就得从他们手中买这些动物，但这些动物可以交给你自己的奴隶去照料，而且从怀胎时一直照顾到幼畜生下来的时候。这些新生的幼畜要一直养肥到能拿到市场上去卖的时候。还有其他某些动物也必须算到别庄饲养的动物里面，这种动物无需求之于捉鸟人，猎人或是捕鱼人的网——像睡鼠、蜗牛和母鸡等等。

在这些动物当中，人们首先应当注意到的是那些别庄以内饲养的动物——因为最早的时候不仅占卜师要养小鸡用来占卜吉凶，而且乡村的家长也这样做。其次是那些用于狩猎的动物，这些动物要在靠近别庄的地方用围墙给圈起来，蜂箱要设在别庄附近，因为蜜蜂最初是在农舍的房檐底下养着的，它们需要农舍屋顶的保护。依时间顺序，第三是淡水鱼池，这是人们给从河里捉来的鱼挖的鱼池。这些种类的每一种分成两个阶段，早期的阶段，采用古时的俭约办法，后一阶段，则刻意追求现时的奢侈办法。因为前一阶段反映在我们祖先的卓越的，古老的实践上，这种实践只容许人们保有两个“鸟房”，即在地面上设一个场院养鸡——从这里取得的收益是鸡蛋和小鸡；地上面另一个地方，角楼里或是别庄的屋顶上则养鸽子。如今“鸟房”已改换了名称，叫 *ornithones*，而当今的美食家所设置的鸟房，有专门养鸫鸟和孔雀的房舍，这些房舍比早先整座的别庄还要宽阔。

关于第二部分——养兔场，阿克西乌斯，你的父亲，在他的一生中除了打猎来的一种没有价值的兔子而外，从来没有看见过任何旁的。因为有围墙的大场院（用来圈起大量的野猪和獐子的）在他那个时代还没有。他转向我说，而你，在你从 M. 皮索[①]手里买

① 马尔库斯·普皮乌斯·皮索·卡尔普尔尼亚努斯是公元前 61 年度的执政官。西塞罗常常提到他，因为他和克洛狄乌斯是朋友（《致阿提库斯书》，i，14）。在西塞罗的《De Finibus》（v，1）里，他曾出场就 *summum bonum*〔至善〕这个问题为逍遥学派的理论进行辩护。

到您在图斯库鲁姆的那座农庄时，曾发现在养兔场里有大量的野猪，不是这样吗？谈到第三部分：在古时除了淡水鱼池而外，谁会想到什么别的东西？鱼池里除了养些 sguali 和 mugiles（鲻鱼？）之外，还有什么别的？可是今天每一个目中无人的纨袴子弟会跟你说，他要像养一池这种鱼一样地养满一池青蛙。菲利普斯[①]有一次——这个故事是大家熟悉的——拜访他在卡西诺姆的朋友乌米迪乌斯[②]，一条从你的河[③]里捞出来的漂亮的梭鱼摆在他的面前。他尝了一口，跟着就吐了出来，他说，我刚才要是认为它不是鱼，就让我不得好死。后来我们的一代，对养兔场的过度的扩大还不满足，却又把他们的鱼池推广到海上去，把深海的鱼群都召到这些鱼池里来了。谢尔吉乌斯·奥拉塔[④]和利

① 此人可能是公元前 91 年度的执政官路奇乌斯·马尔奇乌斯·菲利普斯。西塞罗称赞过他富于机智（Bruts，47）。

② 十八世纪的英国文献学家本特利认为这个乌米迪乌斯就是荷拉提乌斯所提到的（Sat. i，1，95）那个有钱而又吝啬的乌米迪乌斯：

有一个乌米迪乌斯（这故事并不冗长）他十分富有，富到要用秤来称量他的金钱，
却又吝啬到他从来穿得不比奴隶更好，
就是在临死时……

蒙特卡西诺的修道士曾保存有一块碑，碑上说卡西诺姆（卡西诺）的剧院是乌米迪娅（克瓦德拉提拉）出资修建的。小普林尼的信里（vii，24）曾把她说成是一个非常喜爱哑剧的人。

保存得还好的这座剧院离开瓦罗的农庄的残址大概有三百码。西塞罗和荷拉提乌斯对这两个人的性格的安排是同瓦罗这里的叙述非常吻合的。这个富有的吝啬者招待菲利普斯一餐晚饭，但是他用的是便宜的梭鱼，以代替常用的鲻鱼、鲟鱼或八目鳗。对此菲利普斯感到十分气愤，但他是以诙谐的手法来发泄自己的这种情绪，就像西塞罗对他的描述那样。

③ 这条河是威尼乌司河，今天的拉皮多河。参见本书第三卷第五章。

④ 谢尔吉乌斯·奥拉塔（金鱼）是第一个发明用热空气给浴场取暖的人。他所喜爱的鱼是生活在地中海和与地中海相通的湖泊中的一种非常美味的鱼——鲑鱼。

奇尼乌斯·穆列那[①]不就是从这些鱼取得他们的名字的吗？谁不知道菲利普斯、霍屯西乌斯[②]和路库路斯[③]的那些如此有名的鱼池呢？好啦！阿克西乌斯，告诉我，你打算让我从哪儿开始呢？

① 利奇尼乌斯·穆列那（八目鳗）是公元前113年度的行政长官，他是第一个人工养八目鳗的人。

八目鳗是海鳗的一种，有时长达一公尺半，体重达六公斤。罗马人非常珍视这种鱼的肉，在今天人们仍然把这种鱼视为美味。

② 著名演说家。西塞罗的同时代人。

③ 路库路斯是罗马的一个比较有才干的统帅，他在公元前84—80年以怀柔的手腕治理过亚细亚行省，以豪富和有教养著称。普林尼（ix，170）说："他在那波里附近打通了一座山，他在这上面花的钱比修建农庄的钱还要多。他通过这条山洞把海水引入〔自己的水池〕……在他死时，这个鱼池里的鱼卖了四万塞斯特色斯。"

第四章　泛论鸟类

阿克西乌斯回答说，我希望你从 post-principia[①]（军营里人们就这样说）开始，我的意思也就是说从现在开始，而不是从古代开始，因为从孔雀身上比从鸡身上可以得到更多的利润。此外，我也不讳言想先听一听关于"ornithon"（鸟房）的事情，因为鸫鸟使得鸟房成了"利益"的同义词，要知道，费色利娅[②]的六万塞斯特色斯（四百八十英镑）简直是太刺激我的欲望了。

麦路拉说：鸟房有两种。一种（许多人喜欢这种鸟房）是供玩赏的，例如这儿我们的朋友瓦罗的那座，也就是他在卡西诺姆附近盖的一座；另一种是为了营利的，属于这一类的是某些供应市场需求的人在罗马或乡下所有的场院——后一种在撒比尼地区一般是租给租赁人，因为在那儿，由于土地的性质[③]，而有大量的鸫鸟。路库路斯说他在图斯库鲁姆的农庄里所盖的鸟房里就包括这两种，因而这种鸟房形成了第三种。它的盖法是在同一建筑里——即在 ornithon 里——还有一间餐厅，而在这间餐厅里，他能够适意地进餐同时欣赏鸫鸟，有些烹调好的鸫鸟放在碟

---

① 即跟在前列战士后面作战的战士。

② 参阅本书第三卷，第二章。她是瓦罗的姨母。

③ 卡西诺姆附近乡间有许多橄榄园，而鸫鸟是十分喜欢吃橄榄的。

子里，而另一些则在它们的笼子的窗口跟前拍打翅膀。可是这个试验失败了，因为鸟在窗子里面拍打翅膀的情景，叫人看了并不舒服，犹如那股刺人鼻孔的难闻的味道使人的鼻子感到难受一样。

第五章　鸫鸟

但是，阿克西乌斯，既然我想你喜欢这样，那么我就先来谈谈以营利为目的而盖的鸟房，从那里人们可以养肥鸫出售，而不是把肥鸫养在那里等待食用。先盖起一座有圆屋顶的大建筑物，也可以说就是用瓦顶或用网子罩上的一圈圆柱，在里面可以豢养成千上万的鸫鸟和画眉，不过有的人还可以再放些别的鸟进去，像蒿雀和鹌鹑，这些鸟养肥之后，可以卖个好价钱。在这座建筑物里必须有管子送水进去，这水最好是沿着能够容易清扫的窄槽缓缓地流（因为，如果水流过一大片面积，它就更容易脏，而这就不宜于饮用了），从这些窄槽溢出的水要用一根管子排出。不然鸟会受到污泥的伤害。鸟房必须有一扇低而窄的门，最好像是人们经常在斗牛的圆形剧场里看到的、那种叫做 *coclia*（转笼）的门。它必须只有很少的几扇窗户，而且从窗户里面要看不到外边的树和鸟，因为看见这些东西以及对这些东西的渴望会使关在里边的鸟消瘦下去。里面要有足够的光线，以便使它们能以瞧见哪里可以栖息，哪里能够找到食物和水。门窗四周要抹一层光滑的胶泥，以便不使老鼠或其他动物从任何地方钻进去。建筑物沿着墙的内侧周围要〔嵌进〕许多竿子好让鸟落到上面，从墙上还要有好多杆子斜支到地上，横着再系上杆子，像是梯子的层层的横档，又仿佛是剧院里的

栏杆。水要流到地上让它们喝，并且要在那儿放上饼，给它们做食物。这些饼大多数是用无花果跟大麦均匀地和起来之后擀成的。在要处理鸫鸟的前二十天，可以稍稍放开些来喂，这就是说，多在它们跟前摆些食物，而且这时要用质量较好的麦粉。在这座建筑物里面必须设有壁龛；里面有一些架子以补充栖木之不足，而另一方面，(在架子)这里饲鸟人通常在这个地方立刻安放那些在鸟房里死掉的鸟，以便向他的主人对这些死鸟作出说明①。

适于出售的鸟从鸟房里取出来时，必须把它们送入一间较小的鸟房，这个鸟房是用一扇门和那间大鸟房通着的，小鸟房的光线更充足些。这间屋子叫做隔离房。当主人这样地圈起了他打算卖掉的数目的时候，就把它们全部杀了。这都是背着别的鸟在暗中干的，怕它们看到了这种情况会感到抑郁不安，而死于不利于卖主的当儿。

鸫鸟不像其他移住过来的鸟的地方是，它们像鹳鸟那样在地上产卵，或者像燕子那样在屋顶下产卵——顺便说一下，它们的雄性的名词 *turdi*，并不意味着它们没有雌性的鸫鸟，犹如画眉的雌性名词 *merula* 也并不否认在画眉当中也有一些是雄的。再者，有些鸟是候鸟，像燕子和仙鹤；有些鸟是土生的，像鸽子和鸡，鸫鸟属于前面的移住的那一类，因为它们每年在秋分前后跨海飞到意大利去；春分前后又飞回原地〔即它们所来自的地方〕②；斑鸠和鹌鹑在不同季节也是如此大群地飞来飞去。这个事实在彭提亚诸岛邻近的帕马里亚岛和潘达特里亚岛③可以看得很清楚，因为在它们

① 饲鸟人必须向主人报告死去的鸟，并由主人亲自过目，所以他要把鸟存放起来。

② 这种鸫鸟每年 10 月来到意大利，而在 5 月飞往北方产卵。

③ 帕马里亚(帕马罗拉)，彭提亚和西诺尼亚(蓬察岛)及潘达特里亚(万多特纳)，是离拉齐奥和坎帕尼亚海岸大约三十五英里的一些小岛。

第一次飞的时候——即当它们飞来的时候——他们在这里停留几天歇一歇，而在跨海从意大利飞回去的时候也是这样做。

阿皮乌斯向阿克西乌斯说，你这里只需要养五千只鸟，假如举行一次国宴或者一次凯旋，你马上就能得到你所希望的六万塞斯特色斯（四百八十英镑），跟着你就可以把这笔钱用高利放出去[①]。随后他对我说道，请再给我们谈谈第二种鸟房吧，听说你在卡西诺姆附近盖的那座专为娱乐之用的鸟房，人们都认为，它不仅超过我们的朋友、发明家M. 拉埃尼乌斯·斯特拉波的原来的鸟房（他是我们在布伦第西乌姆的主人，并且是第一个把鸟封闭在四周有柱子的圆厅之内加以饲养的人；这些鸟则通过罩在圆厅上面的网子来喂），而且超过路库路斯在图斯库鲁姆农庄上的宏伟建筑。

我回答说，你一定知道，靠近卡西诺姆城，我有一条河，流过我的农庄。这条河又清又深，边上砌着石块，河宽五十七英尺，因此从农庄的这一边通到那一边需要架一些桥；河长九百五十英尺，它从河的下游的一个岛（在下游这里有另一条河同它汇合），笔直地通到图书室（研究学问之处）所在的上游地方。沿着河岸是一条没有树阴遮掩的十英尺宽的人行道；在这条人行道外面，就是在空地的那边是这所鸟房所在之地，鸟房左右两面都有高墙夹峙着。高墙之间是鸟房的所在，它的样式像是小学生用的上面有个环的写

---

① 瓦罗在这一卷里常常着意描述阿克西乌斯的贪欲。凡是可以获利的事情都会引起他的极大兴趣。例如麦路拉在准备谈鸟房时，就说他打算从可以获利的那种鸟房开始，因为他知道阿克西乌斯喜欢这样做。阿皮乌斯在叙述了有关蜜蜂的博物学方面的知识之后，便说阿克西乌斯一定会烦死，因为我没有谈到一点关于利润的话。

瓦罗所以对此人的性格作了这样的安排是因为，西塞罗的一个密友、罗马元老克温图斯·阿克西乌斯便是一个放高利贷的人（参见《致阿提库斯书》，i，12；x，11）。

字板[①]。长方形部分是七十二英尺比四十八英尺。此外，有一条"人行道"，好像是写字板下面的边缘，在它的中间是一道栅栏门，而人们就可以从这里走进方庭。在门口沿左右两边有柱廊，前列的柱子是石头的，但在柱子与墙壁之间却是矮树以代替石柱，从墙的顶端到轩缘这一段的柱廊罩上一张大麻的网，这网一直又从轩缘伸展到台座。这些柱廊装满各种鸟，人们通过网来喂它们，还有一条细细的水流流到它们那里去。接连台座的内面(即朝着空地的那一面)，在中间的方庭的上首，有两个各不相连的狭长方形的池子，从方庭的中间按照与柱廊平行的方向延伸。在这两个池塘之间是一条小路，是通向那边的圆形建筑物的唯一的道路，外面那座建筑物是一个由柱子撑起的圆屋，就同卡图鲁斯大厅完全一样，如果你用柱子代替墙壁的话。在这些柱子外面是一片手植的大树林，只是树林的下面才可以透光，而这全部又是用高的围墙围起来的。在有圆屋顶的建筑的外层石柱与同等数目的较细的里层枞木柱之间是一块宽五英尺的空地。外层石柱是用一张肠线的网连接起来，作为墙壁，这样可以从里面往外看到树木，看得见那里有什么，可是一只鸟也钻不过去。里层的柱子是用一张罩在它们上面的鸟网连到一处的，也以此代替墙壁。在里外两层的柱子之间筑起仿佛是一座小型的鸟剧场，里面有一排比一排高的座位，因为在所有的柱子上装有许多架子，就像给鸟准备下的"座位"一样。网里头有各种各类的鸟，大部分是鸣禽，像什么夜莺、画眉等等；一条小水

① 罗马儿童是把这种写字板当作练习簿来使用的。板面上涂一层蜡，学生用尖笔把字写在上面。

渠给它们供水，从网下面给它们扔食物。在柱子的台座下面是环池岸台上的一英尺九英寸高的石基。岸台本身宽五英尺，高出水池两英尺，这样客人们就能够在它们的坐垫和小柱子之间来回走动了。被岸台所环绕的最低的部分是一个水池，水池有一英尺宽的边，池子当中是座小岛。围绕着池边还开辟了一些鸭舍。在岛上面是一个小圆柱，圆柱里面有一根直立的棍子撑着一个带辐条的轮子以代替桌子，轮子的外缘（一般是曲线形的轮缘）是挖空了像个手鼓的食桌，两英尺半宽四英寸深。一个仆人就完全能够转动它，在它上面能够同时放置所有吃的、喝的东西，转到每一位客人面前①。从通常见到挂着帘子②的、有鸭房的这一面，鸭子进入水池，在池里游来游去。这个池子跟我上面提到的那两个鱼池用一条小水沟连接起来，小鱼往来不绝地游着，而从充当桌子的圆木板那儿——我刚刚说过，这是在辐条的端上——扭转不同的龙头，就有现成的热水和冷水流到每一位客人面前。里面，在圆屋顶③下边，白天的启明星，晚间的长庚星④，围绕着半圆屋顶的下半部

① 这种转桌大约一英尺左右高，这样客人可以坐卧在它旁边而视线不受阻碍，以便观赏鸭子和鱼。（俄译本注）

② 这里只说是有帘子的一面，但实际上未必挂着帘子，因为挂上帘子鸭子就不能自由出入了。这种帘子通常是挂在床上的，上面绣着富丽的花饰的那一种。

③ 这里所说的，圆屋顶所覆盖的并不是整个的圆形建筑物，而只是内层的立柱，也就是细松木柱。这一圆屋顶是一个半圆，半圆的赤道就在这一排柱子上面。就大小而论，它应该同由立柱的柱顶线盘形成的圆形相吻合。赤道的圆周必须加以这样的安排，否则观者既看不到它，也看不到星星了。（俄译本注）

④ 瓦罗当然知道启明星和长庚星是金星的不同的名称。普林尼指出（ii，8）："在太阳下面旋转的是一个叫做维娜斯的巨星……当它走在一天前面，而在早上升起时叫做启明星……反之，如果它在西方照耀，便叫做长庚星……"

英译者和施奈德都认为，这里指的是围绕 *tholus*（圆屋顶）的下部移动的某些图像，因时间就是在这一部分标出来的。使这些图像转动的是一种*clepsydrae*（水钟），维特

分运行以指示时辰。在有一个中心轴的同一半圆屋顶的中部，画着一套八个风向，就和那个库尔路斯人在雅典做的 *horologium*（钟塔）[①]一样，而从中心轴向外伸出的一根指针，沿圆周移动，指出此时的风向，这样就连里面的人也都能知道外面刮着什么风了。

我们正说到这里，在玛尔斯广场那边听到了喊声。我们这些熟悉选举的老手并不感到惊讶，因为我们懂得投票者在这些场合下是多么兴奋，可是我们仍然想了解一下这究竟是怎么一回事，正在这时，潘图莱乌斯·帕尔拉[②]来到我们这里，他带来消息说，正当他们根据计票板核对选票时，有个人由于往票箱里扔选票而被捉住，并被对方候选人的拥护者拖到执政官那里去了。帕沃站了起来，因为据说被捉住的就是看管帕沃的候选人的票箱的那个人[③]。

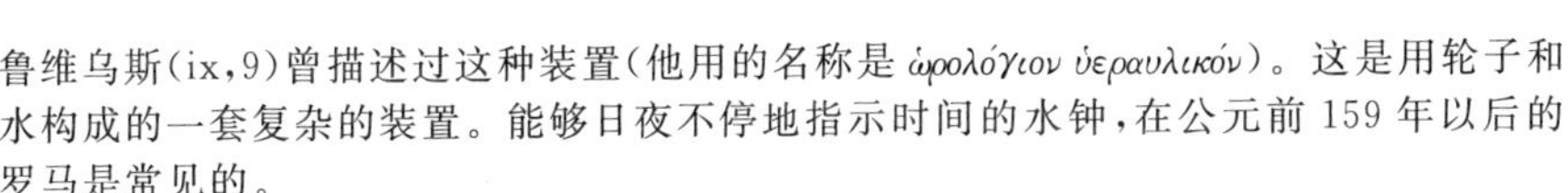

鲁维乌斯（ix，9）曾描述过这种装置（他用的名称是 ὡρολόγιον ὑεραυλικόν）。这是用轮子和水构成的一套复杂的装置。能够日夜不停地指示时间的水钟，在公元前 159 年以后的罗马是常见的。

① 是一座大理石的八角形的塔，里面有一个水钟，用以标示一昼夜的时间。塔的八面中的每一面相当八种风中每一种风刮来的方向，并且在腰线上面刻上该风的图像。在倾斜的屋顶的顶端有海神特里顿的雕像，这个神手里拿着一根杖，指着表示当时所刮的风的图像。

根据维特鲁维乌斯（i，6）的说法，这一钟塔是库尔路斯人安多罗尼库斯在公元前一世纪中期修造的，在今天的雅典仍能看到它的残迹。

② 本意是猫头鹰，罗马人认为这是一种不祥的鸟。瓦罗在这里也是双关的。参见荷拉提乌斯（《诗歌集》iii，27，1）：“让帕尔拉的鸣声对不敬神的人是一个凶兆”。

③ 看管票箱的人是与被选举的人有关系的人，而首先当然是被候选人自己安置在票箱旁边的。不用说，看管的人的这种行为会使候选人本身蒙受嫌疑。（俄译本注）

值得注意的是我们看到，在这一年，即公元前 54 年，加图曾决定制止选举时的舞弊行为，而且普鲁塔克（《加图传》，中间部分）也告诉我们说，他的这种做法使候选人增加了如此多的困难，以致候选人“每人要决心交出五百塞斯特色斯的保证金（西塞罗在《致阿提库斯书》，iv，15 中还定出了日期）才能光明正大地去进行合法的竞选。如果任何人被确认有行贿的罪行，他就要没收这个人的保证金”。

在几节之后他又写道：“这个法沃尼乌斯竞选营造官的职位并显然地失败了；但是加图在检查了选票并且发现一些选票的手迹相同之后，便对这种舞弊行为提出控诉，保民官于是取消了这次选举。”

从上面的叙述来看，这次舞弊行为同瓦罗在这里提到的一次是十分相像的。

第六章　孔雀

阿克西乌斯指出了这样一点：现在费色利乌斯已经走了，你可以无所顾虑地谈一谈孔雀了，因为有他在跟前，一旦你说了对孔雀的任何不敬的话，他都可能为着他的氏族的荣誉而同你分辩的。麦路拉回答他说：提到孔雀，不知道为什么我总是回想起人们最初开始成群地养孔雀，而且以高价出售它们的那样一个时期。据说M. 奥费迪乌斯·鲁尔科[①]每年从这些孔雀身上可以捞到六万多塞斯特色斯(四百八十多英镑)。

如果你的目的在于赚钱，那么就少养雄的；如果目的在于赏心悦目，那就是另一种做法，要多养雄的了，因为雄的在雌雄二者之中是比较好看的。

在农庄上要成群地饲养孔雀。据说它们在海外是养在岛上的，例如，在萨摩斯岛上的优诺圣林和属于M. 皮索的一个岛，即

---

① 关于玛尔库斯·奥费迪乌斯·鲁尔科，参见普林尼(x,20)：“第一个为了食用而宰杀孔雀的人是演说家霍尔屯西乌斯，他是在司祭的就职晚宴上这样做的。M. 奥费迪乌斯·鲁尔科在反海盗战争的末期，是第一个给孔雀育肥的人。从这里，生财有道，他获得了六万塞斯特色斯的收入。”

普兰纳西亚岛[①]上。

要养一群孔雀，就要购买一批年龄、形状都好的，因为大自然使这种鸟在形体的漂亮和美丽方面盖过所有其他禽类。两岁以下的雌孔雀不能生育，太老了也要停止生育。它们吃随便哪种谷物，而比较喜欢吃大麦。塞伊乌斯每只每月喂一莫地乌斯的大麦，但是他却注意在繁殖的季节，交尾开始之前增加雄孔雀的喂食数量。他要求他的饲养人做到每只雌孔雀孵出三只小孔雀，而每一只小孔雀长大以后他可以卖到五十底内瑞乌斯[②]，这样看来，没有旁的鸟比养孔雀更有利了。他也买孔雀蛋让雌孔雀孵，但孵出的小孔雀却被他拿来放在他养雄孔雀的、圆屋顶的建筑物里[③]。这座建筑物的大小要跟在里面养的孔雀的数目相适应，而且要有它们单独睡觉的地方，外面则抹一层光滑的灰泥，以防止蛇或其他动物钻进去。这一建筑物前面要有一块空地，而在晴天的时候则可以把小孔雀放到这里来吃东西。养这些鸟的两块地方都要干干净净；因此饲养人必须拿着铲子来回巡视，铲掉粪便；这些粪便他要保存好，因为它们可用于耕作或铺起来让小孔雀卧在上面。据说这类鸟第一次出现于餐桌是在Q. 霍屯西乌斯庆祝其当选为占卜师时的宴会上，这是一种奢侈

① 今天的皮亚诺扎，是厄尔巴岛以南大约二十英里的一个小岛。

参见科路美拉(viii，Ⅱ，1)：因此这种鸟很容易养在意大利沿岸海上的那些多森林的小岛上。原来由于它们不能高飞远行，还由于在这些岛上它们不会被贼或是有害的动物偷走，它们便可以在无人照管的情况下放心地到处游荡并且给自己取得大部分的食物。

② 五十底内瑞乌斯等于一百塞斯特色斯，约合一英镑十二先令(本世纪初)。

③ 关于孔雀房的详细而有趣的记述，参见科路美拉(viii，11，3)。在这里，科路美拉说，必须准备单独的鸟舍，每只雄孔雀一间，每只雄孔雀分配给五只雌孔雀。

的举动，而在那个时候也只有豪奢成性的人才赞许这种做法，而有道德的明智的人是不会加以赞同的。他的做法马上为许多人所仿效，结果是孔雀售价上升，孔雀蛋每个竟卖到五底内瑞乌斯，而每只鸟可以毫不费力地取得五十底内瑞乌斯，一百只一群的很容易卖到四万塞斯特色斯（三百二十英镑），而且阿布克奇乌斯确实常说，要是每只雌孔雀能生三只小孔雀的话，那么就可以赚六万塞斯特色斯（四百八十英镑）。

第七章　鸽子

这时阿皮乌斯的仆人从执政官那里来了，他说有事要占卜师们去一趟。阿皮乌斯自大厅起身走了。正在那个时候飞进来了一群鸽子，这样就给麦路拉一个机会对阿克西乌斯说：如果你盖了一座鸽子房，即使这些鸽子是野的，你也会设想这些鸟是你的。要知道，在一座鸽子房里通常有两类鸽子：一类是野鸽子，也有人管它们叫石鸽，这种鸽子养在农庄的角楼和山形墙的尖顶里——它们是由于天生的胆怯而找建筑物最高的地方呆着。因此野鸽子多数栖息在角楼上，它们从地里飞到这里，高兴的时候再从这里飞回去。另一种鸽子胆子比较大一些，因为它们可以在家门口吃得饱饱的。这一种鸽子通常是白色的，而另外的那种，即野生的，有各种不同的颜色，只是没有白的。从这两类结合产生那第三类的杂种，是为利润而饲养的一种。这种鸽子都放进一个某些人称为鸽子房的地方；在这个地方常常关着多到五千只鸽子。鸽子房盖得像一只大乌龟，上面有一个拱形的圆屋顶。它有一个狭窄的入口和一些迦太基式的格子窗或是更宽的、有两扇格子的格子窗，这样整个地方光线既充足又可防止有蛇或其他有害的动物进去。里面的墙壁、天花板的每一部分都用大理石烧成的尽可能光滑的水泥抹上；外面也是如此，在靠近窗户的墙壁上则抹上一层灰泥防止老

鼠或蜥蜴从任何地方爬进鸽子房。因为再没有什么比鸽子更胆小了。很多圆的壁龛排成一排，每个壁龛里面放一对鸽子，从地面到屋顶要有尽可能多的排。每个壁龛要做得有个正好容鸽子出入的口，而且内部的直径要有三掌。在每排鸽子洞下有一个八英寸宽的架子挨着墙，鸽子可以把它当作一个降落之处，而在高兴时还可在上面走走。要有供鸽子饮用和洗涤的水流进去，因为鸽子是非常爱干净的鸟。因此看鸽子的人每月应清扫几次鸽屋，因为清除出的秽物是顶好的肥料，以致有些作者认为鸽子粪是超过所有的、最好的肥料。如果哪一只鸽子受到任何伤害，看鸽子的人必须注意照料它；假如死了一只，则必须把它挪开；而如果哪些小鸽子适于卖掉，他必须把它们取出来。他还必须安排个固定的地方，用一个网把这个地方跟别的一些地方隔离开来，而可以把正在孵卵的母鸽放到这里来，还必须让母鸽能够从那儿飞出鸽房。这样做有两个理由：第一，因为，倘若它们由于囚禁而食欲不振并变得虚弱，野外的飞翔和自由的空气会恢复其体力；第二，因为它们可以充作媒鸟[①]；要知道，它们由于幼雏的缘故，无论如何也会飞回鸽房来，除非它们被乌鸦杀死或是被鹰捉去。对于这些乌鸦、鹰等等的，看鸽子的人通常用两根涂有粘鸟胶的树枝加以捕杀，树枝插在地上，然后把它们弄弯到彼此挨到一起，把一只老鹰常捕食的动物拴在两根树枝当中，这样，粘鸟胶一经沾到它们身上，它们就落入圈套了。人们在剧场里常常让鸽子从自己的怀里飞出去，于是它们就

① 《农业全书》(xiv,3)说，如果你把没药抹在鸽子身上，或是把小茴香或陈酒加到它们的食物中去，则“所有附近的鸽子闻到它们的呼吸的香味，就也跟到你的鸽子房来了。”

真地能飞回家去，要不是它们能够这样做，人们绝不会放开它们。从这一事实也可看出鸽子确实可以回到一个地方去。食物放在围绕墙放着的小槽里喂它们，小槽里的食物是用管子从墙外面送进来装满了的。鸽子喜欢吃粟、小麦、大麦、豌豆、蚕豆和野豌豆。在角楼或农舍屋顶上养野鸽子的人也必须尽可能地采用这些同样的方法。

你必须为你的鸽子房弄到适当年龄的鸽子——既不要幼鸽也不要老母鸽——雄鸽的数目要跟雌鸽一样多。任何鸟类也不像鸽子那样多产。在四十天以内，一只母鸽怀孕、产卵、孵化并养育幼鸽。这个顺序是终年不断地继续下去，唯一的间隔是从冬至到春分。它们每一次孵两个卵，而当幼鸽长大，自己有了气力，它们便和它们的妈妈一样不断繁殖下去。打算养肥小鸽以增加其市场价格的人们，在它们一长起绒毛时就把它们跟别的鸽子分开，单独养着它们。然后用嚼碎的[①]白面包填喂它们；冬季一天两次，夏季三次，早、午、晚；冬季则去掉中午的一次。对于开始长羽翼的小鸽子，要折断了它们的腿[②]，丢在巢里，让它们的妈妈去照顾，因为这样，她整天便都要喂幼鸽和自己吃东西了。幼鸽在这样的情况下

① 从科路美拉(viii,10,4)的一段叙述可以看到，甚至要雇人来嚼无花果，而受雇者还可以得到好的报酬，有人把它(无花果)嚼了之后再来喂画眉，但这样做在养的鸟多的时候几乎是不合算的，因为要花很多钱雇人来嚼无花果，而由于味美，嚼的人们自己也会吃掉可观的数量。

② 科路美拉(viii,8,12)在重复了这一点之后，又说："被折断的腿不会给它们带来两天以上的痛苦，最多也只是三天的痛苦。"

较其他的鸽子肥得更快，而母鸽也变白了[①]。

在罗马如果一对鸽子长得好看，颜色美观，没有斑痕，属于良种，则很平常地它们可以卖到二百塞斯特色斯(一英镑十二先令)，而一对有特殊优点的鸽子则可以卖到一千塞斯特色斯(八英镑)[②]，不久以前，当一个商人打算从一位罗马骑士 L. 阿克西乌斯手中以上述的价钱买这样一对鸽子时，后者则非四百底内瑞乌斯不愿成交。阿克西乌斯说：如果我能买到一座现成的鸽子房，就像我在家里需要的时候买个陶制的鸽箱那样，我这时一定去把它买来送到我的别庄去。皮卡说，你这说法就好像在罗马和在乡下此时没有好多鸽房似的，也许你认为，在房屋的瓦顶上面有鸽棚的人们没有鸽房了？实际上，在这些人当中，有些人有价值十万塞斯特色斯(八百英镑)以上的设备！现在我要劝你从这些人当中的一个人手里买一座鸽子房，而在乡下建筑鸽房之前，彻底地在罗马这里学一学每天如何获取百分之五十的厚利吧。麦路拉，现在谈谈下一个题目怎么样？

① 人们很难理解为什么饲料充足和尽心照顾幼鸽会使母鸽变白。施奈德认为这个词应当是 *grandiores*。*candidiores*，即“更加健壮硕大”的意思。

② 普林尼写道，“许多人养鸽子养得着了迷……他们竟谈论它们的高贵和出身。”(x,110)如果人们知道鸽子的血统，那么这就等于说，主人选择一定品种的鸽子，使它们交配，以便使它们生出的幼鸽，具有主人最希望的那些优良品质。很可能在配种方面的这种有意识的选择，要在鸽子的许多代中间进行。(俄译本注)

参见科路美拉(viii,8,9)：“正像一位大的权威告诉我们的，他说，甚至在那奢侈之风不很严重的时代，一对鸽子也常常能卖到一千塞斯特色斯。”

第八章　斑鸠

他说，养斑鸠，就像养鸽子一样，你必须盖个跟你打算饲养的鸟的数目相适应的房舍，这座房舍也像我们谈到鸽子时所说的那样，必须有入口，窗户，干净的水和抹了灰泥的墙壁和天花板；只是不要沿墙的鸽巢而是代之以一排架子或竿子，再铺上麻制的小席。最下面的那一排离地不得低于三英尺，两排之间的间隔要有九英寸，最顶上的一排和天花板之间要有六英寸；排的宽度是要使架子能够从墙上伸出来而且要在这些架子上日夜喂这些鸟。喂它们的食物是干小麦，每一百二十只斑鸠一天约半配克。它们的住所要每天扫，以防止粪便对它们有所伤害，而且粪便可储作耕地时的肥料。催肥的最好时刻是靠近收获期，因为母鸟在这时最为肥壮，而多数雏鸟也在这时生出来，它们此刻也比较容易催肥。因此每年到这个季节，它们是特别赚钱的。

第九章　鸡

阿克西乌斯说，我极想知道禽类育肥技术的两个分支，我是指有关斑鸠和母鸡的育肥技术。麦路拉，我很希望你现在就谈一谈它们——然后，如果其他部分还有什么应当谈一谈，我们再来研究。麦路拉说，好的，鸡包括三类——家鸡、野鸡和非洲鸡。家鸡一般指在乡间农舍里饲养的那些。关于这些，谁要是打算建起个养鸡场——目的在于运用饲养技术和靠自己的勤奋获致大利，就像特别是狄罗斯人做过的那样[①]——那就必须注意如下五点：(一)购买：购买的品种和数目；(二)繁殖：交尾、孵育时所应遵守的条件；(三)卵：孵育；(四)雏鸡：饲养的方法和由什么样的家禽来照管它们；(五)育肥法；这部分可以作其他四部分的一个补充。

"母鸡"一词在特殊意义之下用来指雌性家禽；雄性的叫"公鸡"，半雄性的——指那些被阉割过的——叫阉鸡。阉割公鸡——为了使它们成为阉鸡——的办法是，用一块热铁，烫它们两只腿的

---

① 科路美拉(viii,2,4)说狄罗斯人都是养鸡的能手；因此如果采用科学的养鸡方法(大多数的希腊人，特别是狄罗斯人在养鸡方面是著名的)，那么养鸡这种行业是颇为有利可图的。但是他又说，狄罗斯人饲养的主要是斗鸡(塔那格拉的、罗得岛的、卡尔奇斯的和米地亚的)，而他却喜欢把意大利的当地的品种(他对这一品种作了详细的叙述)作为"勤苦的家长的收入来源"。他非常不喜欢斗鸡，"正如一个人的全部财产往往孤注一掷而被斗拳获胜者拿走一样"。参见普林尼(x,50)：狄罗斯人是最早养鸡的人。

下端[①]，直烫到皮肤破裂，伤处则用陶土加以涂抹。

期望有一座各方面都完备的养鸡场的人，自然要取得所有这三类。可是首先他必须有母鸡。买母鸡时必须选择多产的；它们的短的羽毛大部分应当是带红色的，羽翼应当是黑色的，爪趾要不一般长，头大、冠毛直立，体形硕大，因为这样的鸡是最能产卵的。雄鸡必须从它们热恋异性这一点加以选择；你可从如下的特征知道这一点：它们的身体肥壮，有一个红冠，此外，有一张短、厚而尖的喙，灰或黑的眼睛，红里透白的垂肉，带条纹的或有金色光泽的颈，羽毛丰满的大腿，短腿、长爪、长尾巴，羽毛丰满的翅膀；此外还可以提出如下的特点：经常昂首挺立和打鸣儿，顽强好斗，若有动物伤害母鸡，它们的勇气使它们不仅毫不害怕这动物，甚至为母鸡而跟对方厮杀。选择繁殖用的品种时，千万不要买塔那格拉、米地亚、卡尔奇斯种的公鸡，要知道，这些种公鸡虽然毫无疑问看着漂亮，在斗鸡时又是好手，可是在交配方面，生育能力却十分可怜。

假设你准备养二百只鸡，那么你必须给它们圈起一块地方，在里面盖两座离得很近的，朝南的母鸡房[②]；每座必须有大约十英尺

① 科路美拉（viii，2，3）说，在阉鸡的时候是用烧红的铁来烫它的距：但在阉割它们的时候并不是割去它们的生殖器，而是用一块烧红的铁烫它们的距。在距被火烫掉之后便涂上陶土，直到疮口愈合的时候。普林尼（x，21）也说，阉割的鸡就不再打鸣了；阉割的办法有两种，用烧红的铁烫它的腰部或是它的腿的下端……用这种办法它们更容易肥起来。亚里士多德（《动物志》，ix，246）则写过关于用烧红的铁烫雄鸡的臀部的事情。

② 科路美拉关于母鸡房的清楚明白的叙述（viii，3），可以拿来同瓦罗在这里的叙述加以比较。

有三个相连的房舍，中间的一间最小，长宽高都是七英尺。另外两间是 12×12×7 英尺，其中每一座又分为两层，底下的一层七英尺高，上面的一层四英尺高。整个母鸡房的入口在中间的房舍；两侧的房舍的左右的入口都和后墙连在一起。后墙中间是个暖炉，暖炉的烟通入两侧的房舍，“因为”，科路美拉说，“烟对母鸡的健康十分有益”。墙壁上挖穴做巢，或是把桩子牢牢地楔进墙里去，上面再放柳条篮子。在巢前面是一些长、五英尺宽、高度稍低于十英尺。每座鸡房应当安一扇三英尺宽一英尺多高的窗户。窗户应由柳条编成，当中的间隙要宽，以便有充分的光线照进去，可是还得挡住任何会伤害鸡的兽类钻进来。

两座鸡房之间要给养鸡人留一扇门，以便由此进去。每座鸡房里要横着架很多很栖木——总之，要足以承载所有的母鸡——每一栖木的对面都要为母鸡准备单独的巢。我已说过，鸡房前面必须有一片圈起来的空场院让它们白天可以呆在那里洗土澡。此外，还要为养鸡人准备一大间屋子居住，而四壁上面全部是母鸡的巢，这些巢都是在墙上掏出来的或者跟墙连接得很牢固，因为当母鸡孵化时巢的移动是不利的。母鸡将下蛋时你必须在它们巢里撒上糠，孵上以后，旧糠取走，换上新的，不然跳蚤和其他害虫会在里面孳生，使母鸡不能保持宁静——这样卵便时孵时辍或者变坏。人们说，如果你想让一个母鸡孵化，纵然它多产多孵也不能让它孵得超过二十五只蛋①。而且孵化的最好的时节是在春分与秋分之间。因此在此时之前或之后生的蛋，跟此时产的头一批蛋，都不应用来孵化；要是用来孵化，也要交给那些喙不尖爪不利的特别老

"跳板"。母鸡要产卵或孵卵时可以从这里上去，而如果它们直接飞到巢里去，便容易把蛋打碎。不能叫这些鸡睡在地上，"因为粪便会伤害它们的脚，会使它们得痛风病"。它们的栖木应当是方棱的。水要放在带盖子的木制或陶制的水槽里供它们饮用。水必须干净，否则会引起它们的舌病。它们可以通过水槽边上的孔去喝，这些孔的大小只够它们的脖颈伸进去。在场院沿墙的地方要堆放大量的土或灰——在柱廊下或是有遮檐的任何地方——好让母鸡在里面洗土澡，清洁它们的羽毛。

① 《农业全书》认为孵蛋的最高的数目是二十一个。科路美拉(viii,5,8)则认为孵蛋的数目按月份而有所不同："在一月里是十五个蛋，绝不应超过此数；在三月里，不要少于十九只；四月里是二十一只，而直到十月一日为止，每个月应是二十一只。十月以后，便谈不到孵蛋的数目了，因为在寒冷的日子里孵出的小鸡几乎总是活不成的。"所有古代的文献都一致认为孵的蛋必须是奇数的，而且要在月亮始盈的时候开始孵。

的母鸡去孵，而不给小母鸡去孵，因年轻母鸡此时应当用来受胎，而不让它们去孵小鸡。一至两岁生的蛋最好。如果你打算把雌孔雀蛋让母鸡去孵，那么，母鸡的蛋只有在它已经孵了孔雀蛋九天以后再加上去，从第十天开始，这样，它可以在同一时刻孵出小鸡来，因为小鸡要孵二十天，而孔雀是三九二十七天①。正在孵蛋的母鸡必须圈起来。这样它们可以日夜不停地孵，只是在一早一晚给它们喂食喂水时算是个间歇。养鸡人每隔些天要巡视一次、翻一翻蛋，使蛋的各个部分都可保持同样的温度。人们说把蛋放进水里，这样你就能够断定一只蛋是否好，是否充实，因为一只空的蛋漂浮在水面，而一只饱满的蛋沉下去，可是为了检查出这一点而用手去摇动蛋是不对的，这样就破坏了胚胎的脉管②。人们还告诉你说，当你把蛋对准光亮时，如果它显得透明，则这便是无用的蛋。想保存蛋以备后用的人，要以细盐或盐水把它们仔细地擦三四个钟头，然后冲洗干净，用糠麸之类的东西把蛋包起来。要注意一次孵化的蛋的数目是不均衡的。一只母鸡开始孵化以后四天，养鸡人就可以知道孵化的蛋里是否有一个胚胎。这时如果他拿一只蛋

① 普林尼(x,54)指出，孵蛋的时间要由气候来决定："在暖和的天气里，蛋孵得就快一些。因此夏天只需十八天，而冬天则需二十五天。"

② 普林尼在前引处叙述了所有三种试验方法，而且也使用了这一名词(x,54)：但注意在试验时不可摇动，因为胚胎的脉管一被搅混，就孵不出小鸡来了。

普林尼在另一个地方(x,53)所说的话，指的也正是这里所谓"胚胎的脉管"："在每一个鸡蛋蛋黄的中央都有一小滴血，人们推想这就是小鸡的心脏，一般认为每一个动物最先形成的就是这一部分：可以肯定，人们可以看到蛋里的这个小点在跳动，在跃动……"

亚里士多德认为小鸡便是从这个小点发育起来的，不过这个小点是在蛋白里，蛋黄是胚胎的养分(《动物志》,vi,3)。

对着光照一照，发现里面各处清晰，没有变化，那么应当把它扔到一边去，换上另一只蛋。

孵出的小鸡必须从几个巢里取出来交给一只育雏少的母鸡，而母鸡还可能有的少数剩下未孵出的蛋，要挪开放到其他还没有孵出蛋的母鸡那儿。母鸡带的小鸡不要多于三十只，因为任何一批小鸡都不能超过这个数字。

孵出以后的头半个月，早上你必须喂小鸡大麦粗粉跟水芹种子的混合物，里面加上点酒和水，但在喂食之前要充分搅拌一段时间，以防止在喂完之后食物在小鸡肚子里发胀。但不要给小鸡一点水喝。在这种混合饲料的底下必须有一层细泥沙以防止小鸡的喙被坚硬的土地伤害。小鸡的臀部、头、颈上开始长羽毛的地方，你必须经常给拿一拿虱子，免得使它们常常生病。靠近鸡房要烧起一只鹿角[①]，使蛇不致走近，因为小鸡通常会由于闻到这些动物的气味而死掉。小鸡必须带到太阳地里和粪堆上，让它们在那里可以打滚玩耍，因为这样它们就长得更好，而且不仅小鸡如此，就是整个鸡场里的鸡在夏天以及天气温和晴朗的任何时候都必须整天放到外面，可是必须在场院上罩一个网以防止它们飞出去或者一头鹰以及其他猛禽从外面扑进来。必须避免过热或过冷，因二者对它们都不利。一旦小鸡长出翅膀，就得训练它们跟随着一两只母鸡，这样别的母鸡可以腾出空儿去繁殖，而不必在养育小鸡上花费时间。孵化要在刚刚新月之后开始，因为此时以前开始的孵

① 科路美拉(viii,5,18)说，白松香或女人的头发也可以用于同样的目的。关于毒蛇，他说："你必须注意不要使小鸡被毒蛇喷上气，这种气味很毒，被喷上的无一能够幸免。"

化照例在大多数情况下结果都不好。母鸡孵化约需二十天。关于这些鸡,也许我说得太多了,因此对于其余的项目,我想谈得简短些,作为一种调剂。

野母鸡[①]在城里不多见,而在罗马,除非已经驯服的和养在笼子里的之外,也几乎看不到。它们在外形上不像我们的母鸡,而像非洲鸡(珠鸡)。这种鸡如果形体完美的话,则常与鹦鹉、白画眉以及其他这类的珍禽公开展览。它们在森林里,却很少在农庄里下蛋孵雏。据说加林纳里亚岛(Gallinaria)即从这种母鸡(*gallinae*)而得名——这是蒂勒尼安海中离意大利很近的一个岛,同利古里亚山、因提米利乌姆和阿尔布姆·印高努姆相对。有的人认为其名系来自我们的母鸡,因为这些母鸡最初被水手们带到那儿之后,便作为野生的鸡而繁殖起来。阿非利加鸡个儿大,身上有斑点,驼背,希腊人称之为 *meleagrides*[②]。这些鸡是最后被喜好珍味的人

① 施奈德和凯尔认为这就是意大利的鹧鸪。杜朗·德·拉·玛勒认为这种鸡是回到原始类型的鸡。他说:"重新变为野生动物的母鸡在意大利被关起来畜养的情况下并不能像印度森林中的野母鸡那样把自己的品种永久保持下去。这种鸡和印度的野母鸡一样也住在森林里。而且,瓦罗用来同大白鸡的颜色相比的、公鸡和野母鸡的颜色也是印度的野母鸡和野公鸡的颜色。然而,大家知道,如果把家畜和家禽放任不问任其野生,那它们在几代之后,便会重新取得原始品种的颜色。"

我认为,博物学家一致相信,或至少有很多人相信,欧洲的各个品种的鸡是从印度的林鸡(jungle-fowl)传来的。

② 参见普林尼(x,26):"同样地,那被称为 *meleagrides* 的鸡在贝奥蒂亚是善斗的。这种鸡就品种而论是属于阿非利加鸡一类的,它背上有隆起的峰,上面是有斑点的羽毛。由于它们的不好闻的气味,它们是外国的鸡当中最后才上了我们的餐桌的。"亚里士多德(《动物志》,vi,2,2)只提到 *Meleagris* 一次,他说它们生的蛋是带斑点的。

科路美拉(viii,2,2)对 *Meleagris* 和阿非利加的母鸡作了区分:被大多数人称为努米地亚鸡的阿非利加鸡和 *Meleagris* 相似,所不同的只是它在头上有一个红色的羽饰和冠,而 *meleagris* 头上的这二者却是蓝色的。杜朗·德·拉·玛勒就这一点指出:科路美拉在观察身边的这些禽类时没有发现前者和后者不过是同一品种的雌种和雄种而已,为此他并且引用了布丰的著作(《鸟类史》,iii,234)。希腊人和罗马人十分熟悉的珠

们从厨房带到餐厅的。由于这种鸡的稀少,它们是极为昂贵的。

这三种鸡当中,育肥之后供应市场的母鸡是最多的。它们被关在一个温度适宜、活动余地很小,而且又透光不多的地方,因为人们大都选择母鸡来育肥,而不一定挑选那些被误称为“米利亚”的鸡——因为,正如古习惯把“苔提斯”说成“苔利斯”,所以他们把“米地亚”说成了“米利亚”。这个名字原是用来称呼那些因其形体硕大而自米地亚进口的母鸡及其后代的;但后来凡是大个儿的母鸡,由于同这种米地亚种相似,就一律叫米地亚鸡了。人们把它们的翅膀和尾巴的羽毛拔掉,并以大麦饼,有时以大麦掺上瞿麦粉或掺上在淡水里泡过的亚麻子去填喂它们[①]。对它们是一天喂两遍,但要注意等第一顿消化了之后,再喂第二顿。这一点从某些迹象[②]可以看出来。喂过食并把它们的头部的虱子彻底捉干净之后,再把它们关起来。这样继续做二十五天,到二十五天过去后它们就完全变肥了。有的人用浸水的小麦面包再加上纯正的、芳香的酒去喂它们,设法在二十天里把它们养得又肥又嫩。如果它们由于喂得过量而食欲不振,那么每日的定量必须按其头十天内增

鸡,在中世纪便似乎从欧洲消失,而只有当欧洲人沿着非洲西岸和好望角到印度去的时候,这种鸡才重新被发现(杜朗·德·拉·玛勒)。

① 在《农业全书》(xiv,7)中,这三种食物被区分开来:“如果把它们养在温暖而黑暗的房屋里,并且把它们的羽翼拔掉,用搀水的大麦喂它们,则对它们就能取得最好的育肥效果。另一些人用大麦和瞿麦粉的混合饲料,还有一些人用大麦和亚麻子的混合饲料。”科路美拉(viii,7,3)建议使用大麦饼来喂鸡,大麦粉要用水浸过并且很好地揉过,或者,如果你想使鸡又嫩又肥,那么就用经过三倍的水稀释的上等葡萄酒浸过的小麦面包来喂。

② 科路美拉(viii,7,3):“直到你摸了嗉子之后确实知道没有前一顿的饲料留在里面的时候,你才能喂它们第二顿。”

长的情况以同样的差数递减下来，这就是说，必须每日减少同样的喂食量，而使得在第二十天上喂食量和头一天的相等。斑鸠按同法饲养育肥。

第十章　鹅

阿克西乌斯说，现在该轮着谈一谈光在农舍里和旱地上不能满足，还必须水池来养的那一类家禽了。这类家禽你们希腊迷称为两栖类，而对于养鹅的地方，你们则给它一个希腊的名字叫χηνοβοσκεῖον。斯奇皮奥·梅特路斯[①]和M. 塞伊乌斯都养过好几大群这类的鹅。

麦路拉说：塞伊乌斯在管理他的鹅群时注意做到下列五点：这五点在我谈到母鸡的时候已经提过：(一)鹅群的挑选，(二)饲育，(三)鹅蛋，(四)小鹅，(五)育肥出售。选择鹅群时他首先命令其奴隶检查鹅是否体大色白，因为在多数情况下，小鹅是同其父母相似的。原来有另一种浑身是彩色羽毛的鹅——人们把这种鹅叫野鹅——这种鹅不愿意跟头一种鹅呆在一处，而且也没有变得非常驯服。鹅交配的最好的时刻是从冬至开始，因为产卵、孵化要自2月1日或者3月1日延续到夏至。交配一般在水里进行，为此人们就把它们赶到一条河或者一个池子里去。一只鹅一年之中产卵不超过三次。必须为每一只鹅准备一座鹅房让它们生蛋，这块

---

① 克温图斯·凯奇里乌斯·梅特路斯·皮乌斯·斯奇皮奥是庞培的岳父，庞培又是他在公元前52年担任执政官时的同僚。他是在罗马内战结束时自杀的。

地方是二英尺半见方，里面要撒上干草。你必须在它们的蛋上做些记号，因为它们不孵别的鹅的蛋。一般给每只母鹅放九个或十一个蛋让它孵，如果少些，就五个，多的话，就十五个。孵蛋要三十天；如果天气比较暖和，就二十五天。一只鹅孵出它的小鹅来之后，头五天要让小鹅跟着母鹅。以后每天，如天气晴和，就把它们带到草地和池塘或沼泽地带去，它们的鹅房可修在地面上或地面下，里面不要同时放进二十只以上的小鹅，要留意勿使这些鹅房的地面潮湿，要为它们准备下用柔软的稻草或其他东西铺成的铺位，要留意勿使鼬鼠接近小鹅，勿使其他动物伤害它们。鹅是在潮湿的地方喂养的，为了给它们准备食物，要播种一种谷物[①]，而农民除了从鹅之外，还可以从这里得到一些利益；〔特别是〕为它们播种一种叫 *seris*（苣荬菜）的草本植物，因为这种植物即使在干了的时候，如果用水润一润，它又能变得绿生生的。人们是把叶子摘下来喂鹅的，因为如果你赶着鹅群到长这种草的地里去，就会发生危险。要知道，它们会践踏坏了这种植物，或是生来能吃的鹅会由于吃得过量而撑死。因此你必须约束着它们，因为常常在喂食的时候，一旦它们咬住了个草根子，就想从地里把它们拔出来，从而拧断了脖颈[②]。鹅的脖颈这部分非常脆弱，就和它的头是软的一样。如果你没有这种草，可以喂它们大麦或其他谷类。当有青饲料的

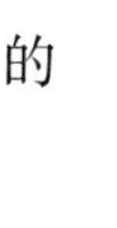

---

① 科路美拉（viii，14，2）说："应当给它们准备一块沼泽的，同时又多草的土地，上面要种上诸如野豌豆、车轴草和葫芦巴等不同作物，特别是被希腊人叫做 σέρις 的一种菊苣。"

② 科路美拉（viii，14，8）和普林尼（x，59）都提到了这件事。鹅在咬住草根向外拉时只是看起来好像会拧断脖子而已。

时候,你应当按照上面所说的喂 *seris* 的方式去喂它。如果它们正在孵卵,就拿在水里泡过的大麦让它们吃。刚孵出的小鹅喂两天粗大麦粉或是大麦,再以后三天喂水芹,水芹要切得很碎之后和上水,再盛在一种容器里。而当我们把它们关在鹅房里或是地下室里时——我已说过,一共二十只——要喂它们粗大麦粉或青饲料或一切切碎的嫩草。育肥时要挑六个月左右的幼鹅。把它们关进育肥室里,喂粗大麦粉跟浸水的细面粉,让它们尽量吃,每天三顿。饭后紧跟着就让它们饱饱地喝一通水。通过这样的方法,两个月左右它们就变肥了。每餐之后,喂食的地方要打扫干净,因为鹅性喜洁,虽然鹅本身呆过的地方从来就不是干净的。

第十一章　鸭

想养鸭群并且想搭一座鸭房[①]的人们，如果可能，首先应选一块潮湿的地方，因为鸭子喜欢潮湿地而不是别的地方。若这一点做不到，那么最好的地方是有一个天然的池塘或是一个人工水池，好让它们能够从台阶走到里面去。饲养它们的鸭房要有一道像你在塞伊乌斯的乡间别墅看到的那样的十五英尺高的围墙，而且这个地方只能有一个入口。沿着墙的里面是一排宽的架子，架子上面紧靠着墙要搭上有盖的窝，窝前面是鸭子的平台——用碎陶碾成的灰泥抹的一块平地。里面有一条贯通整个鸭房的水槽，水槽里要为它们准备下食物，还要使水流进来。因为这样它们才吃东西。四壁都要用灰泥抹光以防止臭猫或其他动物进去伤害鸭子，整个鸭房上面用一条大孔的网罩起来，以防止鹰飞进去，或是鸭子

---

① 科路美拉(viii,15)对鸭房作了详细而明快的叙述：选择一块平地，用一道十五英尺高的围墙把它圈起来。顶子是格子板或是大孔的网。墙壁要用灰泥抹光以防臭猫或白鼬钻进来，而在鸭房的正中要挖一座二英尺深的池子，池子的四周应当是混凝土(*signino* 是碾成细末的瓦加上灰泥而成的)的，池边要缓缓地斜到水里面去。水池的底部是石头的，相当池子的面积的三分之二，以防止有杂草长到水面上来。但池底的中央却不砌石块，而是种上埃及豆和其他绿色的水生植物。环池岸上二十英尺的地方都铺上草皮，这块地方的外面就是有鸭巢的围墙，每个鸭巢有一英尺见方。鸭巢有黄杨或山桃的树丛笼罩着，这些树丛就种植在鸭巢之间，但是树丛却比围墙要低。有一个小沟通到地里去，和水的鸭食便从这个小沟送进去。

飞出来。喂鸭子的食物是小麦、大麦或者葡萄渣——有时也喂河里的螯虾和某些诸如此类的其他水生动物。鸭房里面的池塘里必须流进大量的水以保持其经常新鲜。还有其他种类的和鸭子相似的动物，诸如水鸭、母红松鸡、鹧鸪，而鹧鸪正如阿克拉乌斯所描述的，它们听到雄禽的叫声便怀孕。这些禽类虽然不像鸭和鹅那样因其多产或味美而被育肥，但如果按同样方法喂养也确实还是能够长肥的。关于在我看来属于农场饲养的第一幕的事情，我要说的便是这些。

第十二章　养兔场

这时阿皮乌斯回来了，在相互问了问都做了些什么和说了些什么之后，他这样说下去：我们现在谈谈第二幕，即一般所谓农舍的附属部分，这一部分现仍按其古老的名字养兔场来称呼，其实这一名称只来自其用途的一部分。因为事实上，在一座犹如老年间只有一两英亩大小的小围场那样的、被围起的森林里，不只是养兔子——而是在许多英亩围起来的森林里养兔子，也养牡鹿或者獐子。据说克温图斯·福尔维乌斯·利皮努斯[①]在塔尔魁尼附近的乡下有四十优盖鲁姆（合二十六英亩）的围场，里面不仅豢养着我上面提到的那些动物，而且还养着野绵羊！此人在斯塔托纳附近还有甚至比这个还要大的围场，这类围场在其他地区也可以见到。此外，山北高卢地方 T. 庞佩伊乌斯有一片狩猎用的大围场，面积约四千平方步（约九千英亩）。在同一围场里通常单另有一些地方养蜗牛和安置蜂房，还有养睡鼠的桶。然而除蜜蜂之外，所有这些

---

① 克温图斯·福尔维乌斯·利皮努斯是与西塞罗同时代的人，大土地所有者。普林尼(viii,52)说："在罗马人当中第一个为森林中的各种动物圈起一些地方来的是福尔维乌斯·利皮努斯，他在塔尔魁尼附近就有一座兽苑。不久路奇乌斯·路库路斯和克温图斯·霍屯西乌斯就模仿了他的做法。"他还说(ix,56)："在庞培和恺撒之间的内战爆发之前不久，福尔维乌斯·利皮努斯在塔尔魁尼附近圈起了一块土地养蜗牛。"

动物的管理、繁殖、饲养都并不困难，因为每个人必须懂得，一座饲兔场四面的围墙应当抹一层灰泥，围墙还应当是高的——首先是防备鼬鼠、貂鼠和其他动物进来，其次让一只狼也不能跳进来——此外还要有隐蔽的地方，这样兔子在白天便可以在矮树林、草丛或是树枝四张的树下躲藏起来，使老鹰无法捉到它们。人人也都知道，假如你只放进几只公兔和母兔，那么不消多久饲兔场就会让兔儿填满了，这种四足动物的繁殖力是非常强的。看吧，如果你只是放进四只兔子，这地方不久就都是兔子了。确实的，往往一窝儿还没有生下多久，便发觉它们又怀上胎了[①]。所以阿克拉乌斯写道，如果有谁想知道一只兔子的年龄，他必须看大自然给予它的孔道[②]，因为兔子的孔道的数目的确是各自不同的。近来还有一种目前已通行的兔子育肥法，这就是把它们从饲兔场拿出来，放到笼子里关起来育肥。

目前这些动物粗略算来有三个品种[③]：第一个品种是我们的意大利兔，它们的特征是前腿短，后腿长，上半身色深，肚子白色，

① 杜朗·德·拉·玛勒在前引书(515)中说："瓦罗提到了兔子的多产；如果这种动物放在一个围场里而不使它受敌人的侵害，那么它确实是惊人的。他知道有关这种动物的构造的一件奇异的事实，这就是，甚至当雌兔业已怀孕的时候，它仍能同雄兔交配并且再度受孕。布丰(vii,105)说，它可以说有两个各自不同的子宫，可以各自独立地发生作用；因此这一品种的雌兔可以由于每一个这样的子宫在不同的时期受孕和分娩。"

② 普林尼(viii,55)对这一点作了解释：阿克提乌斯告诉我们说，兔子身上可以容蓄排泄物的器官总是同它们的年龄相等的；但器官的数目仍然往往不同。他还说，同一只兔子具有两性的特征，它无需雄性的帮助也会受孕。

③ 色诺芬(Cyn. 5)说有两个品种：(1)一种是体形大的，颜色像是半熟的橄榄，在前额地方有一大块白色；(2)一种是体形较小的，颜色是黄里发红，周身的白色很少。

耳朵长。这种兔据说就是在怀胎的时候还受孕。在山北高卢和马其顿,这种兔非常大,而在西班牙和意大利则只是大小适中。第二个品种产于高卢靠近阿尔卑斯山的地方[①],这种兔子跟前一种的区别就是通身雪白。这种兔子在罗马不常见到。第三种兔子产于西班牙,这种兔子在某种程度上类似我们的意大利兔,可就是个儿矮。这种兔子叫做 *cuniculus*[②]。L. 爱里乌斯[③]认为 *lepus*(兔)的名称来自它的敏速,因为它走起来十分轻捷(*levipes*)。我的意见则认为 *lepus* 一词之由来,盖源于古希腊字,因为埃奥力斯人通称兔子为 λέπορις。家兔(*cuniculi*)之称是因为它们在田地下掘洞(*cuniculi*)以便藏身到里面去。如果可能的话,最好是在一座饲兔场里把这几种都加以饲养。瓦罗,不管怎么说,我认为你一定要养两种,因为你居住西班牙[④]多年,我相信那儿的兔子一定会跟你到这里来。

① 普林尼(viii,55)说:“兔子有几个品种。阿尔卑斯山上的兔子是白色的,人们认为它们在冬天是吃雪的,但是在化雪的时候,它们就确实变成黄里透红的颜色了。”

② 普林尼在前引处谈到了它们的多产。它们在玛约尔卡和米诺卡蔓延到这种程度,以致那里的居民竟要求奥古斯都派军队来除掉它们。有趣的是在同一章里我们看到,人们也和今天一样,是用驯服的白鼬来捕捉兔子的。

③ 路奇乌斯·爱里乌斯一斯蒂罗,公元前 150 年左右生于拉努维姆,骑士等级出身,信奉斯多葛派哲学,是罗马最著名的语法学家之一,瓦罗与西塞罗均出其门下。(俄译本注)

④ 这里恐未必指瓦罗在西班牙对恺撒所进行那一短时期的不光彩的战役,因为那是公元前 49 年的事情,而前面已经提到,这里的谈话时间是被放在公元前 54 年的。

第十三章　野猪和其他四脚兽

关于野猪，阿克西乌斯，你知道，它们也能够养在围场里，捉来的野猪跟在围场生下来的驯顺的野猪一般用不着多大麻烦便可育肥拿到市场上出售；因为你本人已经在图斯库鲁姆附近的农庄（这一农庄是瓦罗在这儿从M. 帕皮乌斯·皮索手里买的）上亲眼看到野猪和獐子在一固定的钟点，听到号角声而聚集起来吃东西，而人们则从一个高的地方（从比武台？）[①]给野猪倒出橡子，给獐子野豌豆或其他东西。阿克西乌斯说，是的，当我在罗伦图姆附近、Q. 霍屯西乌斯那里住的时候，我看到更多是按照色雷斯的方式[②]来做同样的事情，原来那里有一片据霍屯西乌斯说有五十多优盖鲁姆的树林，这片树林用一道围墙圈起来，这个围场他不叫做饲兔场，而叫饲兽场。在那里的一个高岗上面

① 因为瓦罗认为野猪吃食时相互争吵的情况很有些像是角力学校中的比武台。

② 这是说，仆从扮演色雷斯的奥派乌斯的角色，因为他的音乐有驯服野兽的力量。参见荷拉提乌斯（A. P.，391）：

神圣的奥派乌斯、神的通事

曾阻止森林中的原始人的屠杀和丑恶的生活：

因此据说他能驯服老虎和残忍的狮子。

有一张餐桌和一些卧椅供我们进餐，我们的主人把奥派乌斯[①]叫了来。他来了，穿着长衫，而在主人吩咐他弹着竖琴歌唱的时候，他却吹起号角来，于是一大群牡鹿、野猪和旁的四脚兽一下子都跑来围上了我们，真是好看极了。我想这就仿佛营造官在大赛马场里给我们看一场没有阿非利加的猛兽[②]的狩猎似的。

① 传说中色雷斯的歌手，据说他的歌声曾使木石移位并把野兽聚拢在一起。

② 这里特指豹子。普林尼说，元老院有一项古老的规定，禁止把豹子输入意大利。格涅乌斯·奥菲狄乌斯（可能在公元前 170 年）取消了这一禁令。（俄译本注）

第十四章　蜗牛

阿克西乌斯说，我的朋友麦路拉，你要讲的那一部分，由于阿皮乌斯已谈得不少而变得容易些了。第二幕，也就是关于狩猎的那一部分，很快谈完了，而剩下的——蜗牛和睡鼠——我倒不怎么渴望听它们，因为这个题目不是很难谈的。阿皮乌斯说，阿克西乌斯啊，我的亲爱的伙伴，不见得吧，要知道，你必须为你的蜗牛床找个合适的地方哩，而且这块地方必须是露天的，四面要完全被水围住，否则当你把蜗牛放进繁殖的时候，将发现不仅小蜗牛没有啦，连母蜗牛也瞧不见了。我再说一遍，你必须用水把它们限制住，不然你就还得雇个"追捕奴隶的人"①。

养蜗牛的最好的地方是露水多而又没有日光晒着的地方。如果没有这么一个天然的好地方（有阳光照射的地方这种情况是很平常的），如果，比如说，在下面受到湖水或溪水冲洗的山石脚下，你又没有碰上一个阴凉的地方来设置蜗牛床，那么，你就要用人工弄一处多露水的地方。这个地方可以这么安排，用一根上面有几个小喷头的水龙带；把水喷在附近的一块石头上，于是水就溅向

① 原指被雇来追踪和带回逃跑的奴隶的人。瓦罗这里用了一个很有风趣的比喻。

四方。

蜗牛只需要一点点食物，用不着人来喂它们；它们在饲养场地面上四处爬行的时候自己会找食物吃，除非让溪流挡住，它们甚至会爬上直立的墙壁去找东西。确实，当它们在小商贩的货摊子上摆着的时候，只是扔给它们一点月桂树的叶子跟少量的麸子，它们借着反刍就可以活好长时间。这样，在厨师烹调它们的时候，照例说不清它们是死的还是活的。

蜗牛有若干品种：产于列阿提附近的小白蜗牛，伊利里库姆的大蜗牛以及来自阿非利加的不大不小的蜗牛。不过即使是在这些地方，蜗牛在分布和大小方面还有区别；比如，阿非利加有一种非常大的蜗牛，叫 *Solitannae*，大到能在它们的壳里放进八十个嗄达兰（三加仑）的东西。同样，在别的国家里，即使是同种的蜗牛大小彼此也不一样。当繁殖的时候，它们孵出无数小蜗牛；小蜗牛特别小，有一层柔软的壳，但这壳逐渐会硬起来。要是在饲养场里做一些大岛，它们（蜗牛）便能给你带来一大笔钱。我还要说，蜗牛通常用下面的方法育肥。把它们养在一只有孔的瓮里面，瓮里贴上浓葡萄汁和斯佩耳特小麦的一层混合物。必须有这些孔以便空气流进。蜗牛的生命力的确是很顽强的。

第十五章　睡鼠

养睡鼠的地方是另外一种，它应当是一块不用水围绕起来的，而是用一道围墙围绕起来的地方，整个围墙里面要用光滑的石头或灰泥敷面以防止睡鼠爬上去。在里面应当有结橡实的小树。如果这些树不结实的话，就要把橡实和栗子扔到墙里面去，使睡鼠得以饱食。要做一些比较宽敞的洞穴让它们能在里面产小鼠。不要很多的水，因为它们只需一点点水，并且喜欢呆在干燥的地方。睡鼠是在瓮里育肥的，很多人在别庄里都有这种瓮。陶工制造的这些瓮，其构造同别的瓮差别很大，因为瓮边有小凹沟，还有一个洞，以便在里面放食物。瓮里边放橡实、胡桃或栗子。瓮上安一个盖，见不到太阳的睡鼠长得肥①。

① 参见普林尼(viii,57)："睡鼠也是一种半野生的动物，第一个建立野猪场的人(福尔维乌斯·利皮努斯)用大桶饲养它们。关于这种动物，人们指出睡鼠只和同一森林中的睡鼠交配，如果把不同流域或山区的睡鼠放到一处，它们便会打架并相互咬死。它们养活衰老的双亲时极为孝心……在意大利，只是在美西亚森林一个地方可以看到睡鼠"。施奈德引用过的阿尔倍尔图斯·马格努斯对睡鼠有出色的描述，他说在他的那个时代(约1250年)，波希米亚和卡林提亚地区的农民都大量育肥睡鼠。

第十六章　蜜蜂和养蜂场

阿皮乌斯说，这样，关于农庄内的饲养方面我们便进行到了第三幕，即关于鱼池的部分。阿克西乌斯说，怎么能是第三幕呢！你以为由于你在青年时代是如此节俭乃至不在家里饮蜜酒[①]，而我们便不去谈蜂蜜吗？他转向我们，说，阿克西乌斯说得对，因为我们承受的遗产很少，还要养着两个兄弟、两个姊妹[②]。姐妹中有一个我聘给了路库路斯，但没带一份儿妆奁，只有当他把自己继承的一份产业给了我的时候[③]，我自己才开始在家里饮蜜酒，虽说这种酒在宴会场合是司空见惯，几乎每天每人都喝得到的。此外，我比你们更加有义务来了解这些带翅膀的小动物[④]的生活习惯，要知道，大自然曾赋予这种小动物以最大的才干与技能。因此，为了证

① 蜜酒的做法是：把葡萄开始压榨之前流出的汁液每一瓮（容量十三点一三公升）加上十斤上等的蜜；把两种液体细心调和后，分倒在一些酒瓶里放在阁楼的阴暗处。三十一天之后，把蜜酒滤过，再倒入另一些酒瓶，然后放到有烟通过的地方去。（参见科路美拉，xii，41）。（俄译本注）

② 施奈德指出，阿皮乌斯有三个姊妹。可能其中的一个姊妹是在他父亲在世时便结婚了。

③ 这里可能指路库路斯指定阿皮乌斯为继承人，也可能是路库路斯放弃了属于他的继承权而让给了阿皮乌斯。

④ 阿皮乌斯指的当然是蜜蜂，因为他认为自己的名字 Appius 是和 *apis*（蜜蜂）有关系的。

明我对它们比你们知道得多一些，让我跟大家说说它们那令人惊异的、天生的才能。然后麦路拉一定要像先前那样，跟我们谈一谈养蜂人一般使用的养蜂法。

第一，蜜蜂有的是蜜蜂产的，有的是从一头公牛的腐烂的尸体里生出来的[①]。因此，阿克拉乌斯在一首短嘲诗里把蜜蜂叫 βοὸς φθιμένης πεπλανημένα τέκνα（一只死母牛的遨游之子），他还写道：ἵππων μὲν σφῆκες γενεά, μόσχων δὲ μέλισσαι（黄蜂产自马、蜜蜂产自小牛）[②]。

蜜蜂不是像鹰那样的孤独的动物，而是像人类那样是群居的。虽说寒鸦在这一点上也像人，但到底不是一回事，因为蜜蜂是共同劳动，共同筑巢，跟寒鸦的情形不一样；蜜蜂有方法又有技术，从它们身上我们学到如何劳动，建设和储藏食物，因为这三件事是它们所关心的：即食物、住所和劳动；蜂蜡同食物、蜂蜜或住所也不是一

① 《农业全书》(xv,2)根据德谟克利特和瓦罗的说法提出了用公牛生产蜜蜂的方法："盖一座长宽高各十五英尺的房子，房子有一扇门，四扇窗——每面一扇。在这座房子里放一头三十个月大的、肉多而非常肥的公牛，这头公牛是被一伙年轻人用棍子活活打死的。这公牛要打得肉碎骨折但又不能流血。然后他们必须使这头牛背朝下，用百里香盖上它，再离开这间屋子。门窗都要抹上厚泥封住，不让一点空气进去。这以后第三个星期，打开门和所有的窗户，放进光线和新鲜空气。继而等这一尸体又有生命朕兆出现时，再像以前那样把窗户和门封闭起来。在第十一天头上再度打开以后，你就可以看到整个这间屋子里一群一片悬在一起的都是蜜蜂了，而那只牛除了角、骨头和毛以外什么都没有了。"

再参见维吉尔：《农业篇》(iv,550—8)。

② 这句诗是公元前二世纪的希腊诗人尼坎德罗斯的。很难说明为什么古人普遍认为蜜蜂会从公牛或母牛的尸体中繁育出来。这种说法保持了很久，直到十六世纪我们仍然能在德国的农业手册中看到这种说法。科路美拉同意凯尔苏斯如下的说法，即只有不明智的主人才同意把像公牛这样值钱的动物打死以便取得可以用其他便宜的方法也可以繁育的蜜蜂 (ix,14,6)。(俄译本注)

回事。你知道，蜂巢里的每一间蜂房有六个角，角数跟蜜蜂的脚一样多，几何学家证明，以正六角形填充一个圆形，它可以利用其空间至最大可能的限度。它们在外面田地里采食，在蜂巢里劳作，制造神和人都喜爱的甜丝丝的食物——因为蜂巢上祭坛，而蜂蜜则用于宴会的开始和第二道菜[①]。蜜蜂像我们一样，有国家，国家里有国王、政府和有组织的社会。它们不喜欢任何不洁净的东西，因此任何一只蜜蜂都绝不会停歇在一块肮脏的或是有臭味的，甚至沾有芳香油类的气味的地方，所以如果谁"抹着油"[②]走近蜜蜂，就不免被它们叮一口，它们不像苍蝇那样要去舔油。人们从来没有见过它们像苍蝇那样停在肉、血或是油脂上面，而只是停在有一股香味儿的东西上面。这是一种最无害的[③]小动物了，它不会毁坏任何人的产物；它虽自知软弱，却敢于抵抗任何试图损害它自己的工作的人。它们被称为"缪斯女神之鸟"是当之无愧的，因为，一旦它们被驱散，用铙钹一敲或是一拍手很快就又把它们聚拢在一起；正如人们曾经把赫力孔山及奥林匹斯山给予诸神那样，大自然也

① 参见普林尼(xix,8)：罂粟的种子炒过之后和上蜜，通常在古人的餐桌上是作为第二道菜的。

罗马的正餐一般由三部分组成："冷盘"、正菜和尾食。蜜酒通常是在正餐之前和之后才用的。罂粟子的点心则是尾食。蜜用于 *promulsis*(冷盘)，它在祭仪中也占有重要的地位。(俄译本注)

② 油膏的使用在有钱的罗马人中间十分普遍。他们在晚餐之前要入浴，然后涂上芳香的油，因此 *unctus*(涂油的)便有英语中"盛装的"(in evening dress)的意思。参见亚里士多德(ix,40)。

③ 参见《农业全书》(xv,3)："它不打搅别人的工作，但是对于那些想打搅它的工作的却给了极为顽强的抵抗，而且它知道自己的软弱，因此把它的住处的入口处做得既狭窄又弯弯曲曲。"

把野外到处是鲜花的丛山给予蜜蜂。不管这个受到爱戴的蜂王到哪里去,大伙总跟着它;如果累了,大伙就支持它;如果它飞不动了,大伙就热心地去拯救它,它们把它扛在自己的肩头上。它们总是勤勤恳恳,而憎恨懒惰的家伙。因此它们攻击那些雄蜂,把它们从蜂巢赶出去,因为这些雄蜂对工作丝毫无补却吃掉蜂蜜;常常是几只蜂[①]追击那惊恐地发出喊叫的一大群雄蜂。在蜂巢的入口的外面,它们以一种希腊人称之为花粉的东西堵起一切漏风的洞孔。它们全体像生活在一个部队里一样,以同等的工作与休息时间按时作息;它们还派出我们可称之为移民队的东西,〔这些移民队〕的首领通过它们的声音要大家做某些事情,就仿佛军队的喇叭那样。这种情况发生在当它们彼此发出和平或是战争信号的时刻。可是,麦路拉,我担心咱们的朋友阿克西乌斯在这儿听到博物学的这些细节时将会烦死,因为我没有谈到一点关于利润的话,所以在这场赛跑中我要把火炬交给你了。

于是麦路拉开始说道:关于利润,阿克西乌斯,我要说点或许是你爱听的。不仅塞伊乌斯,而且我们的朋友瓦罗在这儿也会支持我的说法,要知道,塞伊乌斯出租蜂巢,每年租金五千磅蜂蜜;至于瓦罗,则我听他说过下面这件事。有姓韦伊安尼乌斯的兄弟俩,曾在西班牙[②],在瓦罗手下供职。他们是法莱里附近的人,那时家境小康,虽说他们的父亲留给他们的不过是一个小农舍和一点点

① 原文 *paucae*,但普林尼(xi,11)似乎认为在这里应是 *paucos*,因为他说:当蜂蜜开始酿成的时候,蜜蜂便赶跑了雄蜂,它们大批地攻击每一只雄蜂,把它们全部杀死。

② 从这里以及从本书第三卷第十二章来判断,瓦罗在公元前 54 年(即进行这些对话的年代)以前,也就是他在内战中失败之前,曾在西班牙担任过领导的军职。

的土地——真是不足一英亩。他们在房屋周围搭起蜂巢，弄起座花园，而把所有他们其余的田地都播种下百里香，带枝的紫花苜蓿和 *apiastrum*——这种植物有人叫它蜜叶，有人叫它蜂叶，还有人叫它蜜蜂花。这样，这两兄弟通常每年从蜂蜜所得——以非常合理的方式计算——从来不下于一万塞斯特色斯（八十英镑），可是，他们说，总想等个好机会，找个买主，但机会不适宜时却不急着出手。阿克西乌斯说，好吧，请跟我说在哪儿以及怎么就可以弄起个养蜂场来以获厚利吧。麦路拉回答说，你必须如此这般地办起你的养蜂场来——第一，如果可能的话，养蜂场应靠近农庄房舍，在一片没有回声的地方，因为人们认为这种声音会使它们飞掉。温度要适宜，夏天不致酷热，冬天不致背阳；蜂房在冬天最好是安置在朝着日出方向的地方，在它们附近必须有充分的食物和清洁的水。如果自然没有给安排下适当的食物，则养蜂场的主人必须播种下蜜蜂一般喜欢去采蜜的植物：诸如玫瑰、野百里香、蜜叶、罂粟、蚕豆、扁豆、豌豆、罗勒、莎草、紫花苜蓿，特别是带枝的紫花苜蓿，这种植物在蜜蜂感到不适的时候对它们非常有益。而且带枝的紫花苜蓿春分开始开花，继续开到第二个分日，即秋分。但带枝的紫花苜蓿对蜜蜂的健康功效尤佳，而对蜂蜜来说，则以百里香为最好。这便是西西里的蜂蜜所以最负盛誉的缘故，因为在那里盛产良种的百里香。因此有些人在研钵里将百里香捣碎，加上微温的水，然后喷洒所有为蜜蜂播种的苗床。

至于位置：最好选择靠近农舍的地方；为了更加安全，有人甚

至把养蜂场安置在住宅的柱廊里面。有人把蜂箱做成圆形的[①]，能找到柳条的地方用柳条编；还有人用木头或树皮做，或是用一段空心树或用陶器做；又有人用茴香茎把蜂箱做成长方形，大约三英尺长，一英尺宽，在里面的蜜蜂太少时，总要把蜂箱做得尺码小一点，否则蜜蜂呆在一个又大又空的地方会感到扫兴。所有这些构筑物，由于蜂蜜所提供的滋养物而称为 *alvi*（蜂箱），而当人们勒紧他们的腰部的时候，我想，那是在模拟蜜蜂的形状[②]。用柳条编的蜂箱，里外都要抹上牛粪，否则蜜蜂会被柳条的粗糙吓跑了。蜂箱都要安置在一根根从墙上支出来的架子上，要安得牢固不会动摇，在排成一行时彼此要不碰着；第二排，第三排都应摆在头一排的下面，中间各留一空当儿；人们说，排不要多，最好不要第四排。蜂箱中间的左右两方穿些小孔，让蜂从此进入，在蜂箱后面安个盖儿，这样使养蜂的人能够取出蜂蜜。最好的蜂箱是用树皮做的，最次的是用陶土做的，因为陶土做的蜂箱会受冬天的寒冷和夏天的炎热的强烈影响。养蜂的人春秋两季每月必须检查蜂箱三次左右，

① 科路美拉（ix，6）在很多地方采用了瓦罗的说法：“如果这个地区盛产软木树，则无疑最顶用的蜂箱都是用薄软木做的，因为这样的蜂箱冬天既不太冷，夏天又不太闷。茴香茎因为性质像软木，故而同样也很适用；如果在手头任何一种都没有，那么可以用柳条编的。如果连柳条也没有，那么就用掏空的或锯成板子的树木。陶制的蜂箱最次，因为到夏天它们就成了炉子而到冬天又成了冰窖。此外还有两种，一种是粪砌的，一种是砖搭的。凯尔苏斯很正当地斥责前一种，因为这种蜂箱容易引火；他对后一种是赞许的，但是他不否认它有无法搬动的缺点。”

② 我认为蜂箱不可能有“蜂腰”，因此原文的 *quas* 指 *alvos* 的本义，即腹部，他并且引阿里斯托芬的《财神》（561）中的话为证，因为在这里提到人们长得身材瘦长像胡蜂一样。

但有些译者曾认为蜂箱不可能像蜂腰那样，中间细下来，但后一种译法也不易理解，因为在罗马当时并没有束腰的习惯。（俄译本注）

适当地用烟熏一熏，还必须清扫蜂箱，驱除一切害虫。他还得注意到不使几个蜂王同在一个蜂箱里，因为这样，蜂王的吵架会造成损害。由于蜜蜂里有三类蜂王——黑色的、红色的和带条纹的，或者按照美尼克拉提斯的说法，有两类，即黑色的跟带条纹的①（这也是较好的一种），因此，有些人认为一旦有另一蜂王跟它在一起，它就要跟那个蜂王吵架而毁了蜂箱，因为不是它赶走了另一个蜂王，就是它自己带着一大群蜂被赶走。因此如果在一个蜂箱里有两只蜂王，养蜂的人最好弄死那只黑色的。不是蜂王的蜜蜂最好的是个子小，体形圆，有条纹。被另一些人称为雄蜂②的"贼"，是黑色的和宽腹的。像黄蜂的那种蜂不参加劳动并且有螫人的习惯，因此蜜蜂把它从它们的集体里排除出去。蜜蜂分为野蜂和驯蜂——这里我所谓"野"蜂，是指那些在林地养着的，所谓"驯"蜂，是指那些在耕地养着的。野蜂个儿较小，浑身有毛，但它们是较好的劳动者。

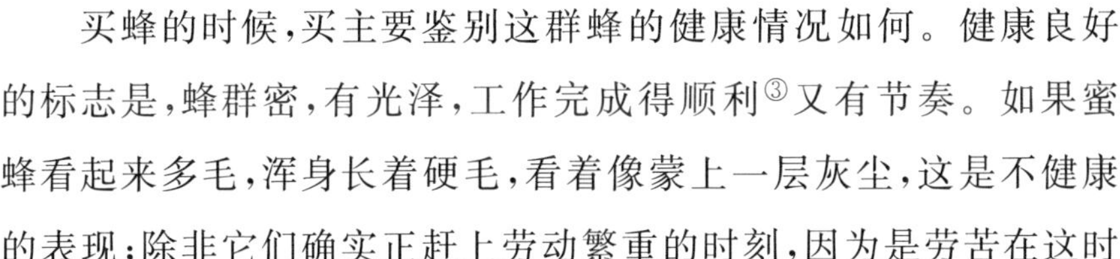

买蜂的时候，买主要鉴别这群蜂的健康情况如何。健康良好的标志是，蜂群密，有光泽，工作完成得顺利③又有节奏。如果蜜蜂看起来多毛，浑身长着硬毛，看着像蒙上一层灰尘，这是不健康的表现；除非它们确实正赶上劳动繁重的时刻，因为是劳苦在这时

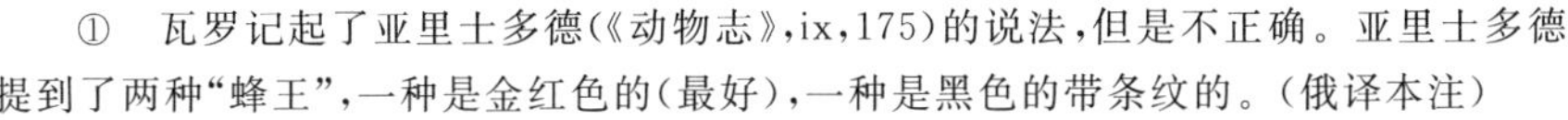

① 瓦罗记起了亚里士多德(《动物志》，ix，175)的说法，但是不正确。亚里士多德提到了两种"蜂王"，一种是金红色的(最好)，一种是黑色的带条纹的。(俄译本注)

② 亚里士多德(上引处)把"雄蜂"和"贼"作了区分：第二类，即所谓"贼"是黑色的和宽腹的。此外还有雄蜂，这是一切蜂中最大的，但是它没有刺而且迟钝。可能瓦罗把这一段看错，从而把二者混为一谈了。

③ 亚里士多德(上引处)说粗糙的蜂房不是"坏蜜蜂"就是没有经验的幼蜂干的活儿。

使它们变得粗糙而且样子不好看的。

如果你不得不往别处挪动蜂箱，你必须很小心，注意适当的时刻，准备下合适的地方挪过去。比如，春季就比冬季好一点，因为，如果在冬季挪，它们就不容易习惯它们的环境，而一般就会飞走。如果你从一个好的环境把它们挪到一处没有适当食物的地方，它们就会从那儿飞掉。再者，如果你打算在同一地点把它们从一个蜂箱换到另一个蜂箱，必须小心几件事情：你一定要用蜜叶擦过准备把它们挪过去的蜂箱，因为这种东西非常强烈地吸引它们，而在蜂箱里面，离入口不远，你必须安放几个带蜜的蜂房，恐怕当它们发现这儿没有任何东西可吃时……。他说，当蜜蜂被它们在早春采集的食物，其中包括杏仁和山茱萸花弄得很不舒服的时候，它们就会患下痢，这时便应给它们尿喝来治疗①。

所谓蜂胶是蜜蜂（特别在夏天）用来在蜂箱前面它们的入口上方作成一种三角墙的物质。医生们也利用它制作同名的膏药②；因此在圣街它比蜂蜜还能赚钱。所谓花粉——一种跟蜂蜜或蜂胶不一样的东西——被蜜蜂利用来把蜂房的边黏合在一起，因此它

---

① 大多数的古代作家都谈到了对蜜蜂致命的这种病（这种病是由 *tithymalus* 即海莴苣和 *samera ulmi* 即榆树的种子引起的），他们还说意大利这种植物多的地方蜜蜂就养不起来。

科路美拉认为蜜蜂在春天会由于吃了大戟的花和“榆树的苦的种子”而泻肚。为了证实这一点，他引用了这样的事实，即“就是大牲畜吃了大戟也会泻肚”，而且“在意大利的栽种榆树的那些地区，蜜蜂很少能活得长久并且不易繁殖。”他还引用希吉努斯的说法，指出牛的尿和人的尿都可以作为药使用（ix，13，2 和 6）。（俄译本注）

② 普林尼（xxii，24 开始处）叙述了 *propolis* 在医药方面的应用。“它可以把刺和异物粘出来，使肿疡出脓，使硬肿块平消，缓和肌肉风湿症的痛苦，还可以治疗别的药治不好的溃疡。”

有吸引蜜蜂的力量。于是人们用它和蜜叶的混合物涂抹在打算让蜂群落上的树枝或其他东西上面。蜂房是蜜蜂用蜂蜡做成的；在它里面分成很多格，每一格有六个边，跟大自然赋予每一只蜂的脚数相同。人们还说，蜜蜂不是同样地从每种花那里采集它们准备带回去制造这四种物质（蜂胶、花粉、蜂房即蜂蜡、蜜）的材料。有些植物只能供给制造其中一种物质的材料；因此，从石榴和天门冬，蜜蜂只是吸取食物，从橄榄树取蜂蜡，从无花果树取蜜，不过这种蜜不是好的蜜；有些别的植物供给两种，比如从蚕豆、蜜叶、葫芦和卷心菜可以取得蜂蜡和食物；从苹果树和野梨树，同样也得到两种，即食物和蜂蜜；从罂粟则可以得到另外的两种——蜂蜡和蜜。有些植物也供给三种物质的材料；比如杏树和 *lapsanum*（甘蓝？）就供给食物、蜜、蜂蜡。蜜蜂从其他花吸取材料的情形也是一样，因为它们选择某些东西制造一种产品，选择其他一些东西制造几种产品，它们也还采用另一种差别——或者无宁说这种差别采用它们[①]——这一点从蜂蜜上面可以看得出来，因为从一种植物——比如 *sisera* 的花[②]——它们制造液体蜜，而从另一种植物，如迷迭香制造的蜜就稠。从别的东西做也是同样的情况，比如从无花果树制造的蜜味道便不好，但从树状的紫花苜蓿制造出来的

① 凯尔说，瓦罗这句俏皮话的意思不外是：蜜蜂本身并不能决定它们要从某一特定的植物制造出哪种蜜来。

② *sisera* 一般写作 *siser*，从普林尼（xiv，5）的记述来判断，它是所谓欧洲防风（英语 parsnip）。庞特狄拉则认为 *sisera* 可能和克列斯肯提乌斯所说的 *ciceris*〔雏豆〕是一种东西。

味道就好，而从百里香[1]制造的为最好。

食物有稀有干，蜜蜂的稀的食物是清洁的水，应当准备水给它们喝。水要靠近它们的蜂箱而且要作为一道水流接连不断地流过去，或是做成个小池子，但池深不得超过二或三指宽，在这道水流或是小池子里必须放些小罐子或小石头之类的东西使它们稍微高出水面，这样蜜蜂能够停在上面喝水。在这件事情上你必须特别注意检查水是否清洁，因为水清洁与否对于制造品质优良的蜂蜜至关重要。由于不是任何天气都允许它们远远地飞出去寻觅食物，因此人们就得准备食物以备它们的急需，以防止一旦天气不好，它们便不得不只靠蜂蜜活着，或者在它们吃光了蜂蜜之后就离巢而去。因此，用约十磅成熟的无花果加六孔吉乌斯（约四加仑半）水煮熟，然后做成饼放在蜂箱附近。还有的人用容器盛满被蜂蜜弄甜了的水放在近处，水面上撒上干净的羊毛，这样蜜蜂可以通过羊毛吸吮蜜水喝，同时可以避免一下子喝得过多或是掉到水里这双重危险。每一蜂箱旁边放一只经常盛满这种水的容器。还有的人把葡萄干和无花果放到一块儿捣碎，在这种混合物上倒上浓

① 科路美拉（ix，4，6）在列举了蜜蜂用来采蜜的许多植物之后，提出了如下等级的蜜：（一）百里香的蜜味道最好；（二）几乎同样好的是：香草、野百里香和马约兰的蜜；（三）不是这样好但是也相当不错的是迷迭香和 *cunila*（一种野生的马约兰）；（四）味道还差不多的是柽柳和枣树的蜜；（五）最差的则是芦苇草、*arbutus*、甘蓝和其他施肥的植物。亚里士多德（v，22）说，蜜蜂从花萼里有花的一切植物中采蜜。

葡萄汁，然后做成饼子放在蜂箱外面的一个地方[①]，使蜜蜂就是在冬季也照样有东西吃。当蜜蜂将要成群离巢的时候（在许多幼蜂安全地生产出来，而蜂箱里的蜜蜂打算送出它们的幼蜂，像古时的撒比尼人常因其子嗣过多而不得不出去开辟移民地那样，也去别立门户时，通常总是会发生这样的事情的），你可以从通常在这之前的两个预兆而知道它们在什么时候这样做。（一）几天之前，特别在晚上，可以看到一群群的蜜蜂在蜂箱的入口的前面像一串葡萄那样地连在一块。（二）在它们正要飞去或实际上已开始这样做的时候，它们就发出很高的嗡嗡的声音，仿佛士兵拔营时的声音一样。先头离开蜂箱的蜜蜂在附近飞着不走，频频回顾其他尚未行动起来的蜂，直到它们也跟着飞过来。养蜂的人看到这种现象，他便向蜜蜂扔土[②]，或是绕着它们敲击铜器，这样来恐吓它们，同时在打算引着这些蜜蜂去的不远的地方，用花粉、蜜叶和蜜蜂喜爱的其他东西加以涂抹。当蜜蜂停下来的时候，这时就要把一个蜂箱带过去，蜂箱里边应涂上一层我上面提到的、对蜜蜂有引诱力的物质。

---

① 这里英译者是按照为凯尔所接受的维克托里乌斯的解释来翻译的。但施奈德却指出，蜜蜂在冬天是不离开蜂箱去找食物的。也可能这里的 *foras* 是普林尼前注引文的 *ad fores*（或 *foras*），这样这句话就要译为："即使是在冬天至少它们可以到入口的地方去吃东西。"从而同普林尼和科路美拉的说法一致了。

意大利的养蜂家有一个由来已久的习惯，即不在冬天的时候也要给蜜蜂准备饲料。一般通用的饲料是无花果干、蜜水、葡萄干和十分甜的葡萄汁（参见科路美拉，ix，14—16）。（俄译本注）

② 我们从维吉尔的《农业篇》，（iv，67—87）知道，扔土是为了把敌对的两个蜂王所率领的蜜蜂分开，因为这时：

情绪的这种冲动和这种战斗尽管激烈

只要扔一点土就能镇服下去并使它们平静下来。

这个蜂箱要靠近蜂群放，人们随后可以用一阵不太强烈的烟迫使它们进去。一旦蜂群进入新居之后，它们就心满意足地留在里面，这时就是你再把它们原来的老巢放在旁边，它们也还是喜欢新居的。

在蜜蜂饲养问题上，我认为重要的我都已谈过了，现在我准备再谈一下饲养的目的——产品。

从蜂房取蜜的时间[①]，是由蜂房本身的情况来决定的，如果在挪开蜂箱的盖子时，看到蜂房由于装满了蜜而蒙上一层薄皮，你便可以知道时候到了；（从蜂箱里蜜蜂发出的很响的嗡嗡声以及从它们极度兴奋地飞入和飞出蜂箱的情况，人们可以知道蜂箱里是有雄蜂，还是已把它们赶了出去）。在取走蜂蜜的时候，有的人说应取出十分之九，留下十分之一[②]。因为，如果你全部拿掉，蜜蜂就要离开这个蜂箱了。有的人留下的蜂蜜比上面说的还要多。和耕地的情况一样，每年从耕地得到收获的人，在休耕若干时候以后，会收得更多的谷物，蜂箱也是如此，如果你不是每年取走蜂蜜，或者取得少一点，你的蜜蜂便会更加辛勤劳动，而结果给你的反而就会更多一点。人们认为取蜂蜜第一次要在维尔吉里埃座升起的时刻，下一次要等夏天过去，但大角星还没完全升起以前，第三次则在维尔吉里埃座落下去以后；在这个时候，即使蜂箱中储蜜很多，拿掉的蜜也不要超过三分之一。其余的都要留下备它们过冬，而

① 参见科路美拉（ix，15，4）：因此当你看到蜜蜂和雄蜂相互间常常争吵时，你要打开蜂箱检查一下，这样，如果蜂房是半满的，暂时可不必去管它们，但如果蜂房已满都是液体并且给蜂蜡封住，犹如上面有盖子那样，就可以收蜂蜜了。

② 科路美拉（ix，15，8）说："在夏天应当把蜜留下五分之一，冬天留下三分之一；但是在这一点上古人的说法并不一致。"

如果蜂箱储蜜不多,则一点也不要拿掉。在取走大量的蜜的时候,不能一下子取掉或是当着蜜蜂的面取,否则它们会感到沮丧。如果已经取过蜜的蜂房的任何一部分已经没有蜜,或是如果蜂房里的蜜弄脏了,那么必须用小刀子刮掉这部分。必须注意不使比较软弱的蜂被较强的蜂所欺压,因为这样产量就会减低。由是弱蜂一般都跟其余的蜂分开,单独给它们一个蜂王。

那些凑到一处打架没个完的蜂要用和蜜的带甜味儿的水去泼它们,这时它们不仅会不再打架,反而会聚在一起彼此舔起来。如果用酒和蜜来泼效果就更显著,这种混合物的气味使它们非常急切地跟踪飞来直到饮得醉倒方休。

如果飞出蜂箱的蜂太少,又有几只经常落在后面,这就必须使用烟熏的办法,同时近处要放些有香味儿的草本植物,尤其是蜜叶和百里香。必须特别注意的,是防止它们因过热或过冷而死亡。如果在它们吃东西的时候竟然赶上了甚至连它们都不曾预见到的、突然而来的阵雨或降温——要知道,它们很少受到天气的欺骗——而大雨点把它们打倒在地上,躺在那儿像死了一样,这时,你就必须把它们拾起来一块儿放进一个器皿里,把它们另外放到一个有遮掩的和温度适宜的地方,第二天如果天气晴和,就应当弄一点无花果木烧成灰烬,而当这些灰烬比微温稍热一点时,便把它撒在蜜蜂身上,然后连器皿带蜜蜂轻轻地摇动——这样你便无需用手去碰它们——然后放在太阳地里。如此彻底暖和一阵之后,它们就恢复过来,而重新获得了生命,这正和溺水的苍蝇的情况一样。这一处理是在挨近蜂箱的地方进行,为的是每个蜜蜂在重新获得生命时,可以分别回到它们自己的劳动和家庭去。

第十七章　鱼池

此时帕沃回到我们这里来说：我们可以拔锚了；票已投完，各特里布斯正在抽签以作最后决定，唱票人也正在开始唱每一特里布斯所推选的营造官的名字。阿皮乌斯立刻跳起来；想立刻向他的候选人祝贺，然后再到他的别墅去。于是麦路拉说道：阿克西乌斯，有功夫我要跟你说说有关农场饲养的第三幕。他们（麦路拉和阿皮乌斯）站了起来，当他们走的时候，阿克西乌斯跟我站在那里，回过头去望着他们，因为我们知道我们的候选人要从那条道上来。阿克西乌斯对我说，麦路拉在这个时候离开我们，我并不感到遗憾，因为他还没有说的那一部分我也在行的。告诉你：鱼池有两种，淡水的和咸水的。淡水的那种是由里姆帕伊河引水，以供应我们的家里养的鱼，普通老百姓都用淡水池，这种淡水池很赚钱；另一种水池即咸水池是属于贵族的，这种鱼池要从涅普图纳河取得水和鱼，这种鱼池更多是供玩赏以饱眼福，而不在获利。要知道这种鱼池的建造费用很大，备办鱼类所需高昂，饲养上的耗费也甚可观。希尔路斯通常每年要从他的那些鱼池周围的建筑物上收入一万二千塞斯特色斯（九十六英镑）——但是这笔钱他全部都花在鱼食上。这是无足奇怪的，因为我记得他一次就按分量借给 C. 恺撒两千尾八目鳗[①]，而在卖他的农庄的时候，由于池内的大量的鱼而竟得到四百万塞斯特色斯的价钱。因此普通老百姓所有的那种内陆池塘叫“甜”池，而另一种叫“苦”池，是完全有道理的，要知道，我们之中哪一个会不满足于仅仅有一个前一类的鱼池？另一方面，有哪一个一开始便弄个咸水鱼池的人，会不继续弄一整套这样的鱼池？正如同鲍西亚斯[②]及其学派的其他画家有分成格子，里面放着不同颜色的蜡色的大颜料箱那样，我们的有钱的人的养鱼池，也有类似的格子分养着不同种类的鱼，这些鱼都是神圣的，比你常对我们谈的那些吕地亚[③]的鱼更加神圣不可侵犯，瓦罗，这些鱼，当你在近海处奉献牺牲的时刻，它们便听到笛声而来到岸边，离祭坛十分近的地方，而没有一个人敢捉它们——大约在这同时，

① 普林尼说，希尔路斯曾借给恺撒六千条八目鳗，因为恺撒要举行庆祝自己的凯旋的宴会。参见普林尼(ix,55)：盖乌斯·希尔路斯是最初修建八目鳗的鱼池的人；他曾把六千尾这样的鱼借给独裁官恺撒以举办凯旋的宴会。但是他称了鱼的重量，因为他不愿收取现金或任何其他商品。麦克柔比乌斯(ii,11)重复了普林尼的说法并且还说，希尔路斯的别墅并不很大。

② 关于鲍西亚斯，普林尼(xxxv,11 开始处)作过有趣的记述。他是公元前四世纪的著名蜡画家，西奇昂人；西奇昂这个地方便由于他的缘故而在长时期里成为“绘画之乡”。他是阿佩列斯的同时代人，并且和阿佩列斯一同受教于潘皮路斯。

关于此人的最值得注意的一件事情是他发现了表现远近的画法。普林尼说：在这幅画上他作了为许多人所模仿的发明，但是没有人得到他那样的效果。虽然他很想在画面上表现出牛的长度，但他画的却是正面而不是侧面，并且仍能使人充分意识到这牛是庞大的……这样他便非常巧妙地在平面上造成凸出的感觉并在不平坦的地面上表现出完全的整体。对于鲍西亚斯的原作，瓦罗肯定是十分熟悉的，因为在埃米里乌斯·斯考路斯(他是瓦罗诞生的那一年度的执政官)担任营造官的时候，西奇昂由于付不出它的债款，结果鲍西亚斯的作品便被没收而送到了罗马。

③ 公元前 67 年或前 66 年瓦罗在吕地亚担任庞培的副帅。吕地亚位于小亚细亚的西岸。

你会看到吕地亚诸岛在转着圆圈舞蹈[①]——但我们的这些鱼同样是神圣的，神圣到甚至没有一个厨师敢在煤火上收拾它们。我们共同的朋友克温图斯·霍屯西乌斯在鲍里[②]附近有鱼池，修建这些鱼池耗费了他好大一笔款子，而由于在他的别墅里我经常跟他在一起，我知道他总是派人到普提欧里去买鱼做晚餐。他的鱼池不仅不供应他吃鱼，而且，你晓得，他还得用他自己的双手去喂它们，而且喂得非常认真，生怕他的鲻鱼饿得发慌，其程度更甚于我担心我的罗西亚驴会饿着。他在吃的喝的上面，花在前一种上面的费用都比我花在后一种上面的要多得多。喂我那些值钱的驴的全部所需不过是一个小奴隶，少量的大麦和我的农庄上找到的水，可是霍屯西乌斯第一要养一大批渔夫来喂鱼，他们经常要为他弄到大量的小鱼作为大鱼的食品。此外，当海上有暴风雨的时候，而且由于天气的缘故，供应鱼池的市场（指海）没有鱼池的饲料，而活食，即一般市民当晚饭吃的鱼，又不能用网捞上岸的时候，他就要买咸鱼扔到他的鱼池里去。我说，你用不了多大工夫就可以使霍屯西乌斯同意从厩里牵走他的那些拉车的骡子而算你自己的，但是你却不能从他的鱼池里拿走一尾带须的鲻鱼。阿克西乌斯接着

① 古人对所谓浮岛很感兴趣。普林尼用了一章（ii，95）的篇幅来谈论。“总是浮着的岛”，并且提到在意大利的列阿提、斯塔托那等地附近有许多这样的岛，此外还提到了吕地亚的这种岛，这些岛由于上面长了许多芦苇而被称为 *calaminae*。关于吕地亚的这种岛，普林尼说：在吕地亚，那些被称为 *Calaminae* 的岛不仅能被风吹动，而且能用竿子随便推着移动，许多公民便用这个办法在米特利达特斯战争中挽救了自己的生命。

② 鲍里是今天的巴科利，位于拜阿伊（今天的巴雅）以南二英里许，离普提欧里约四五英里。这里有维吉尔、维迪乌斯·波里欧、霍屯西乌斯和其他许多人的别墅。瓦罗所提到的那些鱼池的残址（现在部分在水下）在巴科利仍旧可以见到。

说，一尾病鱼就像一个感到身体不适的奴隶那样叫他发愁，他更关心的是看他的鱼的水是否新鲜，却不大想阻拦一个生病的奴隶去喝冷水。他经常责备马尔库斯·路库路斯[①]忽略这一点，他说，路库路斯不关心他的鱼池，没有准备适当的容纳潮水的池子，而当水停滞不流时，那么他的鱼就生活在一个不适于健康的地方了，可是路奇乌斯·路库路斯却在那不勒斯附近穿山[②]把海水引入他的鱼池，因之，鱼池本身就变成了潮水池，这样他便有了一个像涅普图纳河一样的优良的渔场——这就好像由于酷热的天气，他把他的心爱的鱼带到一个气候较为凉爽的地方，而阿普利亚饲养牲畜的人的习惯也是这样，他们这时带领着他们的畜群沿着牧道到撒比尼山里去。谈到他在拜阿伊的别墅，当修建这座别墅的时候，他是如此热心，以致允许他的建筑师尽情开销一如花他(指建筑师)自己的钱那样，只要求一点，即他要设法从他的那些鱼池到海开一条通路，再修建一座防波堤，而利用这个堤，从上弦月到下次的新月，潮水一天两次进来又退回到海里去——这样便使他的鱼池内的水保持凉爽。

我们谈到这里时，在右面听到了一片喧嚷，原来我们的候选

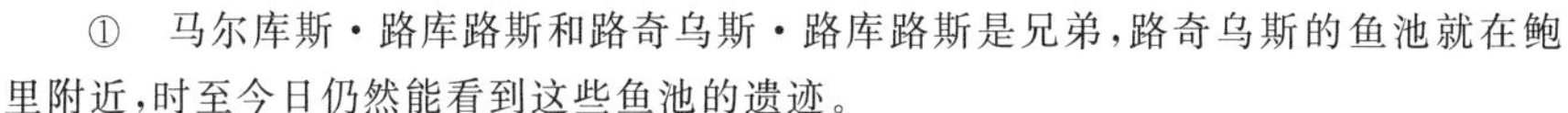

① 马尔库斯·路库路斯和路奇乌斯·路库路斯是兄弟，路奇乌斯的鱼池就在鲍里附近，时至今日仍然能看到这些鱼池的遗迹。

② 参见普林尼(ix,54)：路库路斯在那不勒斯附近打通了一座山，他在上面花的钱比他修建别庄的钱还要多；他在这里开了一道水渠把海水引入他的鱼池。为此玛格努斯·庞培把他称为穿着罗马式外袍的(意为罗马的——引者)泽西斯。西塞罗在同卡图路斯·路库路斯拜访霍屯西乌斯时，曾联系着霍屯西乌斯在鲍里的别庄而提到那不勒斯的这座别庄。这一别庄在波西里波山上，维狄乌斯·波里奥、维吉尔和其他许多人在这里都有别庄。

人，业已当选的营造官穿着镶边的外袍[①]走进了市会堂。我们迎上去，在祝贺以后，便护送他到朱庇特神殿去。然后他回他的家，我们回我们的家。关于家庭饲养的谈话便这样结束了。我的朋友皮尼乌斯，我已经把它的要点讲给你了。

① 他们的候选人刚刚当选为高级营造官，因此他有资格穿只有元老和某些高级长官才能穿的一种叫做 *toga praetexta* 的外袍。这种外袍的边上有紫色的一个宽条。

图书在版编目(CIP)数据

论农业/(古罗马)M. T. 瓦罗著;王家绶译. —北京:商务印书馆,2017
(汉译世界学术名著丛书:120 年纪念版:珍藏本)
ISBN 978-7-100-14189-5

Ⅰ. ①论… Ⅱ. ①M… ②王… Ⅲ. ①农业史—意大利 Ⅳ. ①F354.69

中国版本图书馆 CIP 数据核字(2017)第 137554 号

汉译世界学术名著丛书
(120 年纪念版·珍藏本)
论 农 业
〔古罗马〕M. T. 瓦罗 著
王家绶 译

商 务 印 书 馆 出 版
(北京王府井大街 36 号 邮政编码 100710)
商 务 印 书 馆 发 行
南京爱德印刷有限公司印刷
ISBN 978-7-100-14189-5

2017 年 12 月第 1 版 开本 710×1000 1/16
2017 年 12 月第 1 次印刷 印张 18
定价:88.00 元